高等教育经济管理类"十四五"系列教材

财经法规
与会计职业道德

（第二版）

主 编 胡 煜 蒋晶晶
副主编 匡伊婷

华中科技大学出版社
http://www.hustp.com
中国·武汉

内容提要

本书紧扣"财经法规与会计职业道德"课程教学主题,坚持以培养应用型会计人才为导向,注重学用结合、理论联系实际,强调会计法律制度、结算法律制度、税收法律制度、财政法律制度、会计职业道德等知识的掌握,致力于提高高等院校财经类专业学生的基本专业素养,为学生从事财经工作打下坚实的基础。

图书在版编目(CIP)数据

财经法规与会计职业道德/胡煜,蒋晶晶主编. —2版. —武汉:华中科技大学出版社,2022.5
ISBN 978-7-5680-8235-8

Ⅰ.①财… Ⅱ.①胡… ②蒋… Ⅲ.①财政法-中国-高等学校-教材 ②经济法-中国-高等学校-教材 ③会计人员-职业道德-高等学校-教材 Ⅳ.①D922.2 ②F233

中国版本图书馆CIP数据核字(2022)第084001号

财经法规与会计职业道德(第二版) 胡 煜 蒋晶晶 主编
Caijing Fagui yu Kuaiji Zhiye Daode(Di-er Ban)

策划编辑:聂亚文
责任编辑:张 娜
封面设计:孢 子
责任监印:朱 玢

出版发行:华中科技大学出版社(中国·武汉) 电话:(027)81321913
武汉市东湖新技术开发区华工科技园 邮编:430223
录 排:武汉创易图文工作室
印 刷:武汉市籍缘印刷厂
开 本:787mm×1092mm 1/16
印 张:12.25
字 数:314千字
版 次:2022年5月第2版第1次印刷
定 价:38.00元

本书若有印装质量问题,请向出版社营销中心调换
全国免费服务热线:400-6679-118 竭诚为您服务
版权所有 侵权必究

前言

"财经法规与会计职业道德"是财经类专业的核心课程,由财经法规和会计职业道德两大部分组成,内容包括会计法律制度、结算法律制度、税收法律制度、财政法律制度和会计职业道德。为满足高等院校高素质应用型人才培养的需要,我们在参考同类教材和总结多年教学经验的基础上,从高等院校教学实际出发,按照2017年新修订的《中华人民共和国会计法》《会计基础工作规范》《会计专业教学标准》和税收法律制度等精神,精心编写了本书。

本书紧扣"财经法规与会计职业道德"课程教学主题,坚持以培养高素质应用型会计人才为导向,注重学用结合、知行合一,突出对学生财经法规相关基础理论知识的理解掌握和会计职业道德的塑造培养,致力于培养学生的基本专业素养和专业技能,为学生今后从事财经工作打下坚实的基础。

本书是作者2019年编写的《财经法规与会计职业道德》教材(华中科技大学出版社)的修编版。在修编过程中,根据第一版使用情况和读者反馈情况,我们对全书进行了修订、更新和完善,并着重体现以下四个特点:

(1)体例实用,易教易学。本书在每章之首明确给出本章学习目标与要求、重点和难点,在导读中指出适用的学习方法和学习注意事项,并在每章之末绘制了精心归纳总结的知识框架,极大地便利了教师教学和学生自学。

(2)习题配套,学做结合。本书在各重要知识点后面附有精选例题,在各章末附有大量练习题,涵盖单选题、多选题、判断题、案例分析题四种题型,并提供了参考答案和详细解析,以强化学生对重要知识点的理解、掌握和熟练运用,增强教学效果。

(3)知识更新,讲清讲透。本书及时更新会计法律制度、财政法律制度、结算法律制度等相关法律法规,同时使用通俗易懂的语言进行讲解和分析,注重在知识的"浅、宽、新、用"方面多下功夫,力求做到深入浅出。

(4)把握规律,提升素质。本书在编写过程中牢牢把握应用型人才培养特点和教书育人的根本宗旨,在能力培养中特别强调学生对基本知识的熟练掌握和灵活应用,在素质培养中充分挖掘思政元素,突出对学生法律责任感和职业道德的培育,提升学生职业发展能力。

本书由胡煜、蒋晶晶任主编,匡伊婷任副主编,具体分工如下:胡煜编写第一、四、五章;蒋晶晶编写第二、三章,匡伊婷负责全书的校对及配套电子资源的制作。

本书可作为普通高等(职业)院校会计、财务管理、工商等专业"财经法规与会计职业道德"课程的教材或教学参考书,也可作为各财税培训机构的培训用书,亦适合会计爱好者自学使用。

由于时间仓促,加之编者水平所限,书中难免存在错漏和不足之处,恳请广大读者和同人批评指正,以便我们加以完善。在此一并致谢!

编 者

2022年4月

目录

第一章 会计法律制度 ... 1
 第一节 会计法律制度的构成 ... 1
 第二节 会计工作管理体制 ... 3
 第三节 会计核算 ... 8
 第四节 会计监督 ... 19
 第五节 会计机构和会计人员 ... 23
 第六节 法律责任 ... 28

第二章 结算法律制度 ... 38
 第一节 现金结算 ... 38
 第二节 支付结算 ... 40
 第三节 银行结算账户 ... 43
 第四节 票据结算方式 ... 47
 第五节 银行卡 ... 58
 第六节 其他结算方式 ... 61
 第七节 网上支付 ... 65

第三章 税收法律制度 ... 76
 第一节 税收与税法 ... 76
 第二节 主要税种 ... 84
 第三节 税收征收管理 ... 122

第四章 财政法律制度 ... 142
 第一节 预算法律制度 ... 142
 第二节 政府采购法律制度 ... 149

第三节　国库集中收付制度 …………………………………………………… 155

第五章　会计职业道德 …………………………………………………………… 165
　　第一节　会计职业道德概述 …………………………………………………… 165
　　第二节　会计职业道德的主要内容 …………………………………………… 170
　　第三节　会计职业道德教育 …………………………………………………… 178
　　第四节　会计职业道德建设的组织与实施 …………………………………… 180
　　第五节　会计职业道德的检查与奖惩 ………………………………………… 182

参考文献 …………………………………………………………………………… 190

第一章 会计法律制度

 学习目标与要求

(1) 了解会计法律制度的构成;
(2) 掌握会计工作管理体制、会计核算法律规范;
(3) 熟悉会计监督的制度安排;
(4) 掌握会计机构设置和对会计人员的要求;
(5) 理解违反会计制度的法律责任。

◆ 重点

会计法律制度的构成,会计核算法律规范,会计机构设置和对会计人员的要求。

◆ 难点

会计工作管理体制,会计监督的制度安排,违反会计制度的法律责任。

◆ 导读

本章是"财经法规与会计职业道德"课程非常重要的一个章节,详细地介绍了我国的会计法律制度及其对会计工作的一般要求。本章涉及考试大纲中的很多考点,所以,学生对于本章知识点不仅要牢固掌握,还要结合练习题加深理解。

第一节 会计法律制度的构成

一、会计法律制度的概念

会计法律制度,是指国家权力机关和行政机关制定的用以调整会计关系的各种法律、法规、规章和规范性文件的总称。会计关系,是指会计机构和会计人员在办理会计事务过程中以及国家在管理会计工作过程中发生的各种关系。

二、会计法律制度的构成内容

我国的会计法律制度包括四个部分:会计法律、会计行政法规、会计部门规章、地方性会计法规,见表1-1。

表1-1 我国会计法律制度的构成

层 次	制定部门	包括内容	法律地位
会计法律	全国人大及其常委会	《中华人民共和国会计法》(简称《会计法》) 《中华人民共和国注册会计师法》(简称《注册会计师法》)	效力最高的会计法律规范,是制定其他会计法规的依据,是指导会计工作的最高准则

续表

层次	制定部门	包括内容	法律地位
会计行政法规	国务院	《企业财务会计报告条例》 《总会计师条例》	调整经济生活中某些方面的会计关系,效力仅次于会计法律
会计部门规章	财政部以及相关部委	《财政部门实施会计监督办法》 《会计师事务所审批和监督暂行办法》 《注册会计师注册办法》 《代理记账管理办法》 《注册会计师全国统一考试违规行为处理办法》 《会计档案管理办法》 《会计电算化管理办法》 《全国先进会计工作者评选表彰办法》 《企业会计准则——基本准则》 《事业单位会计准则》 《行政单位财务规则》 《企业会计准则第1号——存货》等多项具体准则及其应用指南 《小企业会计准则》 《会计基础工作规范》 《会计人员继续教育规定》	效力低于会计法律和会计行政法规
地方性会计法规	省、自治区、直辖市人民代表大会或常务委员会	《云南省会计条例》 《陕西省会计管理条例》	只针对地方施行,在会计法律体系中效力最低

1. 会计法律——××法

会计法律,是指由全国人民代表大会及其常务委员会经过一定立法程序制定的有关会计工作的法律,它是会计法律制度体系的最高层次,是制定其他会计法规的依据,也是指导会计工作的最高准则。我国目前有两部会计法律,分别是《会计法》和《注册会计师法》。

【例题·单选题】 下列各项中,属于会计法律的是(   )。

A.《中华人民共和国会计法》　　　　B.《总会计师条例》

C.《会计基础工作规范》　　　　　　D.《企业会计制度》

【答案】 A

【解析】 我国目前有两部会计法律,即《会计法》和《注册会计师法》。

2. 会计行政法规——××条例

会计行政法规,是指由国务院制定并发布或者由国务院有关部门拟订并经国务院批准发布,调整经济生活中某些方面会计关系的法律规范。我国当前实施的会计行政法规有两部,分别是《企业财务会计报告条例》和《总会计师条例》。

【例题·单选题】 在我国会计法律制度体系中,《企业财务会计报告条例》属于( )。
A.会计法律
B.会计行政法规
C.会计部门规章
D.会计规范性文件
【答案】 B

【例题·多选题】 下列各项中,属于我国现行的会计行政法规的是( )。
A.《总会计师条例》
B.《会计从业资格管理办法》
C.《会计基础工作规范》
D.《企业财务会计报告条例》
【答案】 AD
【解析】 我国现行的会计行政法规包括《企业财务会计报告条例》和《总会计师条例》。

3.会计部门规章——××办法、××准则或××规范

会计部门规章,是指国家主管会计工作的行政部门,即财政部门以及其他相关部委根据法律和国务院的行政法规、决定、命令,在本部门的权限范围内制定的调整会计工作中某些方面内容的国家统一的会计准则制度和规范性文件,包括国家统一的会计核算制度、会计监督制度、会计机构和会计人员管理制度及会计工作管理制度等。

目前,我国的会计部门规章主要有《财政部门实施会计监督办法》《会计师事务所审批和监督暂行办法》《企业会计信息化工作规范》《企业会计准则——基本准则》《事业单位会计准则》等。

【例题·多选题】 下列各项中,属于我国的会计部门规章的有( )。
A.《企业财务会计报告条例》
B.《会计档案管理办法》
C.《会计从业资格管理办法》
D.《会计法》
【答案】 BC
【解析】 选项A属于会计行政法规,选项D属于会计法律。

4.地方性会计法规——法规命名中有地域性名词

地方性会计法规,是指由省、自治区、直辖市人民代表大会或常务委员会在同宪法、会计法律、行政法规和国家统一的会计准则制度不相抵触的前提下,根据本地区情况制定发布的关于会计核算、会计监督、会计机构和会计人员以及会计工作管理的规范性文件,如《云南省会计条例》《陕西省会计管理条例》等。

【例题·单选题】 下列各项中,属于地方性会计法规的是( )。
A.《总会计师条例》
B.《企业财务会计报告条例》
C.《注册会计师法》
D.《深圳经济特区会计管理条例》
【答案】 D
【解析】 选项AB属于会计行政法规,选项C属于会计法律。

第二节 会计工作管理体制

会计工作管理体制是指国家划分会计工作管理权限的制度。我国的会计工作管理体制遵循的是统一领导、分级管理的总原则,主要包括会计工作的行政管理、会计工作的自律管理、单位内部的会计工作管理三个方面的内容,见表1-2。

表 1-2　会计工作管理体制的构成

分　类	主　要　内　容
会计工作的行政管理	制定国家统一的会计准则制度 会计市场管理 会计专业人才评价 会计监督检查
会计工作的自律管理	中国注册会计师协会 中国会计学会 中国总会计师协会
单位内部的会计工作管理	单位负责人的职责 会计机构的设置 会计人员的选拔任用 会计人员的回避制度

一、会计工作的行政管理

《会计法》第七条规定:"国务院财政部门主管全国的会计工作。县级以上地方各级人民政府财政部门管理本行政区域内的会计工作。"这条法规明确了会计工作由财政部门管理,并且体现了"统一领导、分级管理"的总原则。

《会计法》第八条规定:"国家实行统一的会计制度。国家统一的会计制度由国务院财政部门根据本法制定并公布。国务院有关部门可以依照本法和国家统一的会计制度制定对会计核算和会计监督有特殊要求的行业实施国家统一的会计制度的具体办法或者补充规定,报国务院财政部门审核批准。中国人民解放军总后勤部可以依照本法和国家统一的会计制度制定军队实施国家统一的会计制度的具体办法,报国务院财政部门备案。"

【例题·判断题】　国务院有关部门可以依照《会计法》和国家统一的会计制度制定特殊行业会计制度的具体办法或者补充规定,报国务院财政部门备案。(　　)

【答案】　×

【解析】　本题考核的是会计制度的制定权限。国家有关部门依照《会计法》和会计制度制定特殊行业会计制度的具体办法或者补充规定,报国务院财政部门审核批准。

财政部门履行的会计行政管理职能主要有以下几个方面。

1. 制定国家统一的会计准则制度

会计准则制度及相关标准规范的制定和组织实施是财政部门管理会计工作最基本的职能。国家统一的会计准则制度是指在全国范围内实施的会计工作管理方面的规范性文件,主要包括国家统一的会计核算制度、国家统一的会计监督制度、国家统一的会计机构和会计人员管理制度、国家统一的会计工作管理制度。

2. 会计市场管理

财政部门对违反会计法规、行政法规规定,扰乱会计秩序的行为,有权管理和规范。会计市场管理包括会计市场的准入管理、运行管理和退出管理。

(1) 会计市场准入管理,是指财政部门对代理记账机构的设立、注册会计师资格的取得及注册会计师事务所的设立等所进行的条件设定。

（2）会计市场运行管理，是指财政部门对获准进入会计市场的机构和人员是否遵守各项法律法规，依据相关准则、制度和规范执行业务的过程及结果所进行的监督和检查。

（3）会计市场退出管理，是指财政部门对在执业过程中有违反《会计法》《注册会计师法》行为的机构和个人进行处罚，情节严重的，吊销其执业资格，强制其退出会计市场。

此外，对会计出版市场、培训市场、境外"洋资格"的管理等也属于会计市场管理的范畴。财政部门对违反会计法律、行政法规规定，扰乱会计秩序的行为，都有权管理和规范。

3. 会计专业人才评价

目前，我国基本形成了阶梯式的会计专业人才评价机制，包括初级、中级、高级会计人才评价机制和会计行业领军人才的培养评价体系等。

此外，财政部和地方财政部门对先进会计工作者的表彰奖励也属于会计专业人才评价的范畴。财政部制定了《全国先进会计工作者评选表彰办法》，明确了评选范围、条件和程序等，先进会计工作者表彰做到了制度化、经常化。对获得全国先进会计工作者荣誉称号的人员，由财政部颁发荣誉证书。

4. 会计监督检查

会计监督，是我国经济监督体系的重要组成部分。会计监督检查是规范会计秩序，打击违法行为，保证会计信息质量，保护国家、投资者、债权人、社会公众利益，维护社会主义市场经济秩序的重要举措。财政部门的会计监督检查主要包括对会计信息质量的检查、对会计师事务所执业质量的检查、对会计行业自律组织的监督指导。

【例题·多选题】 财政部门对会计工作的行政管理主要包括（   ）。
A. 制定国家统一的会计准则制度　　　　B. 会计市场管理
C. 会计专业人才评价　　　　　　　　　D. 会计监督检查
【答案】 ABCD
【解析】 本题考核的是会计工作行政管理的职权。我国会计行政管理的职权包括制定国家统一的会计准则制度、会计市场管理、会计专业人才评价、会计监督检查四个方面的内容。

二、会计工作的自律管理

行业自律是指行业协会根据会员一致的意愿，自行制定规则，并据此对各成员进行管理，以促进成员之间的公平竞争和行业的有序发展。会计行业自律管理是对会计行政管理的一种有益补充，有助于督促会计人员依法开展会计工作，树立良好的行业风气，促进行业发展。

目前，我国会计行业自律组织主要有：

1. 中国注册会计师协会

中国注册会计师协会是依据《注册会计师法》和《社会团体登记条例》的有关规定设立，在财政部党组和理事会领导下开展行业管理和服务的法定组织，成立于1988年11月。

2. 中国会计学会

中国会计学会成立于1980年1月，是财政部所属的由全国会计领域各类专业组织，以及会计理论界、实务界会计工作者自愿结成的学术性、专业性、非营利性社会组织。

3. 中国总会计师协会

中国总会计师协会成立于1990年5月，是经财政部审核同意、民政部正式批准，依法注册登记成立的跨地区、跨部门、跨行业、跨所有制的非营利性国家一级社团组织，是总会计师行业的全国性自律组织。

【例题·判断题】 会计工作的自律管理主要是指通过会计行业的中国注册会计师协会、中国会计学会和中国总会计师协会进行行业内的自律管理。（　　）

【答案】　√

【解析】　本题考核的是会计行业的自律管理组织。我国会计行业的自律组织主要是中国注册会计师协会、中国会计学会和中国总会计师协会。

三、单位内部的会计工作管理

单位负责组织管理单位内部的会计人员从事会计工作。单位内部的会计工作管理主要包括单位负责人的职责、会计机构的设置、会计人员的选拔任用、会计人员的回避制度等。

1. 单位负责人的职责

单位内部的会计工作管理的责任主体是单位负责人。

（1）单位负责人是单位法定代表人或者法律、行政法规规定代表单位行使职权的主要负责人。

① 单位法定代表人（针对法人企业）：公司制企业的董事长（执行董事或经理），国有企业的厂长（经理），国家机关最高行政长官等。

② 法律、行政法规规定代表单位行使职权的主要负责人（针对非法人企业）：代表合伙企业执行合伙企业事务的合伙人，个人独资企业的投资人等。

（2）《会计法》规定了单位负责人的主要职责。

① 单位负责人对本单位的会计工作和会计资料的真实性、完整性负责。

② 单位负责人应当保证会计机构、会计人员依法履行职责，不得授意、指使、强令会计机构和会计人员违法办理会计事项。

③ 单位负责人应当保证单位财务会计报告真实、完整。

【例题·多选题】 下列公司人员中，（　　）应当对本公司的会计工作和会计资料的真实性、完整性负责。

A. 某有限责任公司的董事长
B. 某个人独资企业的投资人
C. 某有限责任公司的财务总监
D. 某合伙企业的合伙人

【答案】　AB

【解析】　单位法定代表人（针对法人企业）：公司制企业的董事长（执行董事或经理），国有企业的厂长（经理），国家机关最高行政长官。法律、行政法规规定代表单位行使职权的主要负责人（针对非法人企业）：代表合伙企业执行合伙企业事务的合伙人，个人独资企业的投资人。

【例题·多选题】 单位负责人在内部会计监督中的职责，下列表述正确的是（　　）。

A. 单位负责人必须事事参与，严格把关
B. 单位负责人对本单位会计资料的真实性、完整性负责
C. 不能授意、指使、强令会计人员办理违法事项
D. 应依法进行会计核算

【答案】　BC

【解析】　单位负责人对本单位的会计工作和会计资料的真实性、完整性负责，所以选项A不正确，选项D是会计人员的职责。

2.会计机构的设置

《会计法》第三十六条规定:"各单位应当根据会计业务的需要,设置会计机构,或者在有关机构中设置会计人员并指定会计主管人员;不具备设置条件的,应当委托经批准设立从事会计代理记帐业务的中介机构代理记帐。"

单位是否需要设置会计机构,一般取决于三方面因素:单位规模大小、经济业务和财务收支的繁简、经营管理的要求。

【例题·多选题】 单位设置会计机构时需要考虑(   )。
A.单位规模大小
B.经济业务和财务收支的繁简
C.经营管理的要求
D.单位负责人的要求
【答案】 ABC
【解析】 本题考核的是单位设置会计机构时需要考虑的因素。单位是否需要设置会计机构,一般取决于三方面因素:单位规模大小、经济业务和财务收支的繁简、经营管理的要求。

3.会计人员的选拔任用

《会计法》第三十八条规定:"会计人员应当具备从事会计工作所需要的专业能力。担任单位会计机构负责人(会计主管人员)的,应当具备会计师以上专业技术职务资格或者从事会计工作三年以上经历。本法所称会计人员的范围由国务院财政部门规定。"

会计人员取得相关资格或符合有关任职条件后,能否从事相关工作,由单位自行决定。单位应严格依据法规要求,任用具备任职资格的会计人员担任岗位,并且加强对本单位会计人员的管理,依法合理设置会计岗位,督促会计人员按照国家统一的会计制度规定进行会计核算和监督。

【例题·判断题】 担任单位会计机构一般会计人员,应当具备会计师以上专业技术职务资格或从事会计工作3年以上。(   )
【答案】 ×
【解析】 本题考核的是会计人员的任职资格。《会计法》规定,担任单位会计机构负责人(会计主管人员)的,除取得会计从业资格证书外,还应当具备会计师以上专业技术职务资格或者从事会计工作3年以上经历。

4.会计人员的回避制度

回避制度是为了保证执法或执业的公正性,对可能影响其公正性的执法或执业的人员实行职务回避和业务回避的一种制度。《会计基础工作规范》规定:"国家机关、国有企业、事业单位任用会计人员应当实行回避制度。单位负责人的直系亲属不得担任本单位会计机构负责人、会计主管人员;会计机构负责人、会计主管人员的直系亲属不得在本单位会计机构中担任出纳工作。"需要回避的直系亲属包括:夫妻关系、直系血亲关系(父母子女,祖父母、外祖父母和孙子女、外孙子女等)、三代以内旁系血亲(堂兄弟姐妹、叔侄等)及近姻亲关系(岳父岳母和女婿、公婆和儿媳等)。血缘关系图如图1-1所示。

【例题·多选题】 下列各项中,任用会计人员应当实行回避原则的有(   )。
A.国家机关
B.国有企业
C.事业单位
D.集体企业
【答案】 ABC
【解析】 本题考核的是会计人员的回避制度。《会计基础工作规范》规定:"国家机关、国有企业、事业单位任用会计人员应当实行回避制度。"

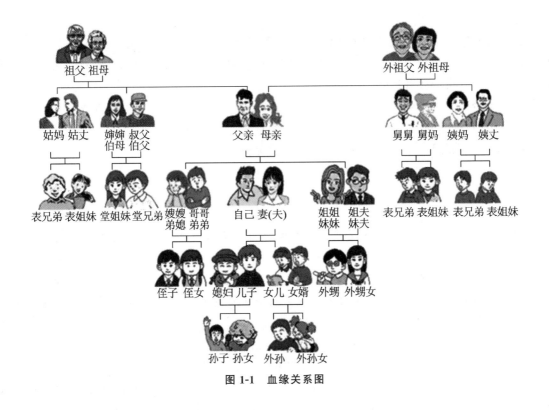

图 1-1 血缘关系图

第三节 会 计 核 算

会计核算是会计最基本的职能,是会计工作的重要组成部分。我国会计法律制度从会计核算依据、会计资料的基本要求、会计核算的内容、填制会计凭证、登记会计账簿、编制财务会计报告、会计档案管理等方面对会计核算进行了统一规定。

一、会计核算的总体要求

1. 会计核算依据

《会计法》第九条规定:"各单位必须根据实际发生的经济业务事项进行会计核算,填制会计凭证,登记会计账簿,编制财务会计报告。任何单位不得以虚假的经济业务事项或者资料进行会计核算。"以实际发生的经济业务事项为依据进行会计核算是保证会计信息质量的前提,以虚假的经济业务事项或资料进行会计核算是一种严重的违法行为。

实际发生的经济业务事项包括引起或未引起资金增减变化的经济活动。并非所有实际发生的经济业务事项都需要进行会计记录和会计核算,例如,签订合同或协议无须进行会计核算,只有当实际履行合同或协议引起资金变动时,才需要进行会计核算。

2. 会计资料的基本要求

会计资料是在会计核算过程中形成的记录和反映实际发生的经济业务事项的资料,包括会计凭证、会计账簿、财务会计报告和其他会计资料。会计资料的质量直接关系到单位的经营和工作秩序,同时也关系到国家的经济秩序。因此,《会计法》及相关法律法规对会计资料提出如下基本要求。

(1)会计资料的生成和提供必须符合国家统一的会计制度的规定。

《会计法》第十三条规定:"会计凭证、会计帐簿、财务会计报告和其他会计资料,必须符合国家统一的会计制度的规定。使用电子计算机进行会计核算的,其软件及其生成的会计凭证、会计帐簿、财务会计报告和其他会计资料,也必须符合国家统一的会计制度的规定。"

(2)不得提供虚假的会计资料。

《会计法》第十三条规定:"任何单位和个人不得伪造、变造会计凭证、会计帐簿及其他会计资料,不得提供虚假的财务会计报告。"

① 伪造会计凭证、会计账簿和其他会计资料,是指以虚假的经济业务事项为前提编造不真实的会计凭证、会计账簿和其他会计资料的行为——无中生有。

② 变造会计凭证、会计账簿及其他会计资料,是指用涂改、挖补等手段来改变会计凭证、会计账簿等的真实内容,歪曲事实真相的行为——篡改事实。

③ 提供虚假的财务会计报告,是指通过编造虚假的会计凭证、会计账簿和其他会计资料编制财务会计报告(依据虚假)或直接篡改财务会计报告上的真实数据,使财务会计报告不真实、不完整地反映财务状况和经营成果(以假乱真),借以误导、欺骗财务会计报告使用者的行为。

【例题·单选题】 业务人员王某在一次业务中发生招待费600元。事后,他将发票金额改为1600元,并作为报销凭证进行了报销。王某的行为属于下列违法行为中的( )。

A.伪造会计凭证行为   B.变造会计凭证行为
C.做假账行为   D.违反招待费报销制度行为

【答案】 B

【解析】 变造会计凭证,是指用涂改、挖补等手段来改变会计凭证的真实内容,歪曲事实真相的行为,即篡改事实。王某将收据上的金额600元改为1600元,显然属于变造会计凭证行为。

【例题·多选题】 财政部门进行执法检查时发现一家单位以虚假的经济业务事项编造了会计凭证和会计账簿,并据此编制了财务会计报告。对此,财政部门对该单位的违法行为应认定为( )。

A.伪造会计凭证行为
B.变造会计凭证和会计账簿行为
C.伪造会计账簿行为
D.提供虚假的财务会计报告行为

【答案】 ACD

【解析】 以虚假的经济业务事项为前提编造不真实的会计凭证、会计账簿和其他会计资料,属于伪造会计凭证、会计账簿和其他会计资料行为。通常编造虚假的会计凭证、会计账簿及其他会计资料或直接篡改财务会计报告上的真实数据,使财务会计报告不真实、不完整地反映财务状况和经营成果,借以误导、欺骗财务报告使用者的行为,属于提供虚假的财务会计报告行为。

3.会计核算的内容

根据《会计法》第十条规定,下列经济业务事项,应当办理会计手续,进行会计核算:

(1) 款项和有价证券的收付;
(2) 财物的收发、增减和使用;
(3) 债权债务的发生和结算;
(4) 资本、基金的增减;
(5) 收入、支出、费用、成本的计算;

(6)财务成果的计算和处理;

(7)需要办理会计手续,进行会计核算的其他事项。

【例题·单选题】 下列经济业务事项不需要办理会计手续的是(　　)。

A. 款项和有价证券的收付

B. 财物的收发、增减和使用

C. 经济合同的签订

D. 资本、基金的增减

【答案】 C

【解析】 经济合同的签订不需要办理会计手续。

二、会计核算的其他要求

(一)会计年度的规定

通常情况下,一个单位的经营和业务活动总是连续不断进行的,因此,会计学中就将连续不断的经营过程人为地划分为若干相等的时段,分段进行结算,分段编制财务会计报告,分段反映单位的财政状况和经营成果。这种分段进行会计核算的时间区间,称为会计期间。以一年为一个会计期间称为会计年度。《会计法》第十一条规定:"会计年度自公历 1 月 1 日起至 12 月 31 日止。"

【例题·单选题】 根据《会计法》的规定,下列各项中,属于我国法定会计年度的是(　　)。

A. 公历 4 月 1 日起至次年 3 月 31 日

B. 公历 7 月 1 日起至次年 6 月 30 日

C. 公历 1 月 1 日起至 12 月 31 日

D. 由企业根据经营特点自行确定合适的会计年度

【答案】 C

(二)记账本位币的规定

记账本位币,是指日常填制凭证、登记账簿和编制财务会计报告时用以计量的货币。《会计法》第十二条规定:"会计核算以人民币为记帐本位币。业务收支以人民币以外的货币为主的单位,可以选定其中一种货币作为记帐本位币,但是编报的财务会计报告应当折算为人民币。"

(三)会计处理方法的规定

会计处理方法。是指在会计核算中所采用的具体方法,主要包括:编制合并会计报表的原则和方法,外币折算处理方法,收入确认原则和方法,企业所得税会计处理方法,存货计价会计处理方法,坏账损坏的核算方法,固定资产折旧方法等。《会计法》第十八条规定:"各单位采用的会计处理方法,前后各期应当一致,不得随意变更;确有必要变更的,应当按照国家统一的会计制度的规定变更,并将变更的原因、情况及影响在财务会计报告中说明。"

(四)会计记录文字的规定

会计记录的文字,是指按照国家统一的会计制度确定的在会计凭证、会计账簿、财务会计报告中登记经济业务事项时所使用的文字。《会计法》第二十二条规定:"会计记录的文字应当使用中文。在民族自治地方,会计记录可以同时使用当地通用的一种民族文字。在中华人民共和国境内的外商投资企业、外国企业和其他外国组织的会计记录可以同时使用一种外国文字。"

【例题·多选题】 下列关于会计记录文字的表述中,正确的是(　　)。

A. 会计记录文字必须使用中文
B. 民族自治地区的单位的会计记录文字可以单独使用当地通用的民族文字
C. 在我国境内的外国企业可以单独使用外国文字
D. 在使用中文的前提下,会计记录可以同时使用当地通用的一种民族文字。在我国境内的外商投资企业、外国企业和其他外国组织的会计记录可以同时使用一种外国文字

【答案】 AD

三、会计凭证

会计凭证是记录经济业务事项发生或完成情况的书面证明,是登记账簿的依据。《会计法》第十四条规定:"会计凭证包括原始凭证和记帐凭证。办理本法第十条所列的经济业务事项,必须填制或者取得原始凭证并及时送交会计机构。"

(一)原始凭证

原始凭证,是在经济业务发生时,由业务经办人员直接取得或者填制,用以表明某项经济业务事项发生或完成情况并明确有关经济责任的一种凭据。它是会计核算的原始资料,是编制记账凭证的依据,是会计核算的基础。

1. 原始凭证的分类

原始凭证按来源不同分为外来原始凭证和自制原始凭证。外来原始凭证是单位同外部的单位、个人发生经济业务时,从对方那里直接取得的原始凭证,如发票、银行对账单等;自制原始凭证是单位内部经办人员在办理经济业务时自行填制的原始凭证,如领料单、入库单等。

2. 原始凭证的内容

原始凭证的内容包括原始凭证名称,填制日期,填制单位的名称或填制人员的姓名,接受原始凭证的单位,经济业务事项名称,经济业务事项的数量、单位和金额,经办经济业务事项人员的签名或盖章等。

3. 原始凭证的填制和取得

填制或取得原始凭证是会计核算工作的起点。具体应做到以下两点:

(1)办理经济业务事项时必须填制或取得原始凭证;
(2)填制或取得原始凭证必须及时送交会计机构。

4. 原始凭证的审核

会计机构、会计人员对原始凭证的审核主要包括以下内容:

(1)审核原始凭证所记载的经济业务是否正常,业务发生的日期、季节、经办人员、数量和单位,业务程序和手续等是否符合要求等;
(2)合法性、合规性、合理性审核;
(3)完整性审核;
(4)正确性审核。

《会计法》第十四条规定:"会计机构、会计人员必须按照国家统一的会计制度的规定对原始凭证进行审核,对不真实、不合法的原始凭证有权不予接受,并向单位负责人报告;对记载不准确、不完整的原始凭证予以退回,并要求按照国家统一的会计制度的规定更正、补充。"

【例题·单选题】 对记载不准确、不完整的原始凭证,会计人员应当(   )。
A. 拒绝接受,并报告领导,要求查明原因
B. 应予以销毁,并报告领导,要求查明原因

C.予以退回,并要求经办人员按规定进行更正、补充
D.拒绝接受,且不能让经办人员进行更正、补充

【答案】 C

【解析】 对记载不准确、不完整的原始凭证,会计人员应当予以退回,并要求经办人员按规定进行更正、补充。

5.原始凭证错误的更正

《会计法》第十四条规定:"原始凭证记载的各项内容均不得涂改;原始凭证有错误的,应当由出具单位重开或者更正,更正处应当加盖出具单位印章。原始凭证金额有错误的,应当由出具单位重开,不得在原始凭证上更正。"

【例题·判断题】 甲公司外购一批设备,货款已付。会计科在审核有关单据时,发现收到的购货发票"数量"栏中数字有更改迹象,并在更改之处加盖了出具发票单位财务专用印章。会计科经查阅相关购货合同,确认更改后的数字是正确的,之后,据此登记入账,该做法正确。( )

【答案】 √

【解析】 外来原始凭证中,有错误可要求出具单位重开,数量和单价错的,可以由出具单位在原始凭证上进行更改,并加盖出具单位印章。

6.原始凭证的保管

原始凭证是重要的会计资料,应按照有关会计档案保管的规定办法进行保管。

(1)原始凭证不得外借,其他单位如因特殊原因需要使用原始凭证时,经本单位会计机构负责人、会计主管人员批准,可以复制。向外单位提供原始凭证复制件,应当在专设的登记簿上登记,并由提供人员和收取人员共同签名或者盖章。

(2)从外单位取得的原始凭证如有遗失,应当取得原开出单位盖有公章的证明,并注明原来凭证的号码、金额和内容等,由经办单位会计机构负责人、会计主管人员和单位负责人批准后,才能代作原始凭证。如果确实无法取得证明的,如火车、轮船、飞机票等凭证,由当事人写出详细情况,由经办单位会计机构负责人、会计主管人员和单位领导人批准后,代作原始凭证。

【例题·单选题】 其他单位因特殊原因需要使用原始凭证时,经本单位( )批准,可以复制。

A.会计机构负责人　　　　　　B.总会计师
C.领导人　　　　　　　　　　D.负责人

【答案】 A

【解析】 原始凭证经本单位会计机构负责人批准可以复制。

(二)记账凭证

1.记账凭证的概念和内容

记账凭证,是指对经济业务事项按其性质加以归类,确定会计分录,并据以登记会计账簿的会计凭证,如图1-2所示。记账凭证的内容包括:

(1)填制凭证的日期;
(2)凭证的名称和编号;
(3)经济业务摘要;
(4)应记会计科目、方向及金额;
(5)记账符号;
(6)所附原始凭证的数量;

(7)填制人员、稽核人员、记账人员和会计机构负责人的签名或印章。

记账凭证

2010 年 6 月 2 日　　第 2 号

摘要	会计科目 总账科目	明细科目	借方金额	贷方金额	记账（签章）
购入A材料	原材料	A材料	50000		
	应交税费	应交增值税(进)	3500		
	银行存款			53500	
			¥53500	¥53500	

附件 2 张

会计主管　　出纳　　审核　　制单 张平

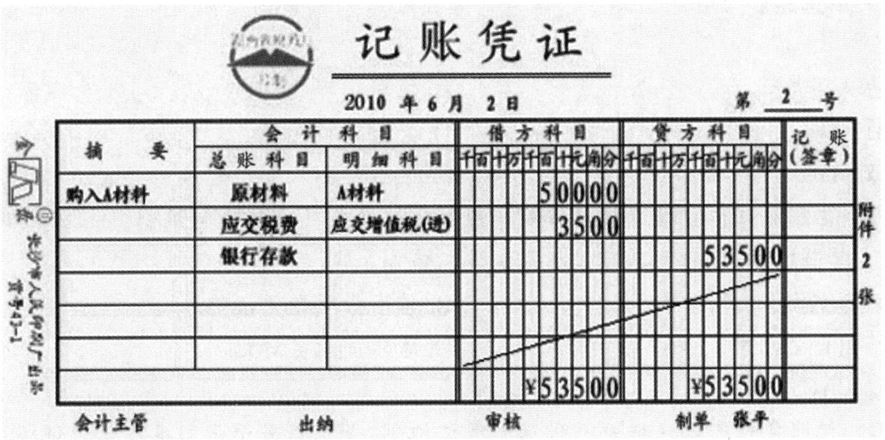

图 1-2　记账凭证

2. 记账凭证的填制要求

《会计法》第十四条规定："记帐凭证应当根据经过审核的原始凭证及有关资料编制。"

(1) 记账凭证应连续编号。一笔经济业务需要填制两张以上记账凭证的，可以采用分数编号法编写。

(2) 记账凭证可以根据每一张原始凭证填制，或根据若干张同类原始凭证汇总填制，也可以根据原始凭证汇总表填制。但不得将不同内容和类别的原始凭证汇总填制在一张记账凭证上。

(3) 除结账和更正错误的记账凭证可以不附原始凭证外，其他记账凭证必须附有原始凭证。

(4) 一张原始凭证所列的支出需要由几个单位共同负担时，应当由保存该原始凭证的单位开具原始凭证分割单(如图 1-3 所示)给其他应负担的单位。

教学专用

原始凭证分割单

2010 年 12 月 4 日　　编号：20101203

接受单位名称	山东海洋		地址	济南市历城区海运路 71 号	
原始凭证 单位名称	北京星达有限责任公司		地址	北京市朝阳区大望路 20 号	
原始凭证 名称	运费发票	日期	2010 年 12 月 4 日	编号	00000000
总金额	人民币（大写）伍佰元整			¥500.00	
分割金额	人民币（大写）贰佰伍拾元整			¥250.00	
原始凭证主要内容、分割原因	运费双方分担				
备注	该原始凭证附在本单位 2010 年 12 月 4 日第 4 号记账凭证内				

单位名称（公章）：　会计：王强　制单：王强

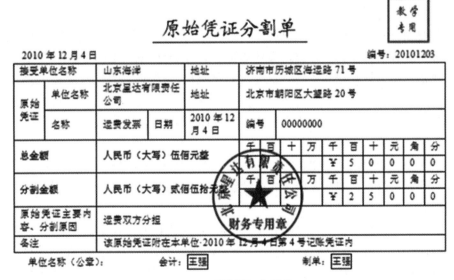

图 1-3　原始凭证分割单

(5) 记账凭证填制完经济业务事项后，金额栏如有空行，应当自金额栏最后一笔金额数字下的空行处至合计数上的空行处划线注销。

(6)填制记账凭证,字迹应清晰工整。

【例题·单选题】 《会计法》要求,作为记账凭证编制依据的必须是(　　)的原始凭证和有关资料。

A. 经办人签字　　　　　　　　　B. 领导认可
C. 金额无误　　　　　　　　　　D. 经过审核无误

【答案】 D

【解析】 记账凭证应当根据经过审核的原始凭证及有关资料进行编制。

【例题·多选题】 记账凭证可以根据(　　)编制。

A. 一张原始凭证　　　　　　　　B. 若干张原始凭证汇总
C. 原始凭证汇总表　　　　　　　D. 本年度财务计划

【答案】 AC

【解析】 记账凭证可以根据每一张原始凭证填制,或根据若干张同类原始凭证汇总填制,也可以根据原始凭证汇总表填制。

【例题·多选题】 下列关于记账凭证填制的基本要求,不正确的是(　　)。

A. 记账凭证各项内容必须完整,并且应当连续编号
B. 填制记账凭证时若发生错误,应当重新填制
C. 一张发票所列支出需要两个单位共同负担,应当向其他应负担单位提供发票复印件
D. 所有的记账凭证都必须附有原始凭证

【答案】 CD

【解析】 C 选项,一张原始凭证所列的支出需要由几个单位共同负担时,应当由保存该原始凭证的单位开具原始凭证分割单给其他应负担的单位。D 选项,结账和更正错误的记账凭证可以不附原始凭证。

四、会计账簿

会计账簿是由一定格式的账页组成的,以经过审核无误的会计凭证为依据,全面、系统、连续地记录各项经济业务的簿籍。它是连接会计凭证和财务会计报告的中间环节,其主要作用是对会计凭证提供的大量分散数据或资料进行分类归集整理,以全面、系统、连续地记录和反映经济活动情况。

《会计法》第三条规定:"各单位必须依法设置会计帐簿,并保证其真实、完整。"

1. 设置会计账簿的总体要求

《会计法》第十六条规定:"各单位发生的各项经济业务事项应当在依法设置的会计帐簿上统一登记、核算,不得违反本法和国家统一的会计制度的规定私设会计帐簿登记、核算。"

2. 会计账簿的种类和登记规则

《会计法》第十五条规定:"会计帐簿登记,必须以经过审核的会计凭证为依据,并符合有关法律、行政法规和国家统一的会计制度的规定。会计帐簿包括总帐、明细帐、日记帐和其他辅助性帐簿。会计帐簿应当按照连续编号的页码顺序登记。会计帐簿记录发生错误或者隔页、缺号、跳行的,应当按照国家统一的会计制度规定的方法更正,并由会计人员和会计机构负责人(会计主管人员)在更正处盖章。使用电子计算机进行会计核算的,其会计帐簿的登记、更正,应当符合国家统一的会计制度的规定。"

3.账目核对

根据《会计法》第十七条规定:"各单位应当定期将会计帐簿记录与实物、款项及有关资料相互核对,保证会计帐簿记录与实物及款项的实有数额相符、会计帐簿记录与会计凭证的有关内容相符、会计帐簿之间相对应的记录相符、会计帐簿记录与会计报表的有关内容相符。"各单位的对账工作每年至少进行一次。

(1)账实核对:账簿记录与实物款项相互核对。
(2)账证核对:账簿记录与会计凭证相互核对。
(3)账账核对:账簿记录与账簿记录相互核对。
(4)账表核对:账簿记录与会计报表相互核对。

【例题·多选题】 根据《会计法》的规定,账目核对应做到( )。

A.证证相符 B.账账相符
C.账实相符 D.账表相符

【答案】 BCD

【解析】 对账工作应做到账实相符、账证相符、账账相符、账表相符。

4.定期结账

各单位应当按照规定定期结账,不得提前或者延迟;年度结账日为公历年度每年的12月31日;半年度、季度和月度结账日分别为公历年度每半年、每季、每月的最后一天。

五、财务会计报告

(一)财务会计报告的概念和构成

1.概念

财务会计报告,是指企业对外提供的反映单位某一特定日期财务状况和某一会计期间经营成果、现金流量等会计信息的文件。编制财务会计报告,是对会计核算工作的全面总结,是及时提供合法、真实、准确、完整会计信息的重要环节。

2.构成

根据《会计法》第二十条规定:"财务会计报告由会计报表、会计报表附注和财务情况说明书组成。"财务会计报告包括会计报表及其附注和其他应当在财务会计报告中披露的相关信息和资料。会计报表包括资产负债表、利润表、现金流量表、所有者权益变动表等。

【例题·多选题】 下列各项中,属于企业财务会计报告组成部分的有( )。

A.会计报表 B.年度财务计划
C.会计报表附注 D.审计报告

【答案】 AC

【解析】 企业财务会计报告组成包括会计报表、会计报表附注,而凭证、账簿、计划、审计报告都不属于财务会计报告的组成部分。

(二)财务会计报告的编制要求

《会计法》第二十条规定:"财务会计报告应当根据经过审核的会计帐簿记录和有关资料编制,并符合本法和国家统一的会计制度关于财务会计报告的编制要求、提供对象和提供期限的规定;其他法律、行政法规另有规定的,从其规定。""向不同的会计资料使用者提供的财务会计报告,其编制依据应当一致。"

(三) 财务会计报告对外报送的要求

根据国家统一的会计制度的规定,各单位应当在月份、季度、年度终了后一定时间内报送财务会计报告。

《会计法》第二十一条规定:"财务会计报告应当由单位负责人和主管会计工作的负责人、会计机构负责人(会计主管人员)签名并盖章;设置总会计师的单位,还须由总会计师签名并盖章。单位负责人应当保证财务会计报告真实、完整。"

《会计法》第二十条规定:"有关法律、行政法规规定会计报表、会计报表附注和财务情况说明书须经注册会计师审计的,注册会计师及其所在的会计师事务所出具的审计报告应当随同财务会计报告一并提供。"

【例题·单选题】 根据《会计法》的规定,下列有关在对外提供的财务会计报告上签章的做法中,符合规定的是(   )。

A. 签名 B. 盖章
C. 签名或盖章 D. 签名并盖章

【答案】 D

【解析】 对外提供的财务会计报告,应由单位负责人和主管会计工作的负责人、会计机构负责人(会计主管人员)签名并盖章;设置总会计师的单位,还须由总会计师签名并盖章。

【例题·多选题】 根据《会计法》的规定,下列人员中,应当在单位对外提供的财务会计报告上签名并盖章的有(   )。

A. 单位负责人 B. 总会计师
C. 会计机构负责人 D. 出纳人员

【答案】 ABC

【解析】 对外提供的财务会计报告,应由单位负责人和主管会计工作的负责人、会计机构负责人(会计主管人员)签名并盖章;设置总会计师的单位,还须由总会计师签名并盖章。

六、会计档案的管理

会计档案是单位在进行会计核算等过程中接受或形成的,记录和反映单位经济业务事项的具有保存价值文字、图表等各种形式的会计资料,包括通过计算机等电子设备形成、传输和存储的电子会计档案。

(一) 会计档案的种类

(1) 会计凭证类:原始凭证、记账凭证。

(2) 会计账簿类:总账、明细账、日记账、固定资产卡片账簿及其他辅助性会计账簿。

(3) 财务会计报告类:月度、季度、半年度、年度财务会计报告。

(4) 其他类:银行存款余额调节表、银行对账单、纳税申报表、会计档案移交清册、会计档案保管清册、会计档案销毁清册和会计档案鉴定意见书及其他具有保存价值的会计资料。

需要注意的是,各单位的财务预算、计划、制度等文件材料属于文书档案,不属于会计档案。

【例题·多选题】 下列各项中,不属于会计档案的是(   )。

A. 会计档案移交清册 B. 银行对账单
C. 工商营业执照 D. 年度工作计划

【答案】 CD

【解析】 工商营业执照属于营业证照,年度工作计划属于文书档案,二者均不属于会计档案。

(二) 会计档案的管理部门

财政部和国家档案局主管全国会计档案工作,共同制定全国统一的会计档案工作制度,对全国会计档案工作实行监督和指导。

县级以上各级人民政府财政部门和档案行政管理部门共同负责会计档案工作的指导、监督和检查,管理本行政区域内的会计档案工作。

(三) 会计档案管理的要求

(1) 各单位每年形成的会计档案,应当由会计机构或会计人员所属机构按照归档范围和归档要求,负责定期将应归档的会计资料整理立卷,编制会计档案保管清册。

(2) 当年形成的会计档案,在会计年度终了后,可暂由会计机构临时保管一年,再移交单位档案管理机构保管,移交时,应当编制会计档案移交清册,并按照国家档案管理的有关规定办理移交手续。

(3) 纸质会计档案移交时,应当保持原卷册的封装。电子会计档案移交时应当将电子会计档案及其数据一并移交,且文件格式应当符合国家档案管理的有关规定。特殊格式的电子会计档案应当与其读取平台一并移交。

(4) 各单位保存的会计档案一般不得借出。确因工作需要且根据国家有关规定必须借出的,应该严格按照规定办理相关手续。会计档案借用单位应当妥善保管和利用借入的会计档案,确保借入的会计档案的安全完整,并在规定时间内归还。

(5) 各单位应当严格按照相关制度利用会计档案,在进行会计档案查阅、复制、借出时履行登记手续,严禁篡改和损坏。

(四) 会计档案保管的期限

根据《会计档案管理办法》的规定,会计档案保管期限分为永久和定期两类,定期保管期限分为 10 年和 30 年两类。会计档案的保管期限从会计年度终了后第一天算起。表 1-3 所示为企业和其他组织会计档案保管的期限归纳表。

表 1-3 企业和其他组织会计档案保管的期限归纳表

保管期限	企业主要会计档案名称
10 年	月度、季度、半年度财务会计报告,银行存款余额调节表,银行对账单,纳税申报表
30 年	会计凭证(原始凭证、记账凭证)、会计账簿(总账、明细账、日记账、其他辅助账簿)、会计档案移交清册
永久	年度财务会计报告,会计档案保管清册,会计档案销毁清册,会计档案鉴定意见书

【例题·单选题】 会计档案保管期限分为永久和定期两类,定期保管会计档案的最长期限是( )。

A. 10 年　　　　　　　　　　　　B. 15 年
C. 25 年　　　　　　　　　　　　D. 30 年

【答案】 D

【解析】 会计档案定期保管期限分为 10 年和 30 年两类。

【例题·多选题】 下列关于会计档案的保管期限表述正确的是(   )。
A.财务会计报告应永久保管
B.固定资产卡片账保管5年
C.会计档案移交清册保管30年
D.银行存款日记账保管30年

【答案】 CD

【解析】 A选项应为年度财务会计报告。B选项应为固定资产卡片账在固定资产报废清理后还需要保管5年。

（五）会计档案销毁的程序

根据《会计档案管理办法》规定："单位应当定期对已到保管期限的会计档案进行鉴定，并形成会计档案鉴定意见书。经鉴定，仍需继续保存的会计档案，应当重新划定保管期限；对保管期满、确无保存价值的会计档案，可以销毁"。经鉴定可以销毁的会计档案，应该按照以下程序销毁：

1. 编制会计档案销毁清册

单位档案管理机构编制会计档案销毁清册，列明拟销毁会计档案的名称、卷号、册数、起止年度、档案编号、应保管期限、已保管期限和销毁时间等内容。

2. 相关负责人签署意见

单位负责人、档案管理机构负责人、会计管理机构负责人、档案管理机构经办人、会计管理机构经办人在会计档案销毁清册上签署意见。

3. 专人负责监销

单位档案管理机构负责组织会计档案销毁工作，并与会计管理机构共同派员监销。监销人在会计档案销毁前，应当按照会计档案销毁清册所列内容进行清点核对；在会计档案销毁后，应当在会计档案销毁清册上签名或盖章。

电子会计档案的销毁还应当符合国家有关电子档案的规定，并由单位档案管理机构、会计管理机构和信息系统管理机构共同派员监销。

4. 不得销毁的会计档案

(1)保管期满但未结清的债权债务会计凭证和涉及其他未了事项的会计凭证不得销毁，纸质会计档案应当单独抽出立卷，电子会计档案单独转存，保管到未了事项完结时为止。

(2)单独抽出立卷或转存的会计档案，应当在会计档案鉴定意见书、会计档案销毁清册和会计档案保管清册上列明。

【例题·多选题】 下列关于会计档案的表述中，符合《会计档案管理办法》规定的有(   )。
A.各单位的会计档案一律不得借出
B.单位会计档案销毁后，单位负责人应在会计档案销毁清册上签名或盖章
C.保管期满但未结清债权债务的会计凭证，不得销毁
D.电子会计档案的销毁应当符合国家有关电子档案的规定

【答案】 CD

【解析】 单位保存的会计档案一般不得对外借出，确因工作需要且根据国家有关规定必须借出的，应当严格按照国家有关规定办理相关手续。会计档案销毁后，监销人应当在会计档案销毁清册上签名或盖章。

第四节 会计监督

会计监督是会计的基本职能之一,是我国经济监督体系的重要组成部分。目前我国实行的是单位内部监督、政府监督和社会监督"三位一体"的会计监督体系。

一、单位内部会计监督

单位内部会计监督是会计机构、会计人员依照法律的规定,通过会计手段对经济活动的合法性、合理性和有效性进行的一种监督。

(一)内部会计监督的主体和对象

内部会计监督的主体:各单位的会计机构、会计人员。内部会计监督的对象:单位的经济活动。

会计机构、会计人员依法开展会计核算和会计监督,对违反《会计法》和国家统一的会计制度规定的会计事项,有权拒绝办理或者按照职权予以纠正;对单位内部的会计资料和财产物资实施监督。会计机构、会计人员发现会计账簿记录与实物、款项及有关资料不相符,按照国家统一的会计制度的规定有权自行处理的,应当及时处理;无权自行处理的,应当立即向单位负责人报告,请求查明原因,做出处理。

【例题·多选题】 我国单位内部会计监督的主体是( )。
A. 会计机构   B. 会计人员
C. 单位负责人   D. 审计人员
【答案】 AB
【解析】 我国《会计基础工作规范》规定:"各单位的会计机构、会计人员对本单位的经济活动进行监督。"因此,单位内部会计监督的主体是会计机构和会计人员。

【例题·判断题】 根据《会计法》的规定,单位内部会计监督的对象是会计机构、会计人员。( )
【答案】 ×
【解析】 单位内部会计监督的对象是单位的经济活动,而会计机构、会计人员是单位内部会计监督的主体。

【例题·判断题】 会计机构和会计人员发现会计账簿记录与实物、款项及有关资料不相符的,应当立即向本单位负责人报告,请求查明原因,做出处理。( )
【答案】 ×
【解析】 会计机构和会计人员发现会计账簿记录与实物、款项及有关资料不相符,按照国家统一的会计制度的规定有权自行处理的,应当及时处理;无权自行处理的,应当立即向单位负责人报告,请求查明原因,做出处理。

(二)建立单位内部会计监督制度的基本要求

根据《会计法》规定,单位内部会计监督制度应当符合下列要求:

(1)记账人员与经济业务事项和会计事项的审批人员、经办人员、财物保管人员的职责权限应当明确,并相互分离、相互制约;

(2)重大对外投资、资产处置、资金调度和其他重要经济业务事项的决策和执行的相互监督、相互制约程序应当明确；

（3）财产清查的范围、期限和组织程序应当明确；

（4）对会计资料定期进行内部审计的办法和程序应当明确。

（三）内部控制

1. 内部控制的概念与目标

对企业而言，内部控制是指由企业董事会、监事会、经理层和全体员工实施的旨在实现控制目标的过程。对行政事业单位而言，内部控制是指单位为实现控制目标，通过制定制度、实施措施和执行程序，对经济活动的风险进行防范和管控。

企业内部控制的目标主要包括：合理保证企业经营管理合法合规、资产安全、财务报告及相关信息真实完整，提高经营效率和效果，促进企业实现发展战略。行政事业单位内部控制的目标主要包括：合理保证单位经济活动合法合规、资产安全和使用有效、财务信息真实完整、有效防范舞弊和预防腐败、提高公共服务的效率和效果。

2. 内部控制的原则

企业、行政事业单位建立与实施内部控制，均应遵循全面性原则、重要性原则、制衡性原则和适应性原则。此外，企业还应遵循成本效益原则。

3. 内部控制的责任人

对企业而言，董事会负责内部控制的建立健全和有效实施，监事会对董事会建立与实施内部控制进行监督，经理层负责组织领导企业内部控制的日常运行。企业应当成立专门机构或者指定适当的机构具体负责组织协调内部控制的建立实施及日常工作。

对行政事业单位而言，单位负责人对本单位内部控制的建立健全和有效实施负责。单位应当根据《行政事业单位内部控制规范（试行）》建立适合本单位实际情况的内部控制体系，并组织实施。

4. 内部控制的内容

企业建立与实施有效的内部控制，应当包括的要素有：内部环境、风险评估、控制活动、信息与沟通、内部监督。

行政事业单位建立与实施内部控制的具体工作包括：梳理单位各类经济活动的业务流程，明确业务环节，系统分析经济活动风险，确定风险点，选择风险应对策略，在此基础上根据国家有关规定建立健全单位各项内部管理制度并督促相关工作人员认真执行。

5. 内部控制的方法

企业内部控制的方法一般包括：不相容职务相互分离控制、授权审批控制、会计系统控制、财产保护控制、预算控制、运营分析控制和绩效考评控制等。

行政事业单位内部控制的方法一般包括：不相容岗位相互分离、内部授权审批控制、归口管理、预算控制、财产保护控制、会计控制、单据控制、信息内部公开等。

（四）内部审计

1. 内部审计的概念与内容

内部审计是单位内部的一种独立客观的监督和评价活动。内部审计通过单位内部独立的审计机构和审计人员审查和评价本部门、本单位财务收支和其他经营活动以及内部控制的适当性、合法性和有效性来促进单位目标的实现。

内部审计的内容是一个不断发展变化的范畴，主要包括财务审计、经营审计、经济责任审计、管理审计和风险管理等。

2.内部审计的特点与作用

内部审计的审计机构和审计人员都设在本单位内部,审计的内容更侧重于经营过程是否有效、各项制度是否得到遵守与执行,审计结果的客观性和公正性较低,并且以建设性意见为主。

内部审计在单位内部会计监督制度中的重要作用有:预防保护作用、服务促进作用、评价鉴证作用。

二、会计工作的政府监督

会计工作的政府监督主要是指财政部门代表国家对单位和单位中相关人员的会计行为实施的监督检查,以及对发现的违法会计行为实施的行政处罚。会计工作的政府监督是一种外部监督。

(一)会计工作政府监督的主体和对象

1.监督主体

(1)县级以上人民政府财政部门为各单位会计工作的监督检查部门,对各单位会计工作行使监督权,对违法会计行为实施行政处罚。

(2)审计、税务、人民银行、证券监管、保险监管等部门依照有关法律、行政法规规定的职责和权限,对有关单位的会计资料实施监督检查。

2.监督对象

财政部门实施会计监督检查的对象是会计行为,并对发现的有违法会计行为的单位和个人实施行政处罚。

【例题·多选题】 下列各项中,属于会计工作政府监督范畴的有( )。

A.财政部门对各单位会计工作的监督

B.中国银行对有关金融单位相关会计账簿的监督

C.证券监管部门对证券公司有关会计资料实施检查

D.工商机关对纳税人记账凭证的检查

【答案】 AC

【解析】 审计、税务、人民银行、证券监管、保险监管等部门依照有关法律、行政法规规定的职责和权限,对有关单位的会计资料实施监督检查。BD不属于其中的监管部门。

(二)财政部门会计监督的内容

(1)单位是否依法设置会计账簿。

(2)单位的会计凭证、会计账簿、财务会计报告和其他会计资料是否真实完整。

(3)会计核算是否符合《会计法》和国家统一的会计制度的规定。

(4)单位从事会计工作的人员是否具备专业能力、遵守职业道德。

(5)会计师事务所出具的审计报告的程序和内容。

【例题·多选题】 下列各项中,属于财政部门实施会计监督的内容有( )。

A.检查从事会计工作的人员是否具备专业能力、遵守职业道德

B.检查各单位是否按照税法的规定按时足额纳税

C.检查单位会计档案的建立、保管、销毁是否符合法律规定

D.检查会计师事务所出具审计报告的程序和内容

【答案】 ACD
【解析】 选项B是税务部门监督检查的内容。

三、会计工作的社会监督

1. 概念

会计工作的社会监督,主要是指由注册会计师及其所在的会计师事务所依法对委托单位的经济活动进行审计、鉴证的一种监督制度。

此外,单位和个人检举违反《会计法》和国家统一的会计制度规定的行为,也属于会计工作社会监督的范畴。

【例题·判断题】 会计工作的社会监督主要是指由注册会计师及其所在的会计师事务所依法对受托单位的经济活动进行审计、鉴证的一种监督制度。( )

【答案】 ×

【解析】 会计工作的社会监督,主要是指由注册会计师及其所在的会计师事务所依法对委托单位的经济活动进行审计、鉴证的一种监督制度。

2. 注册会计师审计与内部审计的关系

1)联系

(1)两者都是我国现代审计体系的重要组成部分。

(2)两者都关注内部控制的健全性和有效性。

(3)注册会计师审计可能涉及对内部审计成果的利用等。

2)区别

注册会计师审计与内部审计的区别见表1-4。

表1-4 注册会计师审计与内部审计的区别

	注册会计师审计	内部审计
独立性	独立性强	独立性较弱
审计方式	严格依照《注册会计师法》、《中国注册会计师审计准则》和《中国注册会计师职业道德守则》,定期审计	依照单位经营管理的需要自行组织实施,采用定期或不定期审计,具有一定的灵活性
审计职责和作用	需要对投资者、债权人及其他利益相关者负责,对外出具的审计报告具有鉴证作用;目标是对审计单位财务报表的合法性、公允性发表审计意见	审计报告只对本部门、本单位负责,只作为本部门、本单位改进经营管理的参考,不对外公开;目标是对风险管理、控制及治理过程的有效性进行评价和改善,帮助企业实现其目标
接受审计的自愿程度	委托人可自由选择会计师事务所	必须接受

3. 注册会计师的业务范围

注册会计师及其所在的会计师事务所依法承办审计、鉴证业务,会计咨询和会计服务业务。注册会计师承办业务,由其所在的会计师事务所统一受理并与委托人签订委托合同。会计师事务所对本所注册会计师承办的业务,承担民事责任。

注册会计师及其所在的会计师事务所的审计业务包括:

(1) 审查企业财务会计报告,出具审计报告；
(2) 验证企业资本,出具验资报告；
(3) 办理企业合并、分立、清算事宜中的审计业务,出具有关报告；
(4) 法律、行政法规规定的其他审计业务。

注册会计师及其所在的会计师事务所的会计咨询、会计服务业务包括：
(1) 设计财务会计制度；
(2) 担任会计顾问,提供会计、财务、税务和其他经济管理咨询；
(3) 代理记账；
(4) 代理纳税申报；
(5) 代办申请注册登记,协助拟定合同、协议、章程和其他经济文件；
(6) 培训会计人员；
(7) 审核企业前景财务资料；
(8) 资产评估；
(9) 参加可行性研究；
(10) 其他会计咨询和会计服务业务。

第五节　会计机构和会计人员

会计机构是各单位办理会计事务的职能机构,会计人员是直接从事会计工作的人员。建立健全会计机构,配备具备从事会计工作所需要的专业能力,并且遵守职业道德的会计人员,是各单位做好会计工作、充分发挥会计职能作用的重要保证。

一、会计机构的设置

各单位应当根据会计业务的需要,考虑单位规模的大小、经济业务和财务收支的繁简以及经营管理的要求等因素合理选择设置本单位的会计机构。

（一）单位会计机构的设置方式

(1) 单独设置会计机构。
(2) 在有关机构中设置会计人员并指定会计主管人员。
(3) 不具备设置条件的,应当委托经批准设立从事会计代理记账业务的中介机构代理记账。

（二）会计机构负责人的任职资格

单独设置会计机构的单位,应该配备会计机构负责人；不单独设置会计机构的单位应配备会计人员并指定会计主管人员。

1. 会计机构负责人（会计主管人员）的概念

会计机构负责人（会计主管人员）是指在一个单位内具体负责会计工作的中层领导人员。

2. 任职资格

《会计法》第三十八条规定："会计人员应当具备从事会计工作所需要的专业能力。担任单位会计机构负责人（会计主管人员）的,应当具备会计师以上专业技术职务资格或者从事会计工作三年以上经历。"

二、会计工作岗位设置

会计工作岗位是指单位会计机构内部根据业务分工而设置的从事会计工作、办理会计事项的具体职位。

(一)设置会计工作岗位的要求

1. 按需设岗

各单位会计工作岗位的设置应与其业务规模、特点和管理要求相适应,保证单位会计信息生产、加工和传递的真实可靠、及时有效。

2. 符合内部牵制制度

内部牵制制度是指凡是涉及款项和财务收付、结算及登记的任何一项工作,必须由两人或两人以上分工办理,以起到相互制约作用的工作制度。

根据规定,会计工作岗位可以一人一岗、一人多岗或者一岗多人,但出纳人员不得兼任稽核、会计档案保管和收入、费用、债权债务账目的登记工作。出纳以外的人员不得经管库存现金、有价证券、票据等。

3. 建立岗位责任制

会计岗位责任制是指明确各项具体会计工作的职责范围、具体内容和要求,并落实到每个会计工作岗位或会计人员的一种会计工作责任制度。建立岗位责任制,有利于提高会计工作效率,保证会计信息质量。

4. 建立轮岗制度

轮岗制度是对会计人员的工作岗位有计划地进行轮换。定期或不定期地轮换会计人员的工作岗位,有利于促进会计人员全面熟悉业务和不断提高业务素质,同时也有利于增强会计人员之间的团结协作意识,进一步完善单位内部控制制度。

【例题·多选题】 会计工作岗位设置的要求包括( )。
A. 按需设岗   B. 符合内部牵制制度
C. 建立岗位责任制   D. 建立轮岗制度
【答案】 ABCD

(二)主要会计工作岗位

会计工作岗位一般分为:总会计师(或行使总会计师职权)岗位,会计机构负责人(会计主管人员)岗位,出纳岗位,稽核岗位,资本、基金核算岗位,收入、支出、债权债务核算岗位,职工薪酬、成本费用核算、财务成果核算岗位,财产物资的收发、增减核算岗位,总账岗位,对外财务会计报告编制岗位,会计档案管理岗位,其他会计工作岗位。

对于会计档案管理岗位,在会计档案正式移交之前,属于会计岗位,正式移交档案管理部门之后,不再属于会计岗位。档案管理部门的人员管理会计档案,不属于会计岗位。医院门诊收费员、住院处收费员、药房收费员、药品库房记账员、商场收款(银)员等所从事的工作,均不属于会计岗位。单位内部审计、社会审计、政府审计工作也不属于会计岗位。

【例题·多选题】 下列属于会计岗位的是( )。
A. 出纳岗位   B. 资本、基金核算岗位
C. 商场收银员   D. 审计人员
【答案】 AB

三、会计人员的工作交接

会计人员工作交接是指会计人员调动工作、离职或因病暂时不能工作时,与接替人员办理交接手续的一种工作程序。做好会计人员的工作交接,不仅可以使会计工作前后衔接,保证会计工作的连续进行,还可以防止因会计人员的更换而出现账目不清、财务混乱的现象,是分清移交人员和接替人员工作责任的有效措施。

(一)交接的范围

《会计法》第四十一条规定:"会计人员调动工作或者离职,必须与接管人员办清交接手续。一般会计人员办理交接手续,由会计机构负责人(会计主管人员)监交;会计机构负责人(会计主管人员)办理交接手续,由单位负责人监交,必要时主管单位可以派人会同监交。"

移交人员对移交的会计凭证、会计账簿、财务报表和其他会计资料的合法性、真实性承担法律责任。会计资料移交后,如发现是在其会计工作期间内发生的问题,由原移交人员负责。

(二)交接的程序

1.提出交接申请

会计人员在向单位或者有关机关提出调动工作或者离职的申请时,应当同时向会计机构提出会计交接申请,以便会计机构早做准备,安排其他会计人员接替工作。

2.交接前的准备工作

(1)已经受理的经济业务尚未填制会计凭证的,应当填制完毕。

(2)尚未登记的账目,应当登记完毕,结出余额,并在最后一笔余额后加盖经办人员印章。

(3)整理应该移交的各项资料,对未了事项和遗留问题要写出书面说明材料。

(4)编制移交清册。

(5)会计机构负责人(会计主管人员)移交时,应将财务会计工作、重大财务收支问题和会计人员情况等向接替人员介绍清楚。

3.移交点收——接替人员应认真按照移交清册逐项点收

(1)现金要根据会计账簿记录余额进行当面点交,不得短缺,接替人员发现不一致或"白条顶库"现象时,移交人员在规定期限内负责查清处理。

(2)有价证券的数量要与会计账簿记录一致。有价证券面额与发行价不一致时,按照会计账簿余额交接。

(3)所有会计资料必须完整无缺。如有短缺,必须查明原因,并在移交清册上注明,由移交人员负责。

(4)银行存款账户余额要与银行对账单核对一致,如有未达账项,应编制银行存款余额调节表调节相符;各种财产物资和债权债务的明细账户余额要与总账有关账户的余额核对相符;对重要实物要实地盘点;对余额较大的往来账户要与往来单位、个人核对。

(5)移交人员经管的票据、印章及其他会计物品等,必须交接清楚。

(6)实行会计电算化的单位,交接双方应将有关电子数据在计算机上进行实际操作,确认有关数据正确无误后方可交接。

4.专人负责监交

(1)一般会计人员办理交接手续,由会计机构负责人(会计主管人员)监交。

(2) 会计机构负责人(会计主管人员)办理交接手续,由单位领导人负责监交,必要时主管单位派人会同监交。

5.交接后的有关事宜

(1) 会计工作交接完毕后,交接双方和监交人员要在移交清册上签名或盖章。

(2) 接替人员应继续使用移交的会计账簿,不得擅自另立新账,以保证会计记录的连续性。

(3) 移交清册一般应填制一式三份,交接双方各执一份,存档一份。

【例题·多选题】 关于会计工作交接,下列说法错误的有(   )。

A.移交人员必须亲自办理移交手续

B.会计人员工作调动或者离职,必须将本人所经管的会计工作全部移交给接替人员

C.接替人员事后发现所交接的会计资料有问题的,由接替人员自己负责

D.会计人员办理交接手续,必须由单位负责人负责监交

【答案】 ACD

【解析】 选项A,移交人员因病或其他特殊原因不能亲自办理移交手续的,经单位领导人批准,可由移交人委托他人代办交接手续,但委托人应当对所移交的会计凭证、会计账簿、会计报表和其他有关资料的合法性、真实性承担法律责任;选项C,移交人员所移交的会计资料是在其经办会计工作期间内产生的,应当对这些会计资料的合法性、真实性、完整性负责,即便接替人员在交接时因疏忽没有发现所交接会计资料在合法性、真实性、完整性方面的问题,如事后发现仍应由原移交人员负责,原移交人员不应以会计资料已移交而推脱责任;选项D,一般会计人员办理交接手续,由单位会计机构负责人、会计主管人员负责监交;会计机构负责人、会计主管人员办理交接手续,由单位负责人负责监交,必要时可由上级主管部门派人会同监交。

四、会计专业技术资格与职务

(一)会计专业技术资格

1.会计专业技术资格的级别和考试科目

会计专业技术资格分为初级资格、中级资格和高级资格三个级别。我国现阶段,初级、中级资格的取得实行全国统一考试制度,高级会计师资格的取得实行考试与评审相结合的制度。正高级会计师资格的取得实行评审制度。

(1) 初级会计资格:考试科目包括初级会计实务和经济法基础。参加初级会计资格考试的人员,必须在一个考试年度内通过全部科目的考试。

(2) 中级会计资格:考试科目包括中级会计实务、财务管理和经济法。参加中级会计资格考试的人员,必须在连续的两个考试年度内通过全部科目的考试。

(3) 高级会计资格:考试科目为高级会计实务,且需要评审。

2.会计专业技术资格考试的报名条件

1) 基本条件

报名参加会计专业技术资格考试的人员,应具备下列基本条件:

① 坚持原则,具备良好的职业道德品质;

② 认真遵守《会计法》和国家统一的会计制度,以及有关财经法律、法规、规章制度,无严重违反财经纪律的行为;

③ 履行岗位职责,热爱本职工作;
④ 具备会计从业资格,持有会计从业资格证书。

2) 具体条件

报名参加会计专业初级资格考试的人员,除具备基本条件外,还应具备国家教育行政部门认可的高中以上学历。

报名参加会计专业中级资格考试的人员,除具备基本条件外,还应具备下列条件之一:
① 取得大学专科学历,从事会计工作满5年;
② 取得大学本科学历,从事会计工作满4年;
③ 取得双学士学位或研究生班毕业,从事会计工作满2年;
④ 取得硕士学位,从事会计工作满1年;
⑤ 取得博士学位。

报名参加会计专业高级资格考试的人员,除具备基本条件外,还应具备下列条件之一:
①《会计专业职务试行条例》规定的高级会计师职务任职资格评审条件,各地具体规定有所不同,须查阅当地的报考条件;
② 省级财政、人力资源社会保障部门或中央单位批准的本地区、本部门申报高级会计师职务任职资格评审的破格条件。报考人员应根据各省具体要求提交相应的报名材料。

会计专业技术初级、中级、高级资格考试,原则上每年进行一次。

(二) 会计专业职务

会计专业职务是会计人员从事业务工作的技术等级。根据《关于深化会计人员职称制度改革的指导意见》规定,会计人员职称层级分为初级、中级、副高级和正高级。职称名称分别为助理会计师、会计师、高级会计师和正高级会计师。

【例题·多选题】 根据《关于深化会计人员职称制度改革的指导意见》的规定,下列各项中属于会计专业职务的有(   )。

A. 总会计师　　　　　　　　　B. 注册会计师
C. 助理会计师　　　　　　　　D. 会计师

【答案】 CD

【解析】 会计专业职务有正高级会计师和高级会计师(高级职务)、会计师(中级职务)、助理会计师(初级职务),不包括总会计师和注册会计师。

五、会计专业人员的继续教育

《会计法》第三十九条规定:"会计人员应当遵守职业道德,提高业务素质。对会计人员的教育和培训工作应当加强。"国务院及国务院财政主管部门规定,会计人员有义务树立创新意识,强化终身学习的理念,通过加强学习,树立正确的世界观、人生观、价值观,强化职业道德意识。会计人员要提高业务素质,具备相应的资格,熟悉有关方面的业务知识。

根据《会计专业技术人员继续教育规定》,国家机关、企业、事业单位以及社会团体等组织的会计人员,享有参加继续教育的权利和接受继续教育的义务。继续教育内容包括公需科目和专业科目。公需科目包括法律法规、理论政策、职业道德、技术信息等基本知识。专业科目包括财务会计、管理会计、财务管理、内部控制与风险管理、会计信息化、会计职业道德、财税金融、会计法律法规等相关专业知识。

会计人员参加继续教育实行学分制管理,每年参加继续教育取得的学分不少于 90 学分。其中,专业科目一般不少于总学分的三分之二。

第六节 法律责任

一、法律责任的概念

法律责任,是指违反法律规定的行为应当承担的法律后果。我国的法律责任分为民事责任、行政责任和刑事责任三大类别。《会计法》规定的惩治会计违法行为的法律责任是行政责任和刑事责任。

(一)行政责任

行政责任是指行政法律关系主体在国家行政管理活动中因违反了行政法律规范,不履行行政上的义务而应承担的法律责任。行政责任主要有行政处罚和行政处分两种。

1. 行政处罚

行政处罚是指特定的行政主体基于一般行政管理职权,对其认为违反行政法上的强制性义务、违反行政管理程序的行政管理相对人所实施的一种行政制裁措施。

行政处罚形式主要有罚款、责令限期改正、暂扣或吊销营业执照、行政拘留、不得从事会计工作等。

2. 行政处分

行政处分是指国家工作人员违反行政法律规范所应承担的一种行政法律责任,是行政机关对国家工作人员故意或者过失侵犯行政相对人的合法权益所实施的法律制裁。

行政处分的形式主要有警告、记过、记大过、降级、撤职、开除等。

(二)刑事责任

刑事责任是触犯《中华人民共和国刑法》(简称《刑法》)的犯罪人所应承受的国家审判机关给予的制裁后果,包括刑罚处理方法和非刑罚处理方法。

1. 刑罚处理方法

1)主刑

主刑是对犯罪分子适用的主要刑罚方法,只能独立适用,不能附加适用,对犯罪分子只能判处一种主刑。主刑分为管制、拘役、有期徒刑、无期徒刑和死刑。

2)附加刑

附加刑是既可独立适用又可以附加适用的刑罚方法。附加刑分为罚金、剥夺政治权利、没收财产。对犯罪的外国人,也可以独立或附加适用驱逐出境。

2. 非刑罚处理方法

根据《刑法》的规定,对犯罪分子还可以采用非刑罚处理方法,主要包括:由于犯罪行为而使被害人遭受经济损失的,对犯罪分子除刑事处罚外,判处赔偿经济损失;对于犯罪情节轻微,不需要判处刑罚的,根据情况予以训诫、赔礼道歉、赔偿损失,或者由主管部门给予行政处罚或行政处分。

二、违反会计制度规定的法律责任

1. 违反会计制度规定的行为

(1) 不依法设置会计账簿的行为。

(2) 私设会计账簿的行为。

(3) 未按照规定填制、取得原始凭证或者填制、取得的原始凭证不符合规定的行为。

(4) 以未经审核的会计凭证为依据登记会计账簿或者登记会计账簿不符合规定的行为。

(5) 随意变更会计处理方法的行为。

(6) 向不同的会计资料使用者提供的财务会计报告编制依据不一致的行为。

(7) 未按照规定使用会计记录文字或者记账本位币的行为。

(8) 未按照规定保管会计资料,致使会计资料毁损、灭失的行为。

(9) 未按照规定建立并实施单位内部会计监督制度,或者拒绝依法实施的监督,或者不如实提供有关会计资料及有关情况的行为。

(10) 任用会计人员不符合《会计法》规定的行为。

2. 违反会计制度规定应承担的法律责任

根据《会计法》第四十二条的规定,有上述违法行为应当承担以下法律责任:

(1) 责令限期改正。所谓责令限期改正,是指要求违法行为人在一定期限内停止违法行为,并将其违法行为恢复到合法状态。县级以上人民政府财政部门有权责令违法行为人限期改正,停止违法行为。

(2) 罚款。县级以上人民政府财政部门可以对单位并处 3000 元以上 5 万元以下的罚款,对其直接负责的主管人员和其他直接责任人员,可以处 2000 元以上 2 万元以下的罚款。

(3) 不得从事会计工作。会计人员有上述所列行为之一,情节严重的,5 年内不得从事会计工作。

(4) 给予行政处分。对上述行为直接负责的主管人员或其他直接负责人员属于国家工作人员,还应当由其所在单位或者有关单位依法给予行政处分。

(5) 行为构成犯罪的,依法追究刑事责任。

三、其他会计违法行为的法律责任

1. 伪造、变造会计凭证、会计账簿,编制虚假财务会计报告行为的法律责任

《会计法》第四十三条规定:"伪造、变造会计凭证、会计帐簿,编制虚假财务会计报告,构成犯罪的,依法追究刑事责任。有前款行为,尚不构成犯罪的,由县级以上人民政府财政部门予以通报,可以对单位并处五千元以上十万元以下的罚款;对其直接负责的主管人员和其他直接责任人员,可以处三千元以上五万元以下的罚款;属于国家工作人员的,还应当由其所在单位或者有关单位依法给予撤职直至开除的行政处分;其中的会计人员,五年内不得从事会计工作。"

2. 隐匿或者故意销毁依法应当保存的会计凭证、会计账簿、财务会计报告行为的法律责任

《会计法》第四十四条规定:"隐匿或者故意销毁依法应当保存的会计凭证、会计帐簿、财务会计报告,构成犯罪的,依法追究刑事责任。有前款行为,尚不构成犯罪的,由县级以上人民政府财政部门予以通报,可以对单位并处五千元以上十万元以下的罚款;对其直接负责的主管人员和其

他直接责任人员,可以处三千元以上五万元以下的罚款;属于国家工作人员的,还应当由其所在单位或者有关单位依法给予撤职直至开除的行政处分;其中的会计人员,五年内不得从事会计工作。"

3. 授意、指使、强令会计机构、会计人员及其他人员伪造、变造会计凭证、会计账簿,编制虚假财务会计报告或者隐匿、故意销毁依法应当保存的会计凭证、会计账簿、财务会计报告行为的法律责任

《会计法》第四十五条规定:"授意、指使、强令会计机构、会计人员及其他人员伪造、变造会计凭证、会计帐簿,编制虚假财务会计报告或者隐匿、故意销毁依法应当保存的会计凭证、会计帐簿、财务会计报告,构成犯罪的,依法追究刑事责任;尚不构成犯罪的,可以处五千元以上五万元以下的罚款;属于国家工作人员的,还应当由其所在单位或者有关单位依法给予降级、撤职、开除的行政处分。"

【例题·多选题】 某公司由于经营不善,亏损已成定局。为了实现公司提出的当年实现利润1000万元的目标,公司负责人李某指使财务部经理王某在会计账簿上做一些"技术处理",财务部经理王某遵照办理。该公司行为尚未构成犯罪,该公司及相关人员应承担的法律责任有(   )。

A. 对公司负责人李某处以5000元以上5万元以下的罚款

B. 王某5年内不得从事会计工作

C. 对财务部经理王某处以3000元以上5万元以下的罚款

D. 对该公司予以通报的同时,并处5000元以上10万元以下的罚款

【答案】 ABCD

4. 单位负责人对依法履行职责、抵制违反《会计法》规定行为的会计人员实行打击报复行为的法律责任及对受打击报复的会计人员的补救措施

《会计法》第四十六条规定:"单位负责人对依法履行职责、抵制违反本法规定行为的会计人员以降级、撤职、调离工作岗位、解聘或者开除等方式实行打击报复,构成犯罪的,依法追究刑事责任;尚不构成犯罪的,由其所在单位或者有关单位依法给予行政处分。对受打击报复的会计人员,应当恢复其名誉和原有职务、级别。"

【例题·多选题】 对受打击报复的会计人员应采取的补救措施通常有(   )。

A. 升职加薪   B. 赔偿精神损失费

C. 恢复名誉   D. 恢复原有职位

【答案】 CD

【解析】 对受打击报复的会计人员,应当恢复其名誉和原有职务、级别。

本章知识框架

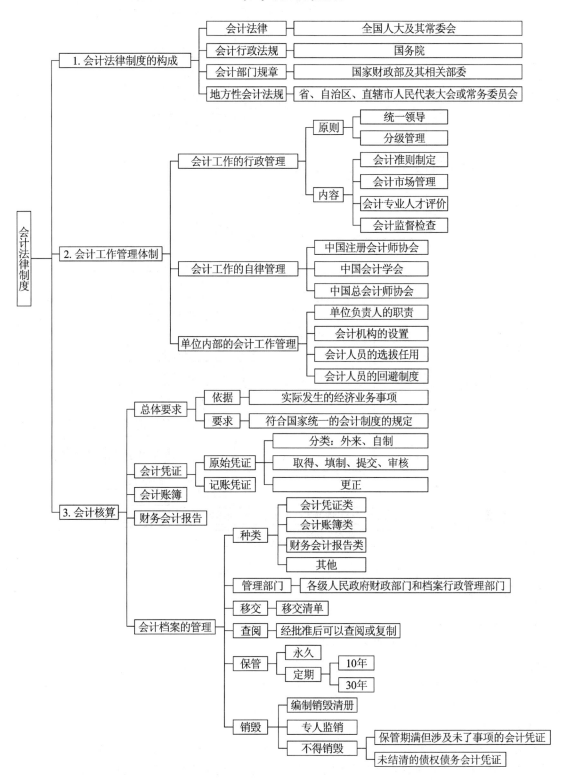

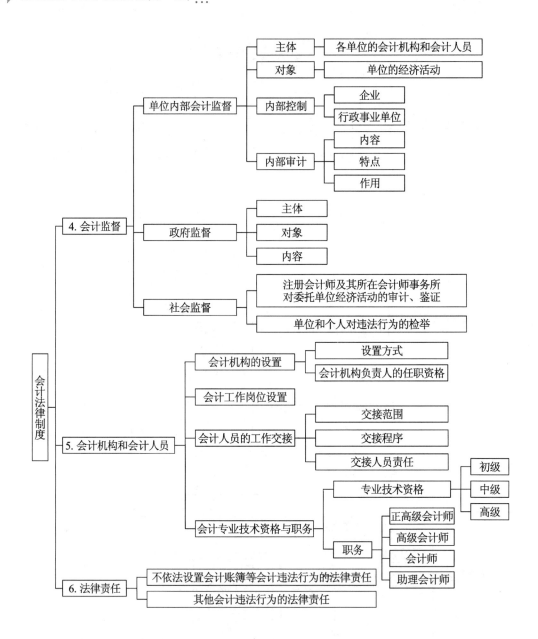

本章练习

一、单项选择题

1. 下列各项中,在会计法律制度中层次最高的是( )。
   A. 会计法律　　　　　　　　　　B. 会计行政法规
   C. 国家统一的会计制度　　　　　D. 会计部门规章

2. 地方性会计法规是由( )制定发布的规范性文件。
   A. 国务院　　　　　　　　　　　B. 财政部门
   C. 直辖市人民代表大会　　　　　D. 地方级人民代表大会或常务委员会

3. 下列各项中,应对本单位的会计工作和会计资料的真实性、完整性负责的是( )。
   A. 分管会计工作的副职领导　　　B. 总会计师

C. 单位负责人 D. 会计主管

4. 各单位必须根据( )进行会计核算,填制会计凭证,登记会计账簿,编制财务会计报告。

A. 实际发生的经济业务事项 B. 连续发生的经济业务事项

C. 累计发生的经济业务事项 D. 主要经济业务事项

5. 对记载不准确、不完整的原始凭证,会计人员应当( )。

A. 拒绝接受,并报告领导,要求查明原因

B. 应予以销毁,并报告领导,要求查明原因

C. 予以退回,并要求经办人员按规定进行更正、补充

D. 拒绝接受,并不能让经办人员进行更正、补充

6. 下列关于会计档案管理的要求的说法中,正确的是( )。

A. 出纳人员可以兼管会计档案和收入、费用账目的登记工作

B. 当年形成的会计档案,在会计年度终了后必须立即移交本单位档案机构统一保管

C. 采用电子计算机进行会计核算的单位,可以不打印出纸质会计档案,统一在计算机硬盘内存储即可

D. 各单位保存的会计档案不得借出。如有特殊需要,经本单位负责人批准,可以提供查阅或者复制,并办理登记手续

7. 会计机构、会计人员发现会计账簿记录与实物、款项及有关资料不相符的,按照规定有权自行处理的,应当及时处理,无权处理的,应当( )。

A. 予以退回

B. 要求更正

C. 拒绝办理

D. 立即向单位负责人报告,请求查明原因,做出处理

8. ( )是指财政部门代表国家对单位和单位中的相关人员的会计行为实施的监督检查,以及对发现的违法会计行为实施的行政处罚,是一种外部监督。

A. 群众监督 B. 社会监督

C. 单位内部监督 D. 政府监督

9. 伪造、变造会计资料,不构成犯罪的,县级以上人民政府财政部门予以通报,并对单位和直接责任人员处以罚款的金额分别为( )。

A. 3000元以上10万元以下的罚款,3000元以上5万元以下的罚款

B. 5000元以上10万元以下的罚款,3000元以上5万元以下的罚款

C. 3000元以上5万元以下的罚款,5000元以上10万元以下的罚款

D. 5000元以上10万元以下的罚款,2000元以上2万元以下的罚款

10. 按《会计法》规定,担任单位会计机构负责人,应当具备以下条件( )。

A. 具备正高级会计师职称

B. 具备会计师以上专业技术职务资格或从事会计工作3年以上

C. 大学本科毕业

D. 年龄在50岁以下

二、多项选择题

1. 财政部门实施会计监督检查的内容包括( )。

A. 对单位是否依法设置会计账簿的检查

B. 对单位会计资料真实性、完整性的检查

C. 对单位的会计核算是否符合法定要求的检查

D. 对单位的会计人员专业能力、遵守职业道德和任职资格的检查

2. 下列属于我国内部会计监督的主体的有(　　)。

  A. 单位的会计机构　　　　　　B. 注册会计师

  C. 单位的会计人员　　　　　　D. 会计行业协会

3. 关于会计记录文字的使用,以下说法中正确的有(　　)。

  A. 应当使用中文

  B. 可以使用中文,也可以使用其他文字

  C. 可以同时使用一种其他文字

  D. 不得使用其他文字

4. 一般会计人员办理交接手续可以由(　　)负责监交。

  A. 会计机构负责人　　　　　　B. 会计主管人员

  C. 单位负责人　　　　　　　　D. 一般会计人员

5. 下列各项中,不属于会计工作岗位的有(　　)。

  A. 会计机构内部管理会计档案人员的工作

  B. 档案管理机构管理会计档案人员的工作

  C. 医院门诊收费员、住院处收费员、药品库房记账员的工作

  D. 单位内部审计、社会审计工作

6. 根据《会计专业职务试行条例》的规定,下列各项中,属于会计专业职务的有(　　)。

  A. 助理会计师　　　　　　　　B. 会计师

  C. 高级会计师　　　　　　　　D. 注册会计师

7. 单位可以不单独设立会计机构,下列关于该情况的说法中,正确的有(　　)。

  A. 不设置会计机构的,应设置会计人员并指定会计主管人员

  B. 规模很小、经济业务简单、业务量相对较少的单位,为了提高经济效益,可以不单独设置会计机构,也不用设置任何会计人员

  C. 实行企业化管理的集团公司均不设立会计机构

  D. 指定会计主管人员的目的是强化责任制度,防止出现会计工作无人管理的局面

8. 下列属于企业内部控制的原则有(　　)。

  A. 成本效益原则　　　　　　　B. 全面性原则

  C. 制衡性原则　　　　　　　　D. 合法性原则

9. 对于行政事业单位,内部控制的目标包括(　　)。

  A. 合理保证企业经营管理合法合规

  B. 合理保证单位资产安全和使用有效

  C. 提高经营效率和效果

  D. 提高公共服务的效率和效果

三、判断题

1. 会计档案的保管期限分为永久和定期两类。定期保管期限分为10年和30年两类。(　　)

2. 某企业业务单位因工作需要,要求借阅该企业的会计档案,经财务经理同意后借出半天,并办理登记手续。(　　)

3. 单位内部会计管理制度是为搞好单位内部的会计工作管理而制定的一种内部工作制度,因此各单位应根据自身类型和内部管理的需要进行制定。(   )
4. 在我国企业可根据自身情况划分会计年度,但一经采用后不得随意变动。(   )
5. 原始凭证金额有错,应当采用划线更正法更正,并在更正处签章,以明确责任。(   )
6. 编制财务会计报告的主要目的是向不同的报告使用者提供有用的会计信息。因此向不同的使用者提供的财务会计报告应不同,其编制依据也不同。(   )
7. 国家机关、企业、事业单位以及社会团体等组织的会计人员,应按规定参加继续教育。(   )
8. 中级会计资格考试分中级会计实务、财务管理、经济法三个科目,考试成绩以2年为一个周期,单科成绩采取滚动计算的方法,即参加考试的人员必须在连续的2个考试年度内通过全部科目的考试。(   )
9. 会计人员交接工作时,因接替人员交接时的工作疏忽而没有发现所交接会计资料在真实性、完整性方面的问题,如事后发现,接替人员应对会计资料的真实性、完整性负法律责任。(   )
10. 会计工作交接后,接替人员不得使用移交的账簿,应该另立新账簿。(   )

参考答案及解析

一、单项选择题

1.【正确答案】 A
【答案解析】 本题考核会计法律制度的构成。在会计法律制度中效力最高的是会计法律。

2.【正确答案】 D
【答案解析】 本题考核地方性会计法规。地方性会计法规是由省、自治区、直辖市人民代表大会或常务委员会在同宪法、会计法律、行政法规和国家统一的会计制度不相抵触的前提下,根据本地区情况制定发布的关于会计核算、会计监督、会计机构和会计人员以及会计工作管理的规范性文件。

3.【正确答案】 C
【答案解析】 本题考核单位内部的会计工作管理。《会计法》规定,单位负责人负责单位内部的会计工作管理,对本单位的会计工作和会计资料的真实性、完整性负责。

4.【正确答案】 A
【答案解析】 本题考核会计核算依据。各单位必须根据实际发生的经济业务事项进行会计核算,填制会计凭证,登记会计账簿,编制财务会计报告。

5.【正确答案】 C
【答案解析】 本题考核填制与审核会计凭证。根据规定,会计机构、会计人员对不真实、不合法的原始凭证,不予受理;对记载不准确、不完整的原始凭证,予以退回,要求更正、补充。

6.【正确答案】 D
【答案解析】 本题考核会计档案管理的要求。根据规定,出纳人员不得兼管会计档案以及收入、费用账目的登记工作,选项A错误;当年形成的会计档案,在会计年度终了后,可暂由会计机构保管一年,期满之后,应当由会计机构编制移交清册,移交本单位档案机构统一保管,选项B错误;采用电子计算机进行会计核算的单位,应当保存打印出的纸质会计档案,选项C错误。

7.【正确答案】 D
【答案解析】 本题考核单位内部会计监督。发现会计账簿记录与实物、款项及有关资料不相符的,按照规定有权自行处理的,应当及时处理;无权处理的,应当立即向单位负责人报告,请求查明原因,做出处理。

8.【正确答案】 D

【答案解析】 本题考核会计工作的政府监督。会计工作的政府监督是一种外部监督,主要是财政部门代表国家对单位和单位中相关人员的会计行为实施的监督检查,以及对发现的违法会计行为实施的行政处罚。

9.【正确答案】 B

10.【正确答案】 B

【答案解析】 本题考核担任会计机构负责人的条件。担任单位会计机构负责人(会计主管人员)的,应具备会计师以上专业技术职务资格或者从事会计工作3年以上经历。

二、多项选择题

1.【正确答案】 ABCD

【答案解析】 本题考核财政部门实施会计监督检查的内容。

2.【正确答案】 AC

【答案解析】 本题考核内部会计监督的主体。内部会计监督的主体是单位的会计机构和会计人员。

3.【正确答案】 AC

【答案解析】 本题考核会计记录文字的使用。根据《会计法》的规定,会计记录的文字应当使用中文。在民族自治地方,会计记录可以同时使用当地通用的一种民族文字。在中华人民共和国境内的外商投资企业、外国企业和其他外国组织的会计记录可以同时使用一种外国文字。

4.【正确答案】 AB

【答案解析】 本题考核会计人员工作交接。根据规定,一般会计人员办理交接手续,由单位的会计机构负责人、会计主管人员负责监交。

5.【正确答案】 BCD

【答案解析】 本题考核会计工作岗位。根据规定,对于会计档案管理岗位,在会计档案正式移交之前,属于会计岗位,正式移交档案管理部门之后,不再属于会计岗位。医院门诊收费员、住院处收费员、药房收费员、药品库房记账员、商场收银员从事的工作,均不属于会计工作岗位。单位内部审计、社会审计、政府审计工作也不属于会计岗位。

6.【正确答案】 ABC

【答案解析】 本题考核会计专业职务。注册会计师不属于会计专业职务。

7.【正确答案】 AD

【答案解析】 本题考核会计机构的设置。规模很小、经济业务简单、业务量相对较少的单位,为了提高经济效益,可以不单独设置会计机构,将会计职能并入其他职能部门,并设置会计人员,同时指定会计主管人员,因此选项B的说法错误;实行企业化管理的事业单位或集团公司、股份有限公司、有限责任公司等应当单独设置会计机构,以便及时组织对本单位各项经济活动和财务收支的核算,实施有效的会计监督,因此选项C的说法错误。

8.【正确答案】 ABC

【答案解析】 企业内部控制的原则包括:全面性原则、重要性原则、制衡性原则、适应性原则、成本效益原则。

9.【正确答案】 BD

【答案解析】 选项AC属于企业内部控制的目标。

三、判断题

1. 【正确答案】 对

   【答案解析】 本题考核会计档案的保管期限。根据新《会计档案管理办法》的规定,将会计档案定期保管期限调整为10年、30年两类。

2. 【正确答案】 错

   【答案解析】 本题考核会计档案的管理。根据《会计档案管理办法》的规定,各单位保存的会计档案不得借出,如有特殊需要,经本单位负责人批准后,可以提供查阅或者复制,并办理登记手续。所以,该企业财务经理同意将会计档案借出的做法是错误的。

3. 【正确答案】 错

   【答案解析】 本题考核单位内部会计管理制度的概念。根据我国《会计基础工作规范》的规定,各单位应当根据《会计法》和国家统一的会计制度的规定,结合单位类型和内部管理的需要,建立健全相应的内部会计管理制度。因此,尽管内部会计管理制度是单位内部的一种工作制度,但其制定还是必须遵循一定的原则,首先应以国家相关的会计法律制度为依据,而不能仅仅考虑单位类型和内部管理的要求。

4. 【正确答案】 错

   【答案解析】 本题考核会计年度的划分。我国采用公历年度,即从每年的1月1日至12月31日为一个会计年度。

5. 【正确答案】 错

   【答案解析】 本题考核原始凭证的更正。根据规定,原始凭证金额有错误的,应当由出具单位重开,不得在原始凭证上更正。

6. 【正确答案】 错

   【答案解析】 本题考核财务会计报告的编制。向不同的会计资料使用者提供的财务会计报告,其编制依据应当一致。

7. 【正确答案】 对

   【答案解析】 本题考核会计专业技术人员继续教育规定。会计人员享有参加继续教育的权利和接受继续教育的义务。

8. 【正确答案】 对

   【答案解析】 本题考核中级会计专业技术资格考试。

9. 【正确答案】 错

   【答案解析】 本题考核会计人员工作交接的相关规定。因接替人员交接时的工作疏忽而没有发现所交接会计资料在真实性、完整性方面的问题,如事后发现,仍应由移交人员对会计资料的真实性、完整性负法律责任。

10. 【正确答案】 错

    【答案解析】 本题考核会计人员工作交接。根据规定,接替人员应当继续使用移交的账簿,不得擅自另立账簿,以保证会计记录前后衔接、内容完整。

第二章　结算法律制度

 学习目标与要求

(1)了解支付结算的相关概念及其法律构成；
(2)了解银行结算账户的开立、变更和撤销；
(3)熟悉票据的相关概念；
(4)熟悉各银行结算账户的概念、种类、使用范围和开户要求；
(5)掌握现金管理的基本要求和现金的内部控制；
(6)掌握票据和结算凭证填写的基本要求；
(7)掌握票据和结算方式的相关规定,并能综合分析具体案例。

◆ **重点**

支付结算的概念,办理支付结算的要求以及票据填写的基本要求,票据结算方式的使用规定。

◆ **难点**

支票、商业汇票结算方式的使用规定并能综合分析具体案例。

◆ **导读**

本章是较重要的一个章节,结算法律制度主要包括现金结算、支付结算、银行结算账户、票据结算方式和非票据结算方式及网上支付等内容。本章知识点较多,记忆压力较大,但知识点之间具有密切的关联性,所以,建议学习本章时采用比较法进行记忆,从而牢固掌握难记、易混的知识点。

第一节　现 金 结 算

一、现金结算的概念与特点

(一)现金结算的概念

现金结算是指在商品交易、劳务供应等经济往来中,直接使用现金进行应收应付款结算的一种行为,在我国主要适用于单位与个人之间的款项收付,以及单位之间的转账结算起点金额以下的零星小额收付。

(二)现金结算的特点

1.直接便利

在现金结算方式下,买卖双方一手交钱一手交货,当面钱货两清,无须通过中介,所以对买卖双方来说是最为直接便利的。

2. 不安全性

由于现金使用极为广泛和便利,因而成为不法分子觊觎的主要目标,很容易被偷盗、贪污、挪用。此外,现金还容易因火灾、虫蛀、鼠咬等发生损失。

3. 不易宏观控制和管理

由于现金结算大部分不通过银行进行,使国家很难对其进行宏观控制。过多的现金结算会使流通中的现钞过多,容易造成通货膨胀,增大对物价的压力。

4. 费用较高

现金结算虽然可以减少银行的手续费用,但其清点、运送、保管的费用很大。过多的现金结算会增大整个国家印制、保管、运送现金和回收废旧现钞等工作的费用和损失,浪费人力、物力和财力。因此,国家实行现金管理,限制现金结算的范围。

二、现金结算的渠道

(1)付款人直接将现金支付给收款人。

(2)付款人委托银行、非银行金融机构或者非金融机构(如邮局)将现金支付给收款人。

三、现金结算的范围

根据《现金管理暂行条例》的规定,开户单位可以在下列范围内使用现金:

(1)职工工资、津贴;

(2)个人劳务报酬;

(3)根据国家规定颁发给个人的科学技术、文化艺术、体育等各种奖金;

(4)各种劳保、福利费用以及国家规定的对个人的其他支出;

(5)向个人收购农副产品和其他物资的价款;

(6)出差人员必须随身携带的差旅费;

(7)结算起点下的零星支出;

(8)中国人民银行确定需要支付现金的其他支出。

上述款项结算起点为1000元。结算起点的调整由中国人民银行总行确定后,报国务院备案。除(5)(6)两项外,开户单位支付给个人的款项,超过使用现金限额的部分,应当以支票或者银行本票支付;确需全额支付现金的,经单位开户银行审核后,予以支付现金。

【例题·多选题】 下列事项中,单位开户银行可以使用现金的有(   )。

A. 发给公司员工甲某的800元奖金

B. 支付给公司临时工王某的2000元劳务报酬

C. 向农民收购农产品的1万元收购款

D. 出差人员出差必须随身携带的2000元差旅费

【答案】 ACD

【解析】 1000元结算起点以上的,除了向个人收购农副产品和其他物资的价款,以及出差人员必须随身携带的差旅费以外,不能使用现金。

四、现金使用的限额

现金使用的限额是指为保证各单位日常零星开支的需要,允许单位留存现金的最高数额。

(1)库存现金限额由开户银行根据各单位的实际情况来核定。

(2)限额一般不超过3~5天的日常零星开支的需要量。

(3)边远地区和交通不发达地区的开户单位,可以放宽限额,但最多不得超过15天的日常零星开支。

(4)对没有在银行单独开立账户的附属单位也要实行现金管理,必须保留的现金,也要核定限额,其限额包括在开户单位的库存限额之内。

(5)商业和服务行业的找零备用现金也要根据营业额核定定额,但不包括在开户单位的库存现金限额之内。

【例题·单选题】 某商店每天的零星现金支付额为8000元,根据银行规定,该商店库存现金的最高限额应为( )元。

A. 6000　　　　　　　　　　　B. 12 000

C. 3000　　　　　　　　　　　D. 40 000

【答案】 D

第二节 支 付 结 算

一、支付结算的概念和特征

1. 支付结算的概念

支付结算是指单位、个人在社会经济活动中使用票据、信用卡和汇兑、托收承付、委托收款等结算方式进行货币给付及其资金清算的行为。

2. 支付结算的特征

(1)支付结算必须通过中国人民银行批准的金融机构进行,未经中国人民银行批准的非银行金融机构和其他单位不得作为中介机构经营支付结算业务;

(2)支付结算的发生取决于委托人的意志;

(3)支付结算实行统一管理和分级管理相结合的管理体制,统一管理—中国人民银行总行,分级管理—中国人民银行各地分支行;

(4)支付结算是一种要式行为;

(5)支付结算必须依法进行。

【例题·单选题】 支付结算工作由( )负责制定统一的支付结算制度,组织、协调、管理、监督全国的支付结算工作,调解、处理银行之间的支付结算纠纷。

A. 中国银行总行　　　　　　　B. 中国人民银行总行

C. 中国人民银行总行及各级分支机构　　D. 中国人民银行总行及各商业银行总行

【答案】 B

二、支付结算的主要法律依据

支付结算方面的法律法规和制度主要包括:《中华人民共和国票据法》(以下简称《票据法》)《票据管理实施办法》《支付结算办法》《银行卡业务管理办法》《人民币银行结算账户管理办法》《银行账户管理办法》《异地托收承付结算办法》《电子支付指引(第一号)》等。

三、支付结算的基本原则

(1)恪守信用,履约付款原则。
(2)谁的钱进谁的账,由谁支配原则。
(3)银行不垫款原则。

【例题·多选题】 下列各项中,属于支付结算时应遵循的原则有(　　)。
A.恪守信用,履约付款原则　　　　　B.谁的钱进谁的账,由谁支配原则
C.银行不垫款原则　　　　　　　　　D.存款信息保密原则
【答案】 ABC
【解析】 存款信息保密原则是银行结算账户管理的原则。

四、主要支付工具

支付结算的主要支付工具如图2-1所示。

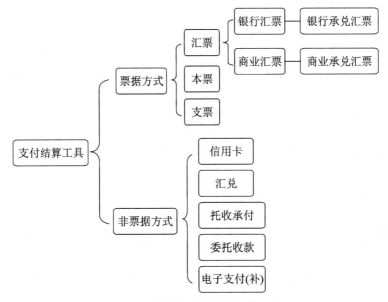

图2-1　支付结算的主要支付工具

五、支付结算的具体要求

1. 基本要求

(1)单位、个人和银行办理支付结算,必须使用按中国人民银行统一规定印制的票据和结算凭证。未使用按中国人民银行统一规定印制的票据,票据无效;未使用中国人民银行统一规定格式的结算凭证,银行不予受理。

(2)办理支付结算必须按统一的规定开立和使用账户。单位、个人和银行应当按照《人民币银行结算账户管理办法》的规定开立、使用账户。

(3)填写票据和结算凭证应当规范,做到要素齐全、数字正确、字迹清晰、不错不漏、不潦草,防止涂改。

票据和结算凭证金额以中文大写和阿拉伯数字同时记载的,两者必须一致,不一致的票据无

效;两者不一致的结算凭证,银行不予受理。

(4)票据和结算凭证上的签章和其他记载事项必须真实,不得伪造、变造。

票据和结算凭证上的签章,为签名、盖章或者签名加盖章。单位、银行在票据上的签章和单位在结算凭证上的签章,为该单位、银行的公章加其法定代表人或者其授权的代理人的签名或盖章;个人在票据和结算凭证上的签章,应为该个人本人的签名或盖章。

票据的"伪造"是指无权限人假冒他人或虚构他人名义签章的行为;"变造"是指无权更改票据内容的人,对票据上签章以外的记载事项加以改变的行为。票据上有伪造、变造的签章,不影响票据上其他当事人真实签章的效力。

票据和结算凭证的金额、出票或者签发日期、收款人名称不得更改,更改的票据无效;更改的结算凭证,银行不予受理。对票据和结算凭证上的其他记载事项(如用途),原记载人可以更改,更改时应当由原记载人在更改处签章证明。

【例题·单选题】 下列各项中,原记载人可以更改的有( )。

A. 签发日期
B. 付款人名称
C. 收款人名称
D. 金额

【答案】 B

【解析】 票据和结算凭证的金额、出票或者签发日期、收款人名称不得更改,更改的票据无效;更改的结算凭证,银行不予受理。

2.票据和结算凭证的填写要求

(1)票据的出票日期必须使用中文大写,中文大写汉字为:壹、贰、叁、肆、伍、陆、柒、捌、玖、拾。在填写月、日时,月为壹、贰和壹拾的,日为壹至玖和壹拾、贰拾、叁拾的,应在其前加"零";日为拾壹至拾玖的,应在其前面加"壹"。如1月12日,应写成"零壹月壹拾贰日";10月30日,应写成"零壹拾月零叁拾日"。

票据出票日期使用小写填写的,银行不予受理。大写日期未按要求规范填写的,银行可以受理,但由此造成的损失由出票人自行承担。

(2)中文大写金额数字应用正楷或行书填写,不得自造简化字。如果金额数字书写中使用繁体字,也应受理。

(3)中文大写金额数字前应标明"人民币"字样,大写金额数字应紧接"人民币"字样填写,不得留有空白。

(4)中文大写金额数字到"元"为止的,在"元"之后应写"整"(或"正")字;到"角"为止的,在"角"之后可以不写"整"(或"正")字;大写金额数字有"分"的,"分"后面不写"整"(或"正")字。

(5)阿拉伯小写金额数字前面,均应填写人民币符号"￥"。阿拉伯小写金额数字要认真填写,不得连写,以免分辨不清。

(6)阿拉伯小写金额数字中有"0"时,中文大写应按照汉语语言规律、金额数字构成和防止涂改的要求进行书写。

阿拉伯数字中间有"0"时,中文大写金额要写"零"字。如￥508.00应写成"人民币伍佰零捌元整"。

阿拉伯数字中间连续有几个"0"时,中文大写金额中间可以只写一个"零"字。如￥1006.13应写成"人民币壹仟零陆元壹角叁分"。

阿拉伯金额数字万位或元位是"0"或者数字中间连续有几个"0",万位、元位也是"0",但千位、角位不是"0"时,中文大写金额中可以只写一个"零"字,也可以不写。如￥4780.32应写成"人民币肆仟柒佰捌拾元零叁角贰分",或者写成"人民币肆仟柒佰捌拾元叁角贰分";¥107692.00应写成"人民币壹拾万柒仟陆佰玖拾贰元整",或者写成"人民币壹拾万零柒仟陆佰玖拾贰元整"。

阿拉伯金额数字角位是"0",而分位不是"0"时,中文大写金额"元"后面应写"零"字。如¥6439.05应写成"人民币陆仟肆佰叁拾玖元零伍分"。

【例题·多选题】 在填写票据金额时,¥505 004.56中文大写的正确写法是(　　)。
A.五十万伍仟零四元五角六分　　　B.人民币五十万伍仟零四元五角六分
C.人民币伍十万伍仟零肆元伍角陆分　D.人民币伍拾万伍仟零肆元伍角陆分
【答案】 D

【例题·多选题】 下列各项中,属于银行不予受理的票据有(　　)。
A.更改金额的票据
B.出票日期用小写填写的票据
C.中文大写金额和阿拉伯数字金额不一致的票据
D.中文大写出票日期未按要求填写的票据
【答案】 ABC
【解析】 中文大写出票日期未按要求填写的票据,银行可以受理,但由此造成的损失由出票人自行承担。

【例题·多选题】 使用中文大写填写票据出票日期时应在其前面加"零"的月份有(　　)。
A.壹月　　　　　　　　　　　　B.贰月
C.叁月　　　　　　　　　　　　D.壹拾月
【答案】 ABD

第三节　银行结算账户

一、银行结算账户的概念

人民币银行结算账户,是指存款人在经办银行开立的用于办理资金收付结算的人民币活期存款账户。

存款人,是指在中国境内开立银行结算账户的机关、团体、部队、企业、事业单位、其他组织、个体工商户和自然人。

银行,是指在中国境内经中国人民银行批准经营支付结算业务的银行业金融机构,如政策性银行、商业银行(含外资独资银行、中外合资银行、外国银行分行)及其分支机构、城市信用合作社、农村信用合作社。

【例题·单选题】 银行结算账户的监督管理部门是(　　)。
A.各级财政部门　　　　　　　　B.中国人民银行
C.各开户银行　　　　　　　　　D.国务院及地方各级人民政府
【答案】 B

二、银行结算账户的分类

(一)按存款人不同,分为单位银行结算账户和个人银行结算账户

单位银行结算账户是存款人以单位名称开立的银行结算账户;个人银行结算账户是存款人

凭个人身份证件以自然人名称开立的银行结算账户。

单位银行结算账户按用途不同,分为基本存款账户、一般存款账户、专用存款账户和临时存款账户。

1. 基本存款账户

基本存款账户,是指存款人因办理日常转账结算和现金收付需要开立的银行结算账户,是存款人的主办账户,用于存款人日常经营活动的资金收付,以及存款人的工资、奖金和现金的支取。

2. 一般存款账户

一般存款账户,是指存款人因借款或其他结算需要,在基本存款账户开户银行以外的银行营业机构开立的银行结算账户。一般存款账户用于办理存款人借款转存、借款归还和其他结算的资金收付。该账户可以办理现金缴存,但不得办理现金支取。

3. 专用存款账户

专用存款账户,是指存款人按照法律、行政法规和规章,对其特定用途的资金进行专项管理和使用而开立的银行结算账户。

存款人可以申请开立专用存款账户的资金包括:基本建设资金,更新改造资金,财政预算外资金,粮、棉、油收购资金,证券交易结算资金,期货交易保证金,信托基金,金融机构存放同业资金,政策性房地产开发资金,单位银行卡备用金,住房基金,社会保障基金,收入汇缴资金,业务支出资金,党、团、工会设在单位的组织机构经费,其他需要专项管理和使用的资金。

4. 临时存款账户

临时存款账户,是指存款人因临时需要并在规定期限内使用而开立的银行结算账户。有下列情况的,存款人可以申请开立临时存款账户。

(1)设立临时机构,如设立工程指挥部、摄制组、筹备领导小组等。

(2)异地临时经营活动,如建筑施工及安装单位等在异地的临时经营活动。

(3)注册验资。

临时存款账户的有效期最长不得超过 2 年。临时存款账户支取现金,应按照国家现金管理的规定办理。注册验资的临时存款账户在验资期间只收不付,注册验资的资金汇缴人应与出资人的名称一致。

(二)按开户地不同,分为本地银行结算账户和异地银行结算账户

单位或个人只要符合相关条件的,均可根据需要在异地开立相应的银行结算账户。

三、银行结算账户管理应遵守的原则

1. 一个基本账户原则

单位银行结算账户的存款人只能在银行开立一个基本存款账户。

2. 自主选择银行开立银行结算账户原则

存款人可以自主选择银行开立银行结算账户。除国家法律、行政法规和国务院另有规定外,任何单位和个人不得强令存款人到指定银行开立银行结算账户。

3. 守法合规原则

银行结算账户的开立和使用应当遵守法律、行政法规,不得利用银行结算账户进行偷逃税款、逃避债务、套取现金及其他违法犯罪活动。

4. 存款信息保密原则

银行应依法为存款人的银行结算账户信息保密。除国家法律、行政法规另有规定外,银行有

权拒绝任何单位或个人查询存款人的银行结算账户信息。

四、银行结算账户的开立、变更、撤销

1. 银行结算账户的开立

存款人应在注册地或住所地开立银行结算账户。符合异地(跨省、市、县)开户条件的,也可以在异地开立银行结算账户。开立银行结算账户应遵循存款人自主原则,除国家法律、行政法规和国务院规定外,任何单位和个人不得强令存款人到指定银行开立银行结算账户。2019年2月2日,中国人民银行发布《企业银行结算账户管理办法》,自2019年年底前,完成取消企业银行账户许可。企业法人、非法人企业、个体工商户在银行机构开立基本存款账户、临时存款账户,由核准制改为备案制,"开户许可证"已成为历史。

对开立核准类账户的,中国人民银行当地分支行应于2个工作日内对开户银行报送的核准类账户的开户资料的合规性予以审核。符合开户条件的,予以核准,颁发基本(或临时或专用)存款账户许可证;不符合开户条件的,应在开户申请书上签署意见,连同有关证明文件一并退回报送银行,由报送银行转送存款人。

2. 银行结算账户的变更

银行结算账户的变更,是指存款人的账户信息资料,如存款人名称、单位法定代表人或主要负责人、住址以及其他开户资料,在发生变化后应及时向开户银行办理变更手续,填写变更银行结算账户申请书。属于申请变更单位银行结算账户的,应加盖单位公章和法定代表人(单位负责人)或其授权代理人的签名或者盖章;属于申请变更个人银行结算账户的,应加盖其个人签章。银行结算账户有法定变更事项的,应于5个工作日内提出申请或通知开户银行并提供有关证明,开户银行办理变更手续并于2个工作日内向中国人民银行当地分支行报告。单位法定代表人或者主要负责人、住址以及其他开户资料发生变更时,应于5个工作日内书面通知开户银行并提供有关证明。

3. 银行结算账户的撤销

撤销是指存款人因开户资格或者其他原因终止银行结算账户使用的行为。存款人申请撤销银行结算账户时,应填写撤销银行结算账户申请书。属于申请撤销单位银行结算账户的,应加盖单位公章和法定代表人(单位负责人)或其授权代理人的签名或者盖章;属于申请撤销个人银行结算账户的,应加盖其个人签章。银行在收到存款人撤销银行结算账户的申请后,对于符合销户条件的,应在2个工作日内办理撤销手续。

存款人有以下情形之一的,应向开户银行提出撤销银行结算账户申请:

(1)被撤并、解散、宣告破产或关闭的;

(2)注销、被吊销营业执照的;

(3)因迁址需要变更开户银行的;

(4)因其他原因需要撤销银行结算账户的。

存款人尚未清偿其开户银行债务的,不得申请撤销银行结算账户。存款人有上述前两项情形的,应于5个工作日内向开户银行提出撤销银行结算账户的申请。

五、违反银行结算账户管理制度的法律责任

1. 存款人在开立、撤销银行结算账户过程中违法行为的法律责任

存款人在开立、撤销银行结算账户过程中,有下列行为之一的,对于非经营性的存款人,给予警告并处以1000元的罚款;对于经营性的存款人,给予警告并处以1万元以上3万元以下的罚

款;构成犯罪的,移交司法机关依法追究刑事责任。

(1)违反规定开立银行结算账户。

(2)伪造、变造证明文件欺骗银行开立银行结算账户。

(3)违反规定不及时撤销银行结算账户。

2. 存款人在使用银行结算账户过程中违法行为的法律责任

存款人有下列(1)~(5)项行为之一的,对于非经营性的存款人,给予警告并处以1000元的罚款;对于经营性的存款人,给予警告并处以5000元以上3万元以下的罚款;存款人有下列第(6)项行为的,给予警告并处以1000元的罚款。

(1)违反规定将单位款项转入个人银行结算账户。

(2)违反规定支取现金。

(3)利用开立银行结算账户逃废银行债务。

(4)出租、出借银行结算账户。

(5)从基本存款账户之外的银行结算账户转账存入、将销货收入存入或现金存入单位信用卡账户。

(6)法定代表人或主要负责人、存款人地址以及其他开户资料的变更事项未在规定期限内通知银行。

3. 存款人伪造、变造、私自印制开户登记证的法律责任

伪造、变造、私自印制开户登记证的存款人,属于非经营性的存款人,处以1000元的罚款;属于经营性的存款人,处以1万元以上3万元以下的罚款;构成犯罪的,移交司法机关依法追究刑事责任。

4. 银行在银行结算账户开立中违法行为的法律责任

银行在银行结算账户开立过程中,有下列行为之一的,给予警告并处以5万元以上30万元以下的罚款;对该银行直接负责的高级管理人员、其他直接负责的主管人员、直接责任人员按规定给予纪律处分;情节严重的,中国人民银行有权停止对其开立基本存款账户的核准,责令该银行停业整顿或者吊销经营金融业务许可证;构成犯罪的,移交司法机关依法追究刑事责任。

(1)违反规定为存款人多头开立银行结算账户。

(2)明知或应知是单位资金,而允许以自然人名称开立账户存储。

5. 银行在银行结算账户使用中违法行为的法律责任

银行在银行结算账户使用过程中,有下列行为之一的,给予警告并处以5000元以上3万元以下的罚款;对该银行直接负责的高级管理人员、其他直接负责的主管人员、直接责任人员按规定给予纪律处分;情节严重的,中国人民银行有权停止对其开立基本存款账户的核准;构成犯罪的,移交司法机关依法追究刑事责任。

(1)提供虚假开户申请资料欺骗中国人民银行许可开立基本存款账户、临时存款账户、预算单位专用存款账户。

(2)开立或撤销单位银行结算账户,未按《人民币银行结算账户管理办法》规定在其基本存款账户开户登记证上予以登记、签章或通知相关开户银行。

(3)违反规定办理个人银行结算账户转账结算。

(4)为储蓄账户办理转账结算。

(5)违反规定为存款人支付现金或办理现金存入。

(6)超过期限或未向中国人民银行报送账户开立、变更、撤销等资料。

第四节 票据结算方式

一、票据结算概述

（一）票据的概念和种类

票据的概念有广义和狭义之分。广义的票据包括各种有价证券和凭证，如股票、债券、发票、提单等；狭义的票据仅指《票据法》上规定的票据。本节讲的是狭义的票据，是指出票人依法签发的，约定自己或者委托付款人在见票时或指定的日期向收款人或持票人无条件支付一定金额的有价证券。

在我国，《票据法》规定的票据包括：汇票、本票和支票。其中，汇票包括银行汇票和商业汇票。

（二）票据的特征

1. 票据是债权凭证和金钱凭证

持票人可以就票据上记载的金额向特定票据债务人行使票据权利，并请求债务人给付一定的金钱而不是物品。票据的实质是债权债务的证明书，所以票据是债权凭证和金钱凭证。

2. 票据是设权证券

所谓设权证券，是指票据权利的发生必须以制成证券为条件。票据上表示的权利，是由出票这种行为而创设，没有票据，就没有票据上的权利，因此，票据是一种设权证券。

3. 票据是文义证券

与票据有关的一切权利义务，必须严格依照票据上的文字记载为准，文义之外的任何理由、事项均不得作为依据。

（三）票据的功能

1. 支付功能

票据可以充当支付工具，在市场上流通。以票据作为支付工具在一定程度上可以减少不必要的携带和点验现金的麻烦，达到资金运转安全、迅速、准确的目的。

2. 汇兑功能

汇兑功能是票据最初的功能。票据可以代替货币在异地之间支付，相对而言，既安全又方便。

3. 信用功能

在商品交易中，票据可作为预付货款或延期付款的工具，发挥商业信用功能。例如，甲公司购乙公司货物，甲公司暂时款项不足，于是签发一张以乙公司为收款人、以自己的开户银行为付款人，约定 3 个月后付款的票据给乙公司，此时，甲公司实际上是将 3 个月后才能筹足的款项用于现在使用。

4. 结算功能

结算功能是指票据作为货币给付的手段，可以用它在同城或异地的经济往来中，抵消不同当事人之间相互的收款、欠款，或相互的支付关系，即通过票据交换，使各方收付相抵，相互债务冲减。

5. 融资功能

融资功能是通过票据的贴现、转贴现与再贴现实现的。票据的持票人可以将未到期的票据向银行申请贴现,将票据转让给银行,银行在扣除贴现利息后,将票据金额提前支付给持票人。

(四)票据行为

票据行为是指票据当事人以发生票据债务为目的、以在票据上签名或盖章为权利与义务成立要件的法律行为,包括出票、背书、承兑和保证四种。

1. 出票

出票是指出票人签发票据并将其交付给收款人的票据行为。出票包括两种行为:一是出票人依照《票据法》的规定做成票据,即在票据上记载法定事项并签章;二是交付票据,即将票据交付给他人。这两者缺一不可。

2. 背书

背书是指持票人为将票据权利转让给他人或者将一定的票据权利授予他人行使,而在票据背面或者粘单上记载有关事项并签章的行为。

背书按照目的不同分为转让背书和非转让背书。转让背书是以持票人将票据权利转让给他人为目的的背书;非转让背书是将一定的票据权利授予他人行使,包括委托收款背书和质押背书。

3. 承兑

承兑是指汇票付款人承诺在汇票到期日支付汇票金额的票据行为。承兑是商业汇票特有的票据行为,付款人承兑汇票后,应当承担到期付款的责任。

4. 保证

保证是指票据债务人以外的人,为担保特定债务人履行票据债务而在票据上记载有关保证事项并签章的行为。保证人对合法取得票据的持票人所享有的票据权利承担保证责任,对于被保证的票据,保证人应当与被保证人对持票人承担连带责任。

(五)票据当事人

票据当事人,是指票据法律关系中享有票据权利、承担票据义务的当事人。票据当事人可分为基本当事人和非基本当事人。

1. 基本当事人

基本当事人是在票据做成和交付时就已经存在的当事人,是构成票据法律关系的必要主体,包括出票人、付款人和收款人。

(1)出票人是指依法定方式签发票据并将票据交付给收款人的人。

(2)收款人是指票据正面记载的到期后有权收取票据所载金额的人。

(3)付款人是指由出票人委托付款或自行承担付款责任的人。

2. 非基本当事人

非基本当事人是在票据做成并交付后,通过一定的票据行为加入票据关系而享有一定权利、承担一定义务的当事人,包括承兑人、背书人、被背书人、保证人。

(1)承兑人是指接受汇票出票人的付款委托,同意承担支付票款义务的人。

(2)背书人是指在转让票据时,在票据背面或粘单上签字或盖章,并将该票据交付给受让人的票据收款人或持有人。

(3)被背书人是指被记名受让票据或接受票据转让的人。

(4)保证人是指为票据债务提供担保的人,由票据债务关系以外的第三人担当。

【例题·单选题】 根据规定,属于票据基本当事人的是(   )。

A.出票人　　　　　　　　　　B.背书人
C.承兑人　　　　　　　　　　D.保证人

【答案】 A

【解析】 基本当事人是在票据做成和交付时就已经存在的当事人,包括出票人、付款人和收款人。

【例题·单选题】 接受汇票出票人的付款委托,同意承担支付票款义务的人,是(   )。

A.被背书人　　　　　　　　　B.背书人
C.承兑人　　　　　　　　　　D.保证人

【答案】 C

【解析】 承兑人是指接受汇票出票人的付款委托,同意承担支付票款义务的人。

(六)票据权利与责任

1.票据权利

(1)票据权利是指票据持票人向票据债务人请求支付票据金额的权利,包括付款请求权和票据追索权。

付款请求权,是指持票人向汇票的承兑人、本票的出票人、支票的付款人出示票据要求付款的权利,是第一顺序权利,又称主要票据权利。

票据追索权,是指票据当事人行使付款请求权遭到拒绝或其他法定原因存在时,向其前手请求偿还票据金额及其他法定费用的权利,是第二顺序权利,又称偿还请求权。

(2)票据权利在下列期限内不行使而消灭:

①持票人对票据的出票人和承兑人的权利,自票据到期日起2年;

②见票即付的汇票、本票,自出票日起2年;

③持票人对支票出票人的权利,自出票日起6个月;

④持票人对前手的追索权,自被拒绝承兑或者被拒绝付款之日起6个月;

⑤持票人对前手的再追索权,自清偿日或者被提起诉讼之日起3个月。

【例题·单选题】 2018年6月5日,A公司向B公司开具一张金额为10万元的支票。6月14日,C公司请求付款银行付款时,银行以A公司账户内只有10000元为由拒绝付款。根据票据法律制度的规定,B公司向A公司行使追索权的期限为(   )。

A.2018年6月25日之前　　　　B.2018年8月15日之前
C.2018年9月15日之前　　　　D.2018年12月5日之前

【答案】 D

【解析】 本题中,A公司为出票人。B公司向A公司行使追索权的时限,根据"持票人对支票出票人的权利,自出票日起6个月"的规定,应该为2018年12月5日之前。

2.票据责任

票据责任是指票据债务人向持票人支付票据金额的责任。它是基于债务人特定的票据行为(如出票、背书、承兑等)而应承担的义务,不具有制裁性质,主要包括付款义务和偿还义务。一般包括四种责任:汇票承兑人因承兑而应承担付款责任;本票出票人因出票而承担付款责任;支票付款人在与出票人有资金关系时承担付款责任;汇票、本票、支票的背书人,汇票、支票的出票人、保证人,在票据不获承兑或不获付款时承担付款清偿责任。

(七)票据记载事项

票据记载事项是指依法在票据上记载票据相关内容的行为,一般分为绝对记载事项、相对记载事项和非法定记载事项。

(1)绝对记载事项,是指《票据法》明文规定必须记载的,如不记载,票据即为无效的事项。

(2)相对记载事项,是指《票据法》规定应该记载而未记载,适用法律的有关规定而不使票据失效的事项。

(3)非法定记载事项,是指《票据法》不强制当事人必须记载而允许当事人自行选择,不记载时不影响票据效力,记载时则产生票据效力的事项。

(八)票据丧失的补救

票据丧失是指票据因灭失、遗失、被盗等原因而使票据权利人脱离其对票据的占有。票据一旦丧失,票据权利人若不采取补救措施,则会造成正当票据权利人经济上的损失。票据丧失后,可以采取挂失止付、公示催告和普通诉讼三种形式进行补救。

1.挂失止付

挂失止付是指失票人将丧失的票据情况通知付款人或代理付款人,由接受通知的付款人或代理付款人审查后暂停支付的一种方式。已承兑的商业汇票、支票、填明"现金"字样和代理付款人的银行汇票以及填明"现金"字样的银行本票丧失可以采取挂失止付。

挂失止付并不是票据丧失后必须采取的措施,而只是一种暂时的预防措施,最终要通过申请公示催告和普通诉讼来保护失票人的权益。

2.公示催告

公示催告是指在票据丧失后由失票人向人民法院提出申请,请求人民法院以公告方式通知不确定的利害关系人限期申报权利,逾期未申报者,则由法院通过除权判决宣告所丧失的票据无效的一种制度或程序。

3.普通诉讼

普通诉讼是指以丧失票据的人为原告,承兑人或出票人为被告,请求法院判决承兑人或出票人向失票人付款的诉讼活动。如果与票据上的权利有利害关系的人是明确的,无须公示催告,可按一般的票据纠纷向法院提起诉讼。

二、支票

(一)支票的概念及适用范围

1.支票的概念

支票是出票人签发的,委托办理支票存款业务的银行或者其他金融机构在见票时无条件支付确定的金额给收款人或者持票人的票据。支票的基本当事人有出票人、付款人、收款人,出票人为签发支票的单位和个人,付款人是出票人的开户银行。支票可以背书转让,但用于支取现金的支票不能背书转让。

2.支票的适用范围

单位和个人各种款项的结算,均可以使用支票。2007年7月8日,中国人民银行宣布,支票可以实现全国范围内互通使用。

(二)支票的种类

支票按照支付方式的不同,分为现金支票、转账支票和普通支票。

1. 现金支票

现金支票(见图 2-2)上印有"现金"字样,现金支票只能用于支取现金。

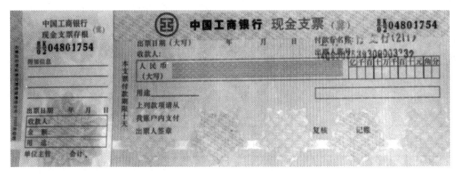

图 2-2　现金支票

2. 转账支票

转账支票(见图 2-3)上印有"转账"字样,转账支票只能用于转账,不能用于支取现金。

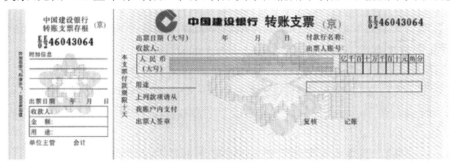

图 2-3　转账支票

3. 普通支票

普通支票上未印有"现金"或"转账"字样,普通支票可以用于支取现金,也可用于转账。在普通支票左上角划两条平行线的,为划线支票(见图 2-4),划线支票只能用于转账,不能用于支取现金。

图 2-4　划线支票

（三）支票的出票

1. 支票的绝对记载事项

(1) 表明"支票"的字样。

(2) 无条件支付的委托。

(3) 确定的金额。

(4) 付款人名称。

(5) 出票日期。

(6) 出票人签章。

支票上缺少以上任一事项，支票无效。

为了发挥支票灵活便利的特点，《票据法》规定支票上的金额和收款人名称可以由出票人授权补记，未补记前不得背书转让和提示付款。此外，《票据法》规定："出票人可以在支票上记载自己为收款人。"如单位签发支票向其开户银行领取现金。

2. 支票的相对记载事项

(1) 付款地。支票上未记载付款地的，付款地为付款人的营业场所。

(2) 出票地。支票上未记载出票地的，出票地为出票人的营业场所、住所或经常居住地。

3. 支票出票的效力

支票出票人必须按照签发的支票金额承担保证向该支票持票人付款的责任。这一责任包括两项：出票人做成支票交付之后，出票人必须在付款人处存有足够可处分的资金，以保证支票票款的支付；当付款人对支票拒绝付款或者超过支票付款提示期限的，出票人应向持票人承担付款责任。

【例题·单选题】 票据的金额和收款人名称可由出票人授权补记的为(   )。

A. 银行汇票　　　　　　　　B. 商业汇票

C. 银行本票　　　　　　　　D. 支票

【答案】 D

【解析】 支票上的金额和收款人名称可由出票人授权补记。

（四）支票的付款

支票限于见票即付，不得另行记载付款日期，另行记载付款日期的，该记载无效。

1. 提示付款

支票的持票人应当自出票日起 10 日内提示付款；异地使用的支票，其提示付款的期限由中国人民银行另行规定。超过提示付款期限的，付款人可以不予付款。付款人不予付款的，出票人仍应当对持票人承担票据责任。

2. 付款

出票人在付款人处的存款足以支付支票金额时，付款人应当在见票当日足额付款。

3. 付款责任的解除

付款人依法支付支票金额的，对出票人不再承担受委托付款的责任，对持票人不再承担付款的责任。但是，付款人以恶意或者有重大过失付款的除外。恶意或者有重大过失付款是指付款人在收到持票人提示的支票时，明知持票人不是真正的票据权利人，支票的背书以及其他签章系属伪造，或者付款人不按照正常的操作程序审查票据等情形而付款的。在这种情况下，付款人不能解除付款责任，由此造成损失的，由付款人承担赔偿责任。

（五）支票办理要求

1. 签发要求

（1）签发支票应使用碳素墨水或墨汁填写,中国人民银行另有规定的除外。

（2）签发现金支票和用于支取现金的普通支票必须符合国家现金管理的规定。

（3）支票的出票人签发支票的金额不得超过付款时在付款人处实有的存款金额。禁止签发空头支票。

（4）支票的出票人在票据上的签章,应为其预留银行的签章,该签章是银行审核支票付款的依据。银行也可以与出票人约定使用支付密码,作为银行审核支付支票金额的条件。

（5）出票人不得签发与其预留银行签章不符的支票;使用支付密码的,出票人不得签发支付密码错误的支票。

（6）出票人签发空头支票,签发与预留银行签章不符的支票,使用支付地区、支付密码错误的支票,银行应予以退票,并按票面金额处以5%但不低于1000元的罚款;持票人有权要求出票人赔偿支票金额2%的赔偿金。对屡次签发的,银行应停止其行使签发支票的权力。

2. 兑付要求

（1）持票人可以委托开户银行收款或直接向付款人提示付款,用于支取现金的支票仅限于收款人向付款人提示付款。

（2）持票人委托开户银行收款时,应作委托收款背书,在支票背面背书人签章栏签章,记载"委托收款"字样、背书日期,在被背书人栏记载开户银行名称,并将支票和填制的进账单送交出票人的开户银行。

（3）持票人持用于转账的支票向付款人提示付款时,应在支票背面背书人签章栏签章,并将支票和填制的进账单送交出票人的开户银行。

（4）收款人持用于支取现金的支票向付款人提示付款时,应在支票背面"收款人签章"处签章,持票人为个人的,还需交验本人身份证件,并在支票背面注明证件名称、号码及发证机关。

【例题·单选题】 甲公司委托开户银行收款时,发现其持有的由乙公司签发的金额为10万元的转账支票为空头支票。根据《支付结算办法》的规定,甲公司有权要求乙公司支付赔偿金的数额是(　　)。

A. 5000元　　　　　　　　　　B. 3000元

C. 2000元　　　　　　　　　　D. 1000元

【答案】 C

【解析】 签发空头支票或者签发与其预留的签章不符的支票,不以骗取财物为目的的,由中国人民银行处以票面金额5%但不低于1000元的罚款;持票人有权要求出票人赔偿支票金额2%的赔偿金。100 000×2%＝2000(元)。

三、商业汇票

（一）商业汇票的概念和种类

1. 商业汇票的概念

商业汇票是出票人签发的,委托付款人在指定日期无条件支付确定的金额给收款人或者持票人的票据。商业汇票的付款期限最长不得超过6个月。商业汇票适用于在银行开立存款账户的法人以及其他组织之间具有真实的交易关系或债权债务关系的款项结算。

2.商业汇票的种类

商业汇票按承兑人的不同,可以分为商业承兑汇票和银行承兑汇票两种。商业承兑汇票是由银行以外的付款人承兑;银行承兑汇票是由银行承兑。

(二)商业汇票的出票

1.出票人的确定

商业汇票的出票人是在银行开立存款账户的法人以及其他组织,与付款人具有真实的委托付款关系,具有支付汇票金额的可靠资金来源。

2.商业汇票的绝对记载事项

(1)表明"商业承兑汇票"或"银行承兑汇票"的字样。

(2)无条件支付的委托。

(3)确定的金额。

(4)付款人名称。

(5)收款人名称。

(6)出票日期。

(7)出票人签章。

欠缺记载上述事项之一的,商业汇票无效。

3.商业汇票的相对记载事项

(1)付款日期:若未记载,则见票即付。

(2)付款地:若未记载,则付款人的营业场所、住所或经常居住地为付款地。

(3)出票地:若未记载,则出票人的营业场所、住所或经常居住地为出票地。

(三)商业汇票的承兑

承兑,指汇票付款人承诺在汇票到期日支付汇票金额的票据行为。承兑是商业汇票特有的制度。

1.承兑的程序

(1)提示承兑。定日付款或者出票后定期付款,于汇票到期日前承兑,见票后定期付款的汇票自出票日起1个月内提示承兑,见票即付的汇票无须提示承兑。

(2)承兑成立。承兑时间:付款人应当在自收到提示承兑的汇票之日起3日内承兑或拒绝承兑,一般来说,如果付款人在3日内不作承兑与否表示的,则应视为拒绝承兑,持票人可以请求其做出拒绝承兑证明,向其前手行使追索权。接受承兑:付款人收到持票人提示承兑的汇票时,应当向持票人签发收到汇票的回单。承兑格式:付款人承兑汇票时,应当在汇票正面记载"承兑"字样和承兑日期并签章。退回已承兑的汇票:付款人按承兑格式填写完记载事项后,并不意味着承兑生效,只有在其将已承兑汇票退回持票人才产生承兑的效力。

2.承兑的效力

付款人承兑汇票后,应当承担到期付款的责任。具体包括如下四个方面。

(1)承兑人于汇票到期日必须向持票人无条件地支付汇票上的金额,否则,其必须承担迟延付款责任。

(2)承兑人必须对汇票上的一切权利人承担责任,该权利人包括付款请求权利人和追索权利人。

(3)承兑人不得以其与出票人之间的资金关系来对抗持票人,拒绝支付汇票金额。

(4)承兑人的票据责任不因持票人未在法定期限提示付款而解除。

3.承兑不得附有条件

付款人承兑商业汇票,不得附有条件;承兑附有条件的,视为拒绝承兑。银行承兑汇票的承兑银行,应按票面金额向出票人收取万分之五的手续费。

(四)商业汇票的付款

商业汇票的付款是指付款人依据票据文义支付票据金额,以消灭票据关系的行为。

1.提示付款期限

(1)见票即付的汇票,自出票日起1个月内向付款人提示付款。

(2)定日付款、出票后定期付款或者见票后定期付款的汇票,自到期日起10日内向承兑人提示付款。

持票人未按照上述规定期限提示付款的,则丧失对其前手的追索权,但在做出说明后,承兑人或者付款人仍应当继续对持票人承担付款责任。

2.付款的效力

付款人依法足额付款后,全体汇票债务人的责任解除。但是,如果付款人付款未尽审查义务而对不符合法定形式的票据付款,或存在恶意或重大过失而付款的,则不发生上述法律效力,付款人的义务不能免除,其他债务人也不能免除责任。

(五)商业汇票的背书

商业汇票背书,是指以转让商业汇票权利或者将一定的商业汇票权利授予他人行使为目的,按照法定的事项和方式在商业汇票背面或者粘单上记载有关事项并签章的票据行为。

1.背书的记载事项

(1)背书绝对记载事项:背书人签章和被背书人名称。

(2)相对记载事项是背书日期,若未记载,视为汇票到期前的背书。

2.背书不得记载的事项

(1)附有条件的背书:根据规定,汇票背书附有条件的,所附条件不具有汇票上的效力。

(2)部分背书:若将汇票金额的一部分或者将汇票金额分别转让给两人以上的背书,部分背书无效。

3.禁止背书的记载

(1)出票人的禁止背书:出票人的禁止背书应记载在汇票的正面。出票人在汇票上记载"不得转让"字样的,汇票不得转让。

(2)背书人的禁止背书:背书人的禁止背书应记载在汇票的背面。背书人在汇票上记载"不得转让"字样,其后手再背书转让的,原背书人对后手的被背书人不承担保证责任,原背书人只对直接的被背书人承担责任。

4.背书时粘单的使用

为了保证粘单的有效性和真实性,第一位使用粘单的背书人必须将粘单粘附在票据上,并且在汇票和粘单的粘接处签章,否则该粘单记载的内容无效。

5.背书连续

如果背书不连续,付款人可以拒绝向持票人付款,否则付款人自行承担责任。

背书连续主要是指形式上的连续,如果背书在实质上不连续,如有伪造签章等,付款人仍应对持票人付款。但是,如果付款人明知持票人不是真正票据权利人,则不得向持票人付款,否则自行承担责任。

6. 法定禁止背书

被拒绝承兑、被拒绝付款或者超过付款提示期限等三种情形下的汇票,不得背书转让;背书转让的,背书人应当承担汇票责任。

(六)商业汇票的保证

保证是指票据债务人以外的第三人,为担保票据债务人的履行票据债务为目的,而在票据上所为的一种附属票据行为。

1. 保证的当事人

保证的当事人为保证人与被保证人。根据《票据法》规定,保证人应由汇票债务人以外的他人担当。

2. 保证的格式

保证的格式是指在办理保证手续时需要在汇票上记载的事项和如何记载该事项。

(1)根据《票据法》的规定,保证人必须在汇票或者粘单上记载五大事项:表明"保证"的字样、保证人签章、保证人名称和住所、被保证人的名称、保证日期。

(2)保证记载方法:根据《支付结算办法》第三十五条的规定,保证人为出票人、承兑人保证的,应将保证事项记载于汇票的正面;保证人为背书人保证的,应将保证事项记载于汇票的背面或粘单上。

(3)保证不得记载的内容:保证不得附有条件,附有条件的,不影响对汇票的保证责任。

3. 保证的效力

保证的效力是指保证人依法承担保证责任。保证一旦成立,即在保证人与被保证人之间产生法律效力,保证人必须对保证行为承担相应的责任。

(1)保证人的责任:保证人对合法取得汇票的持票人所享有的汇票权利,承担保证责任。但是,被保证人的债务因汇票记载事项欠缺而无效的除外。

(2)共同保证人的责任,共同保证是指保证人为两人以上的保证。保证人为两人以上的保证,保证人之间承担连带责任,即持票人可以不分先后向保证人中的一人或者数人或者全体就全部票据金额及有关费用行使票据权利,共同保证人不得拒绝。

(3)保证人的追索权:保证人清偿汇票债务后,可以行使持票人对被保证人及其前手的追索权。

四、银行汇票

1. 银行汇票的概念和适用范围

银行汇票是出票银行签发的,由其在见票时按照实际结算金额无条件支付给收款人或者持票人的票据。单位和个人在异地、同城或统一票据交换区域的各种款项结算,均可使用银行汇票。

2. 银行汇票的记载事项

银行汇票的绝对记载事项有:表明"银行汇票"的字样、无条件支付的承诺、确定的金额、付款人名称、收款人名称、出票日期、出票人签章。

汇票上未记载上述事项之一的,汇票无效。

3. 银行汇票的基本规定

(1)银行汇票可以用于转账,标明现金字样的"银行汇票"也可以提取现金。

(2)银行汇票的付款人为银行汇票的出票银行,银行汇票的付款地为代理付款人或出票人所在地。

(3)银行汇票的出票人在票据上的签章,应为经中国人民银行批准使用的该银行汇票专用章加其法定代表人或其授权经办人的签名或者盖章。

(4)银行汇票的提示付款期限自出票日起1个月。持票人超过付款期限提示付款的,代理付款人(银行)不予受理。

(5)银行汇票可以背书转让,但填明"现金"字样的银行汇票不得背书转让。银行汇票的背书转让以不超过出票金额的实际结算金额为准。未填写实际结算金额或实际结算金额超过出票金额的银行汇票不得背书转让。

(6)填明"现金"字样和代理付款人的银行汇票丧失,可以由失票人通知付款人或者代理付款人挂失止付。未填明"现金"字样和代理付款人的银行汇票丧失,不得挂失止付。

(7)银行汇票丧失,失票人可以凭人民法院出具的其享有票据权利的证明,向出票银行请求付款或退款。

4.银行汇票申办和兑付的基本规定

收款人对申请人交付的银行汇票审查无误后,应在出票金额以内,根据实际需要的款项办理结算,并将实际结算金额和多余金额准确、清晰地填入银行汇票和解讫通知的有关栏内。银行汇票的实际结算金额低于出票金额的,其多余金额由出票银行退交申请人。未填明实际结算金额和多余金额或者实际结算金额超过出票金额的,银行不予受理。银行汇票的实际结算金额不得更改,更改实际结算金额的银行汇票无效。

持票人超过提示付款期限提示付款的,代理付款人(银行)不予受理。持票人向银行提示付款时,必须同时提交银行汇票和解讫通知,缺少任何一联,银行不予受理。持票人超过提示付款期限向代理付款人提示付款不获付款的,必须在票据权利时效内向出票银行做出说明,并提供本人身份证件或单位证明,持银行汇票和解讫通知向出票银行请求付款。

五、银行本票

1.银行本票的概念和适用范围

本票是由出票人签发的,承诺自己在见票时无条件支付确定的金额给收款人或者持票人的票据。我国《票据法》规定的本票是指银行本票。

单位和个人在同一票据交换区域需要支付的各种款项,均可使用银行本票。

2.银行本票的记载事项

签发银行本票必须记载的事项:标明"本票"的字样、无条件支付的承诺、确定的金额、收款人名称、出票日期、出票人签章。

欠缺记载上述事项之一的,银行本票无效。

3.银行本票的基本规定

(1)银行本票按照其金额是否固定可分为不定额和定额两种。不定额银行本票是指凭证上金额栏是空白的,签发时根据实际需要填写金额;定额银行本票是指凭证上预先印有固定面额的银行本票。定额银行本票的面额为1000元、5000元、10 000元和50 000元。

(2)银行本票可以用于转账,注明"现金"字样的银行本票可以用于支取现金。

(3)银行本票的出票人,为经中国人民银行当地分支行批准办理银行本票业务的银行机构。

(4)银行本票见票即付。跨系统银行本票的兑付,持票人开户银行可根据中国人民银行规定的金融机构同业往来利率向出票银行收取利息。

(5)银行本票的提示付款期限自出票日起最长不得超过2个月。持票人未按照规定期限提示见票的,丧失对出票人以外的前手的追索权。持票人超过提示付款期限提示付款的,代理付款人不予受理。

(6)银行本票丧失,失票人可以凭人民法院出具的其享有票据权利的证明,向出票银行请求付款或退款。

4.银行本票申办和兑付的基本规定

申请人使用银行本票,应向银行填写"银行本票申请书"。申请人和收款人均为个人需要支取现金的,应在支付金额栏中先填写"现金"字样,后填写支付金额。申请人或收款人为单位的,不得申请签发现金银行本票。

持票人超过提示付款期限不获付款的,在票据权利时效内向出票银行做出说明,并提供本人身份证件或单位证明,持银行本票向出票银行请求付款。申请人因银行本票超过提示付款期限或其他原因要求退款时,应将银行本票提交到出票银行,申请人为单位的,应出具单位证明;申请人为个人的,应出具本人身份证。出票银行对于在本行开立存款账户的申请人,只能将款项转入原申请人账户;对于现金银行本票和未在本行开立存款账户的申请人,才能退付现金。

汇票、本票、支票的对比见表2-1。

表2-1 汇票、本票、支票的对比

票据种类			提示承兑期限	提示付款期限	票据权利时效
汇票	银行汇票	见票即付	无须提示承兑	出票日起1个月	出票日起2年
	商业汇票	定日付款	到期日前提示承兑	到期日起10日	到期日起2年
		出票后定期付款			
		见票后定期付款	出票日起1个月		
银行本票				出票日起2个月	出票日起2年
支票				出票日起10日	出票日起6个月
追索权					6个月
再追索权					3个月
商业汇票的付款期限					不超过6个月

第五节 银 行 卡

一、银行卡的概念与分类

1.银行卡的概念

银行卡(见图2-5)是经批准由商业银行(含邮政金融机构)向社会发行的具有消费信用、转账结算、存取现金等全部或部分功能的信用支付工具。

2.银行卡的分类

银行卡依据不同的划分标准有不同的分类。

图 2-5 银行卡

(1) 按照发行主体是否在境内,银行卡分为境内卡和境外卡。

境内卡是指由境内商业银行发行的,既可以在境内使用,也可以在境外使用的银行卡;境外卡是指由境外设立的外资金融机构或外资非金融机构发行的,可以在境内使用的银行卡。

境内卡按照发行对象不同,分为个人卡和单位卡。个人卡是指发卡银行向个人发行的银行卡;单位卡是指发卡银行向企业、机关、事业单位和社会团体法人签发的,并由法人授权特定人使用的银行卡。

(2) 按照是否给予持卡人授信额度,银行卡分为信用卡和借记卡。

信用卡是指发卡银行向持卡人签发的,给予持卡人一定信用额度,持卡人可以在信用额度内先消费、后还款的银行卡。信用卡按是否向发卡银行交存备用金分为贷记卡、准贷记卡。贷记卡是发卡银行给予持卡人一定的授信额度,持卡人可在信用额度内先消费、后还款的信用卡;准贷记卡是持卡人须先按发卡银行要求交存一定金额的备用金,当备用金账户余额不足支付时,可在发卡银行规定的信用额度内透支的信用卡。

借记卡是发卡银行向持卡人签发的,没有信用额度,持卡人先存款、后使用的银行卡。借记卡不具备透支功能。

(3) 按照账户币种的不同,银行卡分为人民币卡、外币卡和双币种卡。

(4) 按照信息载体不同,银行卡分为磁条卡和芯片卡。

二、银行卡账户与交易

(一) 银行卡交易的基本规定

(1) 单位人民币卡可办理商品交易和劳务供应款项的结算,但不得透支。单位卡不得支取现金。

(2) 发卡银行对贷记卡的取现应当每笔进行授权,每卡每日累计取现不得超越限定额度。发卡银行应当对持卡人在自动柜员机(ATM机)取款设定交易上限,每卡每日累计提款不得超过5000元人民币。储值卡的面值或卡内币值不得超过1000元人民币。

(3) 发卡银行应当依照法律规定遵守信用卡业务风险控制指标:同一持卡人单笔透支发生额个人卡不得超过2万元(含等值外币)、单位卡不得超过5万元(含等值外币);同一账户月透支余额个人卡不得超过5万元(含等值外币),单位卡不得超过发卡银行对该单位综合授信额度的

3%,无综合授信额度可参照的单位,其月透支余额不得超过10万元(含等值外币);外币卡的透支额度不得超过持卡人保证金(含储蓄存单质押金额)的80%;从《银行卡业务管理办法》施行之日起新发生的180天(含180天)以上的月均透支余额不得超过月均总透支余额的15%。

(4)准贷记卡的透支期限最长为60天。贷记卡的首月最低还款额不得低于其当月透支余额的10%。

(5)发卡银行通过几种途径追偿透支款项和诈骗款项:扣减持卡人保证金、依法处理抵押物和质押物;向保证人追索透支款项;通过司法机关的诉讼程序进行追偿。

(二)银行卡的资金来源

单位卡账户的资金,一律从其基本存款账户转账存入,不得交存现金,不得将销货收入的款项存入其账户。

个人卡在使用过程中,需要向其账户续存资金的,只限于其持有的现金存入和工资性款项以及属于个人的劳务报酬收入转账存入。严禁将单位的款项存入个人卡账户。

(三)银行卡的计息和收费

1.计息

(1)发卡银行对准贷记卡及借记卡(不含储值卡)账户内的存款,按照中国人民银行规定的同期同档次存款利率及计息办法计付利息。

(2)发卡银行对贷记卡账户的存款、储值卡(含IC卡的电子钱包)内的币值不计付利息。

(3)贷记卡持卡人非现金交易享受如下优惠条件:

第一,免息还款期待遇。银行记账日至发卡银行规定的到期还款日之间为免息还款期。免息还款期最长为60天。

第二,最低还款额待遇。持卡人在到期还款日前偿还所使用全部银行款项有困难的,可按发卡银行规定的最低还款额还款。

贷记卡持卡人选择最低还款额方式或超过发卡银行批准的信用额度用卡时,不得享受免息还款期待遇。贷记卡持卡人支取现金、准贷记卡透支,不享受免息还款期和最低还款额待遇,应当支付现金交易额或透支额自银行记账日起,按规定利率计算的透支利息。发卡银行对贷记卡持卡人未偿还最低还款额和超信用额度用卡的行为,应当分别按最低还款额未还部分、超过信用额度部分的5%收取滞纳金和超限费。贷记卡透支按月计收复利,准贷记卡按月计收单利,透支利率为日利率0.05%,并根据中国人民银行的此项利率调整而调整。

2.收费

收费是指商业银行办理银行卡收单业务向商户收取结算手续费;宾馆、餐饮、娱乐、旅游等行业不得低于交易金额的2%;其他行业不得低于交易金额的1%。

(四)银行卡申领、注销和挂失

1.银行卡的申领

凡在中国境内金融机构开立基本存款账户的单位,可凭中国人民银行核发的开户许可证申领单位卡;单位卡可申领若干张,持卡人资格由申领单位法定代表人或其委托的代理人书面指定和注销。凡具有完全民事行为能力的公民,可凭本人有效身份证件及发卡银行规定的相关证明文件申领个人卡;个人卡的主卡持卡人,可为其配偶及年满18周岁的亲属申领附属卡,申领的附属卡最多不得超过两张,也有权要求注销其附属卡。

2. 银行卡的注销

持卡人在还清全部交易款项、透支本息和有关费用后,有下列情形之一的,可申请办理销户:

(1)信用卡有效期满45天后,持卡人不更换新卡的;

(2)信用卡挂失满45天后,没有附属卡又不更换新卡的;

(3)信用卡被列入止付名单,发卡银行已收回其信用卡45天的;

(4)持卡人死亡,发卡银行已收回其信用卡45天的;

(5)持卡人要求销户或担保人撤销担保,并已交回全部信用卡45天的;

(6)信用卡账户两年(含)以上未发生交易的;

(7)持卡人违反其他规定,发卡银行认为应该取消资格的。

信用卡销户时,单位卡账户余额转入其基本存款账户,不得提取现金;个人卡账户可以转账结清,也可以提取现金。

3. 银行卡的挂失

持卡人丧失银行卡,应立即持本人身份证件或其他有效证明,并按规定提供有关情况,向发卡银行或代办银行申请挂失。

第六节　其他结算方式

一、汇兑

(一)汇兑的概念和分类

汇兑,是指汇款人委托银行将其款项支付给收款人的结算方式。单位和个人的各种款项结算,均可以使用汇兑结算方式。

汇兑分为信汇(邮寄方式)和电汇(电报方式)两种。信汇是以邮寄方式将汇款凭证转给外地收款人指定的汇入行,电汇是以电报方式将汇款凭证转发给收款人指定的汇入行。电汇速度比信汇快,汇款人可根据实际需要选择。

(二)办理汇兑的程序

1. 签发汇兑凭证

汇款人按要求签发汇兑凭证。根据《支付结算办法》的规定,汇款人签发汇兑凭证时,必须记载下列事项:表明"信汇"或"电汇"的字样、无条件支付的委托、确定的金额、收款人名称、汇款人名称、汇入地点与汇入行名称、汇出地点与汇出行名称、委托日期、汇款人签章。汇兑凭证上缺少上述任何一项记载,银行不予受理。汇兑凭证记载的汇款人与收款人,其在银行开立存款账户的,必须记载其账号,否则银行不予受理。

2. 银行受理

汇出银行受理汇款人签发的汇兑凭证。对汇款人签发的汇兑凭证,汇出银行经审核无误后,应及时向汇入银行办理汇款,并向汇款人签发汇款回单。

汇款回单只能作为汇出银行受理汇款的依据,不能作为该笔汇款已转入收款人账户的证明。

3.汇入处理

汇入银行收到汇入款项。汇入银行应将汇入款项直接转入收款人的存款账户,并向其发出收账通知,收账通知是银行将款项确已收入收款人账户的凭据。未在银行开立存款账户的收款人,凭信汇或电汇的取款通知向汇入银行支取款项,并须交验本人身份证件,在信汇或电汇凭证上注明证件名称、号码及发证机关,在"收款人签章"处签章;银行审核无误后,以收款人的姓名开立应解汇款及临时存款账户,该账户只付不收,付完清户。

(三)汇兑的撤销和退汇

1.汇兑的撤销

汇兑的撤销是指汇款人对汇出银行尚未汇出的款项向汇出银行申请撤销汇款的行为。申请汇兑撤销时,应出具正式函件或本人身份证件及原汇或电汇回单。汇出银行查明确未汇出款项的,收回原信或电汇回单,方可办理撤销。转汇银行不得受理汇款人或汇出银行对汇款的撤销。

2.汇兑的退汇

汇兑的退汇是指汇款人对汇出银行已经汇出的款项申请退回汇款的行为。在汇入银行开立存款账户的收款人,由汇款人与收款人自行联系退汇;未在汇入银行开立存款账户的收款人,汇款人应出具正式函件或本人身份证件以及原信或电汇回单,由汇出银行通知汇入银行,经汇入银行核实汇款确未支付,并将款项汇回汇出银行,方可办理退汇。对于收款人拒收的汇款,应立即办理退汇;如汇入银行向收款人发出取款通知而收款人2个月无法交付的应退汇。转汇银行不得受理汇款人或汇款银行对汇款的退汇意见。

二、委托收款

(一)委托收款的概念

委托收款是指收款人委托银行向付款人收取款项的结算方式。单位和个人凭已承兑的商业汇票、债券、存单等付款人债务证明办理款项的结算,均可以使用委托收款结算方式。

委托收款在同城、异地均可以使用,其结算款项的划回方式分为邮寄和电报两种,由收款人选择。

(二)委托收款的记载事项

委托收款的记载事项包括:表明"委托收款"的字样、确定的金额、收款人名称、委托收款凭据名称及附寄单证张数、委托日期、收款人签章。欠缺记载上述事项之一的,银行不予受理。

委托收款以银行以外的单位为付款人的,委托收款凭证必须记载付款人开户银行名称;以银行以外的单位或在银行开立存款账户的个人为收款人的,委托收款凭证必须记载收款人开户银行名称;以未在银行开立存款账户的个人为收款人的,委托收款凭证必须记载被委托银行名称。欠缺记载的,银行不予受理。

(三)委托收款的结算规定

1.委托收款办理方法

收款人办理委托收款应向银行提交委托收款凭证和有关的债务证明,银行审查无误后办理付款。以银行为付款人的,银行应在当日将款项主动支付给收款人;以单位为付款人的,银行应及时通知付款人,付款人应于接到通知当日书面通知银行付款。

2.委托收款的注意事项

(1)付款人审查有关债务证明后,对收款人委托收取的款项需要拒绝付款的,可以办理拒绝付款。

(2)收款人收取公用事业费,必须具有收付双方事先签订的经济合同,由付款人向开户银行授权,并经开户银行同意,报经中国人民银行当地分支行批准,可以使用同城特约委托收款。

三、托收承付

(一)托收承付的概念

托收承付是指根据购销合同由收款人发货后委托银行向异地付款人收取款项,由付款人向银行承认付款的结算方式。

使用托收承付结算方式的收款单位和付款单位,必须是国有企业、供销合作社,以及经营管理较好并经开户银行审查同意的城乡集体所有制工业企业。

办理托收承付结算的款项,必须是商品交易以及因商品交易而产生的劳务供应款项。代销、寄销、赊销商品的款项不得办理托收承付结算。托收承付结算每笔的金额起点为1万元,新华书店系统每笔的金额起点为1千元。

(二)托收承付的结算规定

托收承付凭证记载事项有:表明"托收承付"的字样;确定的金额;付款人的名称和账号;收款人的名称和账号;付款人的开户银行名称;收款人的开户银行名称;托收附寄单证张数或册数;合同名称、号码;委托日期;收款人签章。托收承付凭证上欠缺记载上述事项之一的,银行不予受理。

收付双方使用托收承付结算方式必须签有符合《中华人民共和国合同法》的购销合同,并在合同上订明使用托收承付结算款项的划回方法,分为邮寄和电报,由收款人选用。

(三)托收承付的办理方法

1.托收

收款人按照签订的购销合同发货后,应将托收凭证并附发运凭证或其他符合托收承付结算的有关证明和交易单证送交银行。收款人开户银行接到托收凭证及其附件后,应当按照托收的范围、条件和托收凭证记载的要求认真进行审查,必要时,还应查验收付款人签订的购销合同,凡不符合要求或违反购销合同发货的,银行不予受理。

2.承付

付款人开户银行收到托收凭证及其附件后,应当及时通知付款人,付款人应在承付期内审查核对,安排资金。承付货款分为验单付款和验货付款两种,由收付双方商量选用,并在合同中明确规定。

(1)验单付款。验单付款的承付期为3天,从付款人开户银行发出承付通知的次日算起(承付期间遇法定节假日顺延)。付款人在承付期内,未向银行表示拒绝付款,银行即视作承付,并在承付期满的次日(遇到法定休假日顺延)上午银行开始营业时,将款项主动从付款人的账户内划出,按照收款人制定的划款方式,划给收款人。

(2)验货付款。验货付款的承付期为10天,从运输部门向付款人发出提货通知的次日算起。

对收付双方在合同中明确规定,并在托收凭证上注明验货付款期限的,银行从其规定。

采用验货付款的,付款人收到提货通知后,应即向银行交验提货通知。付款人在银行发出承付通知的次日起 10 日内,未收到提货通知的,应在第 10 天将货物尚未到达的情况通知银行。在第 10 天付款人没有通知银行的,银行即视作已经验货,于 10 天期满的次日上午银行开始营业时,将款项划给收款人;在第 10 天付款人通知银行货物未到,而以后收到提货通知没有及时送交银行,银行仍按 10 天期满的次日作为划款日期,并按超过的天数,计扣逾期付款赔偿金。

采用验货付款的,收款人必须在托收凭证上加盖明显的"验货付款"字样戳记。托收凭证未注明"验货付款"的,经付款人提出合同证明是验货付款的,银行可按验货付款处理。

四、国内信用证

(一)国内信用证的概念

国内信用证(简称信用证)是适用于国内贸易的一种支付结算方式,是开证银行依照申请人(购货方)的申请向受益人(销货方)开出的有一定金额、在一定期限内凭信用证规定的单据支付款项的书面承诺。

我国信用证为不可撤销、不可转让的跟单信用证。不可撤销信用证是指信用证开具后在有效期内,非经信用证各有关当事人(即开证银行、开证申请人和受益人)的同意,开证银行不得修改或者撤销的信用证;不可转让信用证是指受益人不能将信用证的权利转让给他人的信用证。

(二)国内信用证的结算方式

国内信用证结算方式只适用于国内企业之间商品交易产生的货款结算,并且只能用于转账结算,不得支取现金。

(三)国内信用证的办理基本程序

1. 开证

(1)开证申请。开证申请人使用信用证时,应委托其开户银行办理开证业务。开证申请人申请办理开证业务时,应当填具开证申请书、信用证申请人承诺书并提交有关购销合同。

开证申请书和承诺书记载的事项应完整、明确,并由申请人签章,签章应与预留银行的签章相符。开证申请书和承诺书是开证银行向受益人开立信用证的依据,也是开证银行与开证申请人之间明确各自权责的契约性文件。

(2)受理开证。开证银行决定受理开证业务时,应向申请人收取不低于开证金额 20% 的保证金,并可根据申请人资信情况要求其提供抵押、质押或由其他金融机构出具保函。开证银行开立信用证,应按规定向申请人收取开证手续费及邮电费。

2. 通知

通知行收到信用证,审核无误后,应填制信用证通知书,连同信用证交付受益人。

3. 议付

议付是指信用证指定的议付行在单证相符条件下,扣除议付利息后向受益人给付对价的行为。议付行必须是开证银行指定的受益人开户银行,议付仅限于延期付款信用证。

议付行议付后,应将单据寄给开证银行索偿资金。议付行议付信用证后,对受益人具有追索权,到期不获付款的,议付行可从受益人账户收取议付金额。

4.付款

开证银行对议付行寄交的凭证、单据等审核无误后,对即期付款信用证,从申请人账户收取款项支付给受益人;对延期付款信用证,应向议付行或受益人发出到期付款确认书,并于到期日从申请人账户收取款项支付给议付行或受益人。

申请人交存的保证金和其存款账户余额不足支付的,开证银行仍应在规定的付款时间内进行付款,对不足支付的部分作逾期贷款处理。对申请人提供的抵押、质押、保函等担保,按《中华人民共和国担保法》有关规定索偿。

第七节 网上支付

网上支付是电子支付的一种形式,它是指电子交易的当事人,包括消费者、商户、银行或者支付机构,使用电子支付手段通过信息网络进行的货币支付或资金流转。网上支付的主要方式有网上银行和第三方支付两种。

一、网上银行

(一)网上银行的概念与分类

网上银行,也称网络银行,简称网银,就是银行在互联网上设立虚拟银行柜台,使传统银行服务不再通过实体的银行分支机构来实现,而是借助网络与信息技术手段在互联网上实现。

按照不同的标准,网上银行可以分为不同的类型。

(1)按照主要服务对象分为企业网上银行和个人网上银行。

企业网上银行主要适用于企事业单位,企事业单位可以通过企业网上银行实时了解单位财务运作情况,及时调度资金,轻松处理大批量的网络支付和工资发放业务,并可以处理与信用证相关的业务。个人网上银行主要适用于个人与家庭,个人可以通过个人网上银行实现实时查询、转账、网络支付和汇款功能。

(2)按照经营模式分为单纯网上银行和分支型网上银行。

单纯网上银行本身就是一家银行,是专门为提供在线银行服务而成立的,因而也称为只有一个站点的银行。分支型网上银行,是指现有的传统银行利用互联网作为新的服务手段,建立银行站点,提供在线服务而设立的网上银行。

(二)网上银行的主要功能

目前,网上银行利用 Internet 和 HTML 技术,能为客户提供综合、统一、安全、实时的银行服务,包括提供对私、对公的全方位银行业务,还可以为客户提供跨国的支付与清算等其他贸易和非贸易的银行业务服务。

1.企业网上银行的功能

(1)账户信息查询。该业务能够为企业客户提供账户信息的网上在线查询、网上下载和电子邮件发送账务信息等服务,包括账户的昨日余额、当前余额、当日明细和历史明细等。

(2)支付指令。该业务能够为客户提供集团、企业内部各分支机构之间账务往来,同时也能提供集团、企业之间的账务往来,并且支持集团、企业向他行账户进行付款。

(3)B2B网上支付。B2B(business to business)即商业机构之间的商业往来活动,是指企业与企业之间进行的电子商务活动。B2B网上支付能够为客户提供网上B2B支付平台。

(4)批量支付。该业务能够为企业客户提供批量付款(包括同城、异地及跨行转账业务)、代发工资、一付多收等批量支付功能。企业客户负责按银行要求的格式生成数据文件,通过安全通道传送给银行,银行负责系统安全及业务处理,并将处理结果反馈给客户。

2. 个人网上银行的功能

(1)账户信息查询。系统为客户提供信息查询功能,能够查询银行卡的人民币余额和活期一本通的不同币种的钞、汇余额;提供银行卡在一定时间段内的历史交易数据明细查询;下载包含银行卡、活期一本通一定时间段内的历史明细数据的文本文件;查询使用信用卡进行网上支付后的支付记录。

(2)人民币转账业务。系统能够提供个人客户本人的或与他人的银行卡之间的卡卡转账服务。系统在转账功能上严格控制了单笔转账最大限额和当日转账最大限额,使客户的资金安全有一定的保障。

(3)银证转账业务。银行卡客户在网上能够进行银证转账,可以实现银转证、证转银,查询证券资金余额等功能。

(4)外汇买卖业务。客户通过网上银行系统能够进行外汇买卖,主要可以实现外汇即时买卖、外汇委托买卖、查询委托明细、查询外汇买卖历史明细、撤销委托等功能。

(5)账户管理业务。系统提供客户对本人网上银行各种权限功能、客户信息的管理以及账户的挂失。

(6)B2C 网上支付。B2C(business to customer)即商业机构对消费者的电子商务,是指企业与消费者之间进行的在线式零售商业活动。个人客户在申请开通网上支付功能后,能够使用本人的银行卡进行网上购物后的电子支付。通过账户管理功能,客户还能够随时选择使用哪一张银行卡来进行网上支付。

(三)网上银行的主要业务流程

1. 客户开户流程

客户开通网上银行有两种方式:一是前往银行柜台办理;二是客户先在网上自主申请,后到柜台签约。

2. 网上银行的交易流程

网上银行的具体交易流程如下:

(1)客户使用浏览器通过互联网连接到网银中心,发出网上交易请求。

(2)网银中心接收并审核客户的交易请求,并将交易请求转发给相应成员行的业务主机。

(3)成员行业务主机完成交易处理,并将处理结果返回给网银中心。

(4)网银中心对交易结果进行再处理后,返回相应信息给客户。

二、第三方支付

(一)第三方支付的概念

第三方支付是指经中国人民银行批准从事第三方支付业务的非银行支付机构,借助通信、计算机和信息安全技术,采用与各大银行签约的方式,在用户与银行支付结算系统间建立连接的电子支付模式(其中,通过手机端进行的支付称为移动支付)。它本质上是一种新型的支付手段,是互联网技术与传统金融支付的有机结合。非金融机构提供支付服务,应当取得支付业务许可证,成为支付机构。未经中国人民银行批准,任何非金融机构和个人不得从事或变相从事支付业务。

(二)第三方支付的种类

1.线上支付

线上支付是指通过互联网实现的用户和商户之间、商户和商户之间的在线货币支付、资金清算等行为。广义的线上支付包括直接使用网上银行进行的支付和通过第三方支付平台间接使用网上银行进行的支付。狭义的线上支付,仅指通过第三方支付平台实现的互联网在线支付,包括网上支付和移动支付中的远程支付。

2.线下支付

线下支付指通过非线上支付方式进行的支付行为,包括POS机刷卡支付、拉卡拉等自助终端支付、电话支付、手机近端支付等方式。

(三)第三方支付的交易流程

第三方支付交易流程主要包括开户、账户充值、收付款及支付账户管理。

(1)开户。在第三方支付模式下,支付者必须在第三方支付机构平台上开立账户,向第三方支付机构平台提供银行卡信息或账户信息。

(2)账户充值。支付者在支付前须在账户中充值。

(3)收、付款。付款人通过支付平台将该账户中的虚拟资金划转到收款人的账户,完成支付行为;收款人可以在需要时将账户中的资金兑成实体的银行存款。

(4)第三方支付机构及支付账户管理规定。

第三方平台结算支付模式的资金划拨是在平台内部进行的,此时划拨的是虚拟的资金,真正的实体资金还需要通过实际支付层来完成。具体规定如下:

(1)支付机构应根据客户身份对同一客户在本机构开立的所有支付账户进行关联管理,并按照要求对个人支付账户进行分类管理。

①Ⅰ类支付账户,账户余额仅可用于消费和转账,余额付款交易自账户开立起累计不超过1000元(包括支付账户向客户本人同名银行账户转账);

②Ⅱ类支付账户,账户余额仅可用于消费和转账,其所有支付账户的余额付款交易年累计不超过10万元(不包括支付账户向客户本人同名银行账户转账);

③Ⅲ类支付账户,账户余额可以用于消费、转账以及购买投资理财等金融类产品,其所有支付账户的余额付款交易年累计不超过20万元(不包括支付账户向客户本人同名银行账户转账)。

(2)支付机构办理银行账户与支付账户之间转账业务的,相关银行账户与支付账户应属于同一客户。

(3)因交易取消(撤销)、退货、交易不成功或者投资理财等金融类产品赎回等原因需划回资金的,相应款项应当划回原扣款账户。

(4)支付机构应根据交易验证方式的安全级别,对个人客户使用支付账户余额付款的交易进行限额管理:

①支付机构采用包括数字证书或电子签名在内的两类(含)以上有效要素进行验证的交易,单日累计限额由支付机构与客户通过协议自主约定;

②支付机构采用不包括数字证书、电子签名在内的两类(含)以上有效要素进行验证的交易,单个客户所有支付账户单日累计金额应不超过5000元(不包括支付账户向客户本人同名银行账户转账);

③支付机构采用不足两类有效要素进行验证的交易,单个客户所有支付账户单日累计金额

应不超过1000元(不包括支付账户向客户本人同名银行账户转账),且支付机构应当承诺无条件全额承担此类交易的风险损失赔付责任。

本章知识框架

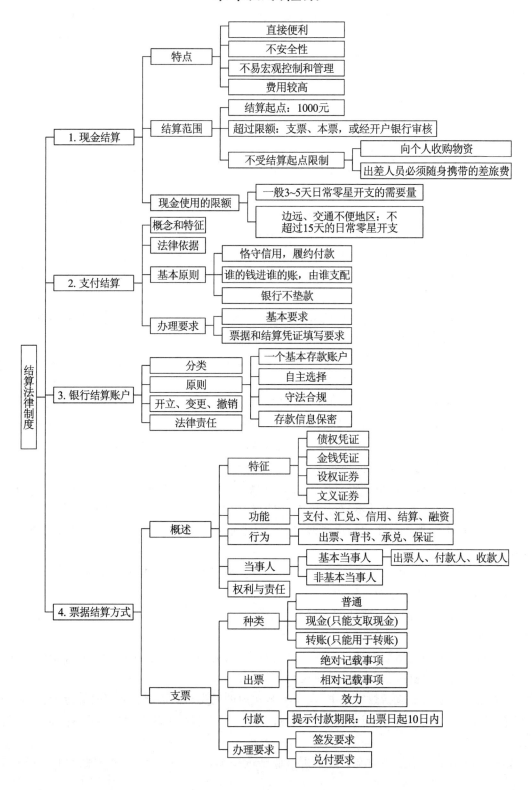

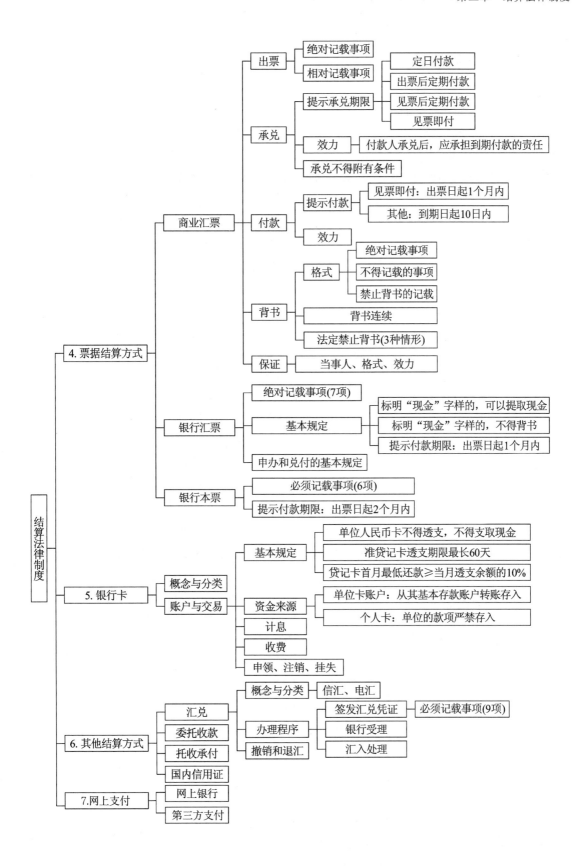

本章练习

一、单项选择题

1. 下列款项中,不能用现金进行支付的是(　　)。
   A. 出差人员携带差旅费 5000 元　　　　B. 职工福利费 900 元
   C. 购买办公椅 1100 元　　　　D. 向农民收购农副产品 20 000 元

2. 某单位于 2015 年 10 月 19 日开出一张支票。下列有关支票日期的写法中,符合要求的是(　　)。
   A. 贰零壹壹年拾月拾玖日　　　　B. 贰零壹壹年壹拾月壹拾玖日
   C. 贰零壹壹年零壹拾月拾玖日　　　　D. 贰零壹壹年零壹拾月壹拾玖日

3. 在我国,票据金额以中文大写和阿拉伯小写数码同时记载,若两者不一致,则(　　)。
   A. 票据无效　　　　B. 票据有效
   C. 以中文大写为准　　　　D. 以阿拉伯小写数码为准

4. 下列选项中,不属于单位、个人和银行在进行支付结算活动时必须遵循的基本原则有(　　)。
   A. 恪守信用,履约付款原则　　　　B. 谁的钱进谁的账,由谁支配原则
   C. 银行不垫款原则　　　　D. 监督用款原则

5. 单位银行结算账户的存款人可以在银行开立(　　)基本存款账户。
   A. 1 个　　　　B. 3 个
   C. 10 个　　　　D. 没有数量限制

6. 根据中国人民银行《结算账户管理办法》的有关规定,对下列资金的管理和使用,存款人可以申请开立专用存款账户的情况是(　　)
   A. 基本建设资金　　　　B. 注册验资
   C. 向银行借款　　　　D. 支取奖金

7. 对于伪造相关证明文件欺骗银行开立银行结算账户的经营性单位存款人,除给予警告外,还应处以(　　)。
   A. 1000 元的罚款　　　　B. 1000 元以上 5000 元以下的罚款
   C. 5000 元以上 1 万元以下的罚款　　　　D. 1 万元以上 3 万元以下的罚款

8. 下列有关支票的说法不正确的是(　　)。
   A. 支票限于见票即付,另行记载付款日期的,支票无效
   B. 持票人应当自出票日起 10 日内提示付款
   C. 支票的金额、收款人名称可以由出票人授权补记
   D. 签发空头支票,不以骗取财物为目的的,对其处以票面金额的 5%但不低于 1000 元的罚款

9. 商业汇票的付款期限最长不超过(　　)。
   A. 3 个月　　　　B. 6 个月
   C. 9 个月　　　　D. 12 个月

10. 下列关于银行卡的表述,不正确的是(　　)。
    A. 发卡银行对贷记卡的存款不计付利息
    B. 准贷记卡的透支期限最长为 60 天

C. 单位人民币卡可办理商品交易和劳务供应款的结算,但不得透支

D. 可以将销货收入的款项存入单位卡账户,作为单位卡账户的资金

二、多项选择题

1. 现金结算的缺点主要有( )。
   A. 不安全性
   B. 直接便利
   C. 费用较高
   D. 不易宏观控制和管理

2. 下列关于单位库存现金的表述中,不正确的有( )。
   A. 单位留存的现金限额由开户银行核定
   B. 为保证日常零星开支的需要,单位可以留存任意数额的现金
   C. 边远地区单位最多可按 25 天日常零星开支的需要留存现金
   D. 商业和服务行业的找零备用现金也包括在开户单位的现金库存限额之内

3. 下列属于基本存款账户使用范围的是( )。
   A. 资金收付
   B. 现金支取
   C. 工资、奖金的发放
   D. 借款转存、归还

4. 银行在银行结算账户的开立中,明知或应知是单位资金,而允许以自然人名称开立账户存储,对该行为的处罚是( )。
   A. 对银行给予警告,并处以 5 万元以上 30 万元以下的罚款
   B. 对该银行直接负责的高级管理人员、其他直接负责的主管人员、直接责任人员按规定给予纪律处分
   C. 情节严重的,中国人民银行有权停止对其开立基本存款账户的核准,责令该银行停业整顿或者吊销经营金融业务许可证
   D. 构成犯罪的,移交司法机关依法追究刑事责任

5. 根据《票据法》规定,下列各项中,属于支票必须记载事项的有( )。
   A. 付款人名称
   B. 出票日期
   C. 确定的金额
   D. 付款日期

6. 下列各项中,属于商业汇票背书的绝对记载事项的有( )。
   A. 背书人签章
   B. 被背书人名称
   C. 背书日期
   D. 背书人名称

7. 下列关于票据权利时效的表述中,正确的有( )。
   A. 持票人对前手的追索权,自被拒绝承兑或者被拒绝付款之日起 6 个月
   B. 持票人对票据出票人和承兑人的权利,自票据到期日起 2 年
   C. 持票人对前手的再追索权,自清偿之日起 6 个月
   D. 持票人对支票出票人的权利,自出票之日起 3 个月

8. 根据《票据法》下列关于商业汇票提示承兑的表述中,正确的有( )。
   A. 见票即付的商业汇票无须提示承兑
   B. 见票后定期付款的商业汇票,持票人应自出票日起 2 个月内向付款人提示承兑
   C. 承兑附有条件的,所附条件无效
   D. 付款人自收到提示承兑的商业汇票之日起 3 日内不做出承兑与否表示的,视为拒绝承兑

9.下列可以采用托收承付结算方式收款和付款的单位有(   )。
   A. 国有企业　　　　　　　　　　B. 供销合作社
   C. 个体工商户　　　　　　　　　D. 商业企业

10.以下有关退汇的表述正确的有(   )
   A. 对在汇入银行开立存款账户的收款人,由汇款人与收款人自行联系退汇
   B. 汇入银行对于收款人拒绝接受的汇款,应立即办理退汇
   C. 对未在汇入银行开立存款账户的收款人,汇款人已经向汇出银行提出申请,但经汇入银行核实汇款已经支付的
   D. 汇入银行对于向收款人发出取款通知,经过2个月无法交付的汇款,应主动办理退汇

三、判断题

1.银行一律不得为任何单位或者个人查询账户情况,不得为任何单位或者个人冻结、扣划款项,不得停止单位、个人存款的正常支付。(   )

2.票据出票日期使用小写的,开户银行可予受理,但由此造成的损失由出票人自行承担。(   )

3.如果票据和结算凭证上阿拉伯数字金额为￥75 409.06,则其中文大写数字金额应写为:人民币柒万五仟肆佰玖元陆分整。(   )

4.一般存款账户,是指存款人因借款或其他结算需要,在基本存款账户开户银行内其他营业机构开立的银行结算账户。(   )

5.信用卡具有转账结算、存取现金、消费信用等功能。(   )

6.部分背书,是指背书人在背书时,将汇票金额的一部分或者将汇票金额分别转让给两人以上的背书。部分背书仍然有效。(   )

7.我国《票据法》规定,票据上有伪造、变造的签章,不影响票据上其他真实签章的效力。(   )

8.根据票据法律制度的规定,银行本票的持票人超过付款期限提示付款的,票据无效。(   )

9.变更票据上金额的,属于票据的伪造。(   )

10.国内信用证的申请人交存的保证金和其存款账户余额不足支付的,开证银行应当拒绝付款。(   )

参考答案及解析

一、单项选择题

1.【正确答案】　C

【答案解析】　购买办公用品等零星支出受结算起点1000元的限制。

2.【正确答案】　D

【答案解析】　本题考核票据的填写要求。为了防止变造票据的出票日期,在填写月、日时,月为壹、贰和壹拾的,日为壹至玖和壹拾、贰拾、叁拾的,应在其前加"零";日为拾壹至拾玖的,应在其前面加"壹"。

3.【正确答案】　A

【答案解析】　本题考核票据和结算凭证的填写要求。票据和结算票据金额以中文大写和阿拉伯数码同时记载,两者必须一致;两者不一致的票据无效,两者不一致的结算凭证,银行不予受理。

4. 【正确答案】 D

【答案解析】 本题考核支付结算的基本原则:(1)恪守信用,履约付款原则;(2)谁的钱进谁的账,由谁支配原则;(3)银行不垫款原则。

5. 【正确答案】 A

【答案解析】 本题考核基本存款账户。单位银行结算账户的存款人只能在银行开立一个基本存款账户。

6. 【正确答案】 A

【答案解析】 本题考核银行结算账户的种类。根据规定,有下列情况的,存款人可以申请开立临时存款账户:(1)设立临时机构;(2)异地临时经营活动;(3)注册验资。因此选项B是开立临时存款账户的情况,该选项错误。一般存款账户是存款人因借款或其他结算需要,在基本存款账户开户银行以外的银行营业机构开立的银行结算账户,因此选项C开立的是一般存款账户,该选项错误。基本存款账户是存款人的主办账户,存款人日常经营活动的资金收付及其工资、奖金和现金的支取,应通过该账户办理,因此选项D是开立基本存款账户的情况,该选项错误。只有选项A是开立专用存款账户的情况,该选项正确。

7. 【正确答案】 D

【答案解析】 本题考核存款人违反银行结算账户管理制度的处罚。根据规定,存款人伪造、变造证明文件欺骗银行开立银行结算账户,对于经营性的存款人,给予警告并处以1万元以上3万元以下的罚款。

8. 【正确答案】 A

【答案解析】 本题考核支票的相关规定。根据《票据法》的规定,支票限于见票即付,另行记载付款日期的,该记载无效,因此选项A的说法错误。

9. 【正确答案】 B

10. 【正确答案】 D

【答案解析】 单位卡账户的资金,一律从其基本存款账户转账存入,不得交存现金,不得将销货收入的款项存入单位卡账户。

二、多项选择题

1. 【正确答案】 ACD

【答案解析】 直接便利是现金结算的优点。

2. 【正确答案】 BCD

【答案解析】 选项B,为保证日常零星开支的需要,单位可以留存一定数额的现金,现金限额由单位的开户银行核定;选项C,边远地区单位最多可按15天日常零星开支的需要留存现金;选项D,商业和服务行业的找零备用现金不包括在开户单位的现金库存限额之内,根据营业额核定定额。

3. 【正确答案】 ABC

【答案解析】 本题考核基本存款账户的用途。存款人日常经营活动的资金收付及其工资、奖金和现金的支取,应通过基本存款账户办理。借款转存、归还要通过一般存款账户进行。

4. 【正确答案】 ABCD

【答案解析】 本题考核违反银行结算账户管理制度的处罚。

5.【正确答案】 ABC

　　【答案解析】 本题考核支票的必须记载事项。付款日期不属于支票的必须记载事项。

6.【正确答案】 AB

　　【答案解析】 本题考核商业汇票的背书。背书的绝对记载事项有背书人签章和被背书人名称。

7.【正确答案】 AB

　　【答案解析】 选项C,持票人对前手的再追索权,自清偿之日起3个月;选项D,持票人对支票出票人的权利,自出票之日起6个月。

8.【正确答案】 AD

　　【答案解析】 选项B,见票后定期付款的商业汇票,持票人应自出票日起1个月内向付款人提示承兑;选项C,承兑附有条件的,应视为拒绝承兑。

9.【正确答案】 AB

　　【答案解析】 采用托收承付结算方式的收款单位和付款单位,必须是国有企业、供销合作社,以及经营管理较好并经开户银行审查同意的城乡集体所有制工业企业。

10.【正确答案】 ABD

　　【答案解析】 选项C是汇兑的撤销。

三、判断题

1.【正确答案】 错

　　【答案解析】 本题考核支付结算的基本要求。除国家法律、行政法规另有规定外,银行不得为任何单位或者个人查询账户情况,不得为任何单位或者个人冻结、扣划款项,不得停止单位、个人存款的正常支付。

2.【正确答案】 错

　　【答案解析】 本题考核票据和结算凭证的填写要求。票据出票日期使用小写填写的,银行不予受理。

3.【正确答案】 错

　　【答案解析】 本题考核票据和结算凭证的填写要求。如果票据和结算凭证上阿拉伯数字金额为￥75 409.06,则其中文大写数字金额应写为:人民币柒万伍仟肆佰零玖元零陆分。

4.【正确答案】 错

　　【答案解析】 本题考核一般存款账户的概念。一般存款账户,是指存款人因借款或其他结算需要,在基本存款账户开户银行以外的银行营业机构开立的银行结算账户。

5.【正确答案】 对

　　【答案解析】 本题考核信用卡的功能。

6.【正确答案】 错

　　【答案解析】 本题考核商业汇票的背书。部分背书,是指背书人在背书时,将汇票金额的一部分或者将汇票金额分别转让给两人以上的背书。部分背书无效。

7.【正确答案】 对

　　【答案解析】 本题考核票据的伪造和变造。票据上有伪造、变造的签章,不影响票据上其他真实签章的效力。

8.【正确答案】 错

【答案解析】 银行本票的持票人超过付款期限提示付款的,代理付款人不予受理。

9.【正确答案】 错

【答案解析】 本题考核票据的变造。伪造限于"签章",变更金额属于票据的变造。

10.【正确答案】 错

【答案解析】 国内信用证的申请人交存的保证金和其存款账户余额不足支付的,开证银行仍应在规定的付款时间内进行付款,对不足支付的部分作逾期贷款处理。

第三章 税收法律制度

 学习目标与要求

(1)了解税收的概念及分类;
(2)了解税法及其构成要素;
(3)熟悉税收征管的具体规定;
(4)掌握主要税种应纳税额的计算。

◆ **重点**

掌握增值税、消费税、企业所得税和个人所得税的概念、征税范围及应纳税额的计算。

◆ **难点**

掌握企业所得税及最新个人所得税的具体政策。

◆ **导读**

本章属于难度较大的一个章,税收法律制度包括税收与税法、主要税种、税收征收管理三个方面的内容,重点是各个税种应纳税额的计算。不论是从会计初级职称考试,还是从实际应用来看,本章都是非常重要的一章,也是难度最大的一章。

第一节 税收与税法

一、税收概述

(一)税收的概念与作用

1.税收的概念

税收,是国家为了满足一般的社会共同需要,凭借政治的权力,按照国家法律规定的标准,强制地、无偿地取得财政收入的一种分配形式。它体现了国家与纳税人在征税、纳税和利益分配上的一种特殊关系。

2.税收的作用

税收具有组织收入、调节经济、维护国家政权和国家利益等方面的重要作用。

(1)税收是国家组织财政收入的主要形式。税收在保证和实现财政收入方面起着重要的作用。由于税收具有强制性、无偿性和固定性,因而能保证财政收入的稳定;同时,税收的征收十分广泛,能从多方面筹集财政收入。目前,我国税收收入占国家财政收入的90%以上。

(2)税收是国家调控经济运行的重要手段。国家通过税种的设置以及在税目、税率、加成征收或减免税等方面的税收政策,可以调节社会的生产、交换、分配和消费,促进社会经济的健康发展。

(3)税收具有维护国家政权的作用。国家政权是税收产生和存在的必要条件,而国家政权的存在又依赖于税收的存在。没有税收,国家机器就不可能有效运转;同时,税收分配凭借政治权利对物质利益进行调节,达到维护和巩固国家政权的目的。

(4)税收是国际经济交往中维护国家利益的可靠保证。由于税收管辖权是国家主权的组成部分,是国家权益的重要体现,所以在对外交往中,税收既维护国家的权益,又为鼓励外商投资、保护国外企业和个人在华合法经营、发展国家间平等互利的经济技术,提供了可靠的法律保障。

(二)税收的特征

税收与其他财政收入形式相比,具有强制性、无偿性和固定性三个特征。这就是所谓的税收"三性",它是税收本质属性的外在表现。

1. 强制性

税收强制性是指国家以社会管理者的身份,凭借政权力量,通过法律、法规的形式,按照一定的征收标准进行强制征税。负有纳税义务的社会集团和社会成员,都必须遵守国家强制性的税收法律制度,依法纳税,否则就要受到法律制裁。

2. 无偿性

税收无偿性是指国家取得税收收入对纳税人不付出任何形式的报酬和代价,征税后的税款即为国家所有,不再归还给纳税人。无偿性是税收的关键特征,它使税收明显区别于国债等财政收入形式,它是税收"三性"的核心。

3. 固定性

税收固定性是指国家征税以法律形式预先规定征税范围和征收比例,便于征纳双方共同遵守。税收的固定性既包括时间上的连续性,又包括征收比例的固定性。税收是按照国家法律制度规定的标准征收的,在征税之前就以法律形式将征税对象、征收比例或数额等公布于众,然后按事先公布的标准征收;征税对象、征收比例或数额等制定公布后,在一定时期内保持稳定不变,未经严格的立法程序,任何单位和个人对征税标准都不得随意变更或修改,因此,税收是一种固定的连续性收入。

【例题·多选题】 税收的特征有( )。
A. 有偿性　　　　B. 固定性　　　　C. 无偿性　　　　D. 强制性
【答案】 BCD

(三)税收的分类

1. 按征税对象,将全部税收划分为流转税类、所得税类、财产税类、资源税类、行为税类和特定目的税类

(1)流转税类:是指以货物、劳务、服务、无形资产或者不动产买卖的流转额为征税对象征收的各种税,如增值税、消费税、关税等。流转税是我国的主体税种。流转额包括两种:一是商品流转额,是指商品交换的金额,对销售方来说,是销售收入额,对购买方来说,是商品采购金额;二是非商品流转额,即各种劳务收入或服务性业务收入的金额。我国现行税制中属于流转税类的税种主要有增值税、消费税、关税。

(2)所得税类:所得税也称收益税,是指以纳税人的各种所得额为征税对象的一类税收。所得税类的特点是:征税对象不是一般收入,而是总收入减除各种成本费用及其他允许扣除项目以

后的应纳税所得额;征税数额受成本、费用、利润高低的影响较大。我国现行税制中属于所得税类的税种有企业所得税、个人所得税。

(3)财产税类:以纳税人拥有的财产数量或财产价值为征税对象的一类税收。这类税收的特点是:税收负担与财产价值、数量关系密切,能体现量能负担、调节财富、合理分配的原则。我国现行税制中属于财产税类的税种有房产税、契税、车船税等。

(4)资源税类:是指以各种应税自然资源或者其他资源为征税对象征收的各种税。我国现行税制中的资源税、城镇土地使用税、耕地占用税属于这一类。

(5)行为税类:也称为特定行为目的税类,它是国家为了实现某种特定的目的,以纳税人的某些特定行为为征税对象的税种。征收行为税类的主要目的是,国家根据一定时期的客观需要限制某些特定的行为。这类税收的特点是:征税的选择性较为明显;税种较多,并有较强的时效性;有的还具有因时、因地制宜的特点。我国现行税制中属于行为税类的税种有印花税、车辆购置税、契税、船舶吨税等。

(6)特定目的的税类:是指为了达到某种特定目的,对特定对象和特定行为征收的各种税,包括城市维护建设税、烟叶税、环境保护税等。

2.按征收管理的分工体系,可分为工商税类、关税类

(1)工商税类。工商税由税务机关负责征收管理。工商税是指以从事工业、商业和服务业的单位和个人为纳税人的各税种的总称,是我国现行税制的主体部分。具体包括增值税、消费税、资源税、企业所得税、个人所得税、城市维护建设税、房产税、城市房地产税、车船税、土地增值税、城镇土地使用税、印花税等税种。工商税的征收范围较广,既涉及社会再生产的各个环节,也涉及生产、流通、分配、消费的各个领域,占税收总额的比重超过90%,是筹集国家财政收入、调节宏观经济最主要的工具。

(2)关税类。关税类的税种由海关负责征收管理。关税是对进出入境的货物、物品征收的税种的总称,主要是指进出口关税以及对入境旅客行李物品和个人邮递物品征收的进口税,不包括由海关代征的进口环节增值税、消费税和船舶吨税。关税是中央财政收入的重要来源,也是国家调节进出口贸易的主要手段。

3.按税收征收权限和收入支配权限,可分为中央税、地方税、中央与地方共享税

(1)中央税:由中央政府征收和管理使用或由地方政府征收后全部划解中央政府所有并支配使用的一类税,如我国现行的关税和消费税等。这类税一般收入较多,征收范围广泛。

(2)地方税:由地方政府征收和管理使用的一类税,如我国现行的房产税、车船税、土地增值税、城镇土地使用税、耕地占用税环保税等税种。这类税一般收入稳定,并与地方经济利益关系密切。

(3)中央与地方共享税:税收的管理权和使用权是中央政府和地方政府共同拥有的一类税,如我国现行的增值税、企业所得税、个人所得税、印花税、资源税等。这类税直接涉及中央与地方的共同利益。

国内增值税:中央50%、地方50%。进口环节由海关代征的增值税和铁路建设基金营业税改征增值税为中央收入。

企业所得税:中国国家铁路集团、各银行总行、海洋石油企业属于中央收入;其他企业所得税中央60%、地方40%。

个人所得税:储蓄存款利息个税归中央;其他个人所得税中央60%、地方40%。

资源税:海洋石油企业缴纳部分归中央,其他资源税归地方。

【例题·多选题】 下列属于中央与地方政府共享收入的税种有(　　)。

A. 企业所得税　　　B. 个人所得税　　　C. 增值税　　　D. 城市维护建设税

【答案】 ABCD

【解析】 选项ABCD均符合题意。

【例题·多选题】 下列属于地方政府固定收入的税种有(　　)。

A. 企业所得税　　　B. 契税　　　C. 车辆购置税　　　D. 烟叶税

【答案】 BD

【解析】 企业所得税属于中央与地方共享税,车辆购置税属于中央政府收入。

4. 按计税标准,可分为从价税、从量税和复合税

(1)从价税:以征税对象价格为计税依据,其应纳税额随货物价格的变化而变化的一种税。目前世界各国实行的大部分税种都属于从价税,我国现行税制中的增值税、消费税(除卷烟和白酒以外)、房产税等税种也属于从价税。从价税实行比例税率和累进税率,直接受价格变动影响,税收负担比较合理,有利于体现国家的经济政策。

(2)从量税:以征税对象的数量、重量、体积等作为计税依据,其征税数额只与征税对象数量等相关而与价格无关的一种税,如资源税、车船使用税、城镇土地使用税等。从量税实行定额税率,不受征税对象价格变动的影响,税负水平较为固定,计算简便。

(3)复合税:又称混合税,是对某一货物或物品既征收从价税,又征收从量税,即采用从量税和从价税同时征收的一种方法。复合税可以分为两种:一种是以从量税为主加征从价税;另一种是以从价税为主加征从量税。我国对卷烟和白酒的消费税的核算就采用复合税征收。

税收的分类见表3-1。

表3-1 税收的分类

分类标准	类 型	代 表 税 种
征税对象	流转税类	增值税、消费税、营业税和关税
	所得税类	企业所得税、个人所得税
	财产税类	房产税、车船税、契税
	资源税类	资源税
	行为税类	印花税、车辆购置税、城市维护建设税
征收管理的分工体系	工商税类	绝大多数税种属于该类
	关税类	进出口关税
征收权限和收入支配权限	中央税	关税、消费税
	地方税	城镇土地使用税、车船税、房产税
	中央与地方共享税	增值税、企业所得税、资源税、对证券(股票)交易征收的印花税
计税标准	从价税	增值税、营业税
	从量税	资源税、车船税、土地使用税
	复合税	消费税中的卷烟和白酒

二、税法及其构成要素

(一)税法与税收的关系

1.税法的概念

税法,是国家权力机关和行政机关制定的用以调整国家与纳税人之间在征纳税方面的权利与义务关系的法律规范的总称。税法是以宪法为依据,调整国家与社会成员在征纳税方面的权利与义务关系,维护社会经济秩序和纳税秩序,保障国家利益和纳税人合法权益的一种法律规范,是国家税务机关及一切纳税单位和个人依法征税、依法纳税的行为规则。

2.税法与税收的关系

税收属于经济学概念,而税法则属于法学概念。

税法与税收存在着密切的联系,税法是税收的法律依据和法律保障,税收活动必须严格依照税法的规定进行。税收以税法为其依据和保障,而税法又必须以保障税收活动的有序进行为其存在的理由和依据。

(二)税法的分类

1.按税法的功能作用,将税法分为税收实体法和税收程序法

(1)税收实体法,主要是指确定税种立法,具体规定各税种的征收对象、征收范围、税目、税率、纳税地点等。《中华人民共和国个人所得税法》(以下简称《个人所得税法》)、《中华人民共和国企业所得税法》(以下简称《企业所得税法》)就属于税收实体法。

(2)税收程序法是税收实体法的对称,是指以国家税收活动中所发生的程序关系为调整对象的税法,是规定国家征税权行使程序和纳税人纳税义务履行程序的法律规范的总称。其内容主要包括税收确定程序、税收征收程序、税收检查程序和税务争议的解决程序等。税收程序法是指如何具体实施税法的规定,是税法体系的基本组成部分。《中华人民共和国税收征收管理法》(以下简称《税收征管法》)就属于税收程序法。

【例题·单选题】 下列税法中属于税收程序法的是(　　)。

A.《中华人民共和国增值税暂行条例》　　B.《中华人民共和国个人所得税法》
C.《中华人民共和国税收征收管理法》　　D.《中华人民共和国企业所得税法》

【答案】 C

【解析】 选项A、B、D属于税收实体法,是对具体税种的立法。C选项属于典型的税收程序法。

2.按主权国家行使税收管辖权的不同,可分为国内税法、国际税法、外国税法

(1)国内税法一般是按照属人或属地原则,规定一个国家的内部税收制度。

(2)国际税法是指国家间形成的税收制度,主要包括双边或多边国家间的税收协定、条约和国际惯例等。

(3)外国税法是指外国各个国家制定的税收制度。

3.按税法法律级次,分为税收法律、税收法规、税收规章和税收规范性文件

(1)税收法律,是指享有国家立法权的国家最高权力机关,依照法律程序制定的规范性税收文件。我国税收法律是由全国人民代表大会及其常务委员会制定的,其法律地位和法律效力仅次于宪法,但高于税收法规、税收规章。我国现行税法体系中,《个人所得税法》《中华人民共和国企业所得税法》(以下简称《企业所得税法》)和《税收征管法》属于税收法律。

(2)税收法规,是指国家最高行政机关、地方立法机关根据其职权或国家最高权力机关的授权,依据宪法和税收法律,通过一定法律程序制定的规范性税收文件。

我国目前税法体系的主要组成部分是税收法规,由国务院制定的税收行政法规和由地方立法机关制定的地方税收法规两部分构成,其具体形式主要是条例或暂行条例。税收法规的法律效力低于宪法和税收法律,但高于税收规章。

(3)税收规章,是指国家税收管理职能部门、地方政府根据其职权和国家最高行政机关的授权,依据有关法律、法规制定的规范性税收文件。在我国,具体指财政部、国家税务总局、海关总署以及地方政府在其权限内制定的有关税收的办法、规则、规定,如《税务行政复议规则》《税务代理试行办法》等。税收规章可以增强税法的灵活性和可操作性,是税法体系的必要组成部分,但其法律效力较低;一般情况下,税收规章不作为税收司法的直接依据,而只具有参考性的效力。

(4)税收规范性文件,是指县以上(含本级)税务机关依照法定职权和规定程序制定并公布的,规定纳税人、扣缴义务人及其他税务行政相对人的权利、义务,在本辖区内具有普遍约束力并反复适用的文件。国家税务总局制定的税务部门规章,不属于税收规范性文件。

【例题·单选题】 下列各项税收法律法规中,属于国务院制定的行政法规的是(   )。
A.《中华人民共和国个人所得税法》
B.《中华人民共和国税收征收管理法》
C.《中华人民共和国企业所得税法实施条例》
D.《北京市房产税暂行条例实施细则》
【答案】 C
【解析】 选项AB属于全国人民代表大会及其常委会制定的税收法律;选项D,属于税收地方规章。

【例题·多选题】 下列属于人大及其常委会授权立法的有(   )。
A.《资源税法》   B.《土地增值税暂行条例》
C.《税收征收管理法实施细则》   D.《增值税暂行条例》
【答案】 BD
【解析】 属于人大及其常委会授权立法的有增值税、消费税、土地增值税暂行条例;《资源税法》属于人大及其常委会立法;《税收征收管理法实施细则》是国务院根据宪法规定制定的法规。

(三)税法的构成要素

1.征税人

征税人是指法律、行政法规规定代表国家行使征税权的征税机关,包括各级税务机关、财政机关和海关。

2.纳税义务人

纳税义务人简称纳税人,是税法中规定的直接负有纳税义务的自然人、法人或其他组织,也称纳税主体。纳税人的规定明确了国家向谁征税的问题,是正确处理国家与纳税人之间分配关系的首要条件,因此纳税人是构成税法的基本要素之一。

在实际纳税过程中,与纳税义务人相关的概念有:负税人、代扣代缴义务人。纳税人与负税人是两个既有联系又有区别的概念,负税人是经济学中的概念,即税收的实际负担者,而纳税人是法律用语,即依法缴纳税收的人;纳税人如果能够通过一定途径把税款转嫁或转移出去,纳税人就不再是负税人,否则,纳税人同时也是负税人;税法只规定纳税人,不规定负税人。代扣代缴义务人简称扣缴义务人,是指有义务从其持有的纳税人收入中扣除其应纳税额并代为缴纳的企业、单位或个人;对税法规定的扣缴义务人,税务机关应向其颁发代扣代缴证书,明确其代扣代缴义务;扣缴义务人必须严格履行扣缴义务。

3. 征税对象

征税对象,又称征税客体、课税对象。它是税法规定的征税针对的目的物,即对什么征税;它是税法的最基本要素,也是区分不同税种的主要标志。我国现行税收法律、法规都有自己特定的征税对象,比如,企业所得税的征税对象就是应税所得;增值税的征税对象就是货物或者应税劳务在生产和流通过程中的增值额。

征税对象是一个抽象的概念,它只概括地表明了征税的标的物,在税法或税收条例中,往往找不到有关征税对象的直接描述,而是通过规定计税依据和税目等方式将其具体地表述出来。

4. 税目

税目是各个税种所规定的具体征税项目,是征税对象的具体化。税目的制定一般采用两种方法。

(1) 列举法:具体列举征税对象来确定对什么征税,对什么不征税的方式。

(2) 概括法:按照商品大类或行业设计税目,适用于品种类别繁杂、界限不宜划清的征税对象。

规定税目的重要作用在于区别不同的具体对象,规定高低不同的税率,以体现国家的税收政策。

5. 税率

税率是对征税对象的征收比例或征收额度。税率是计算应纳税额的尺度,反映了征税的深度。在征税对象既定的情况下,税率的高低直接影响国家财政收入的多少和纳税人税收负担的轻重,反映了国家与纳税人之间的利益分配关系。因此,税率是税法的核心要素,也是衡量税负轻重的重要标志。我国现行使用的税率主要有比例税率、累进税率和定额税率等,其中累进税率包括超额累进税率和超率累进税率。个人所得税实行的是超额累进税率;土地增值税实行的是超率累进税率。

【例题·多选题】 下列关于税法及其构成要素的说法中,正确的有(   )。

A. 税法作为一种法律制度,属于上层建筑的范畴

B.《中华人民共和国企业所得税法》属于税收程序法

C. 税目、税率、计税依据是构成税法的三个最基本要素

D. 定额税率一般适用于从量计征的税种,如车船税即采用定额税率

【答案】 AD

【解析】 选项B,《中华人民共和国企业所得税法》属于税收实体法;选项C,纳税人、征税对象、税率是构成税法的三个最基本要素。

6. 计税依据

计税依据,又称税基,是计算应纳税额所依据的标准。它所解决的是在确定了征税对象之后如何计量的问题。

(1)从价计征:以征税对象的价值量(如销售额、营业额)为计税依据。
(2)从量计征:以征税的自然实物量(如体积、面积、数量、重量等)为计税依据。
(3)复合计征:实行从量计征和从价计证相结合的方法来计算应纳税额。对卷烟、白酒征收消费税实行复合计征办法,其计税依据为销售额和销售数量。

7.纳税环节

纳税环节是指税法上规定的征税对象从生产到消费的流转过程中应当缴纳税款的环节。纳税环节一般根据有利于生产、有利于商品流通、便于征收管理和保证财政收入等原则来确定。按照纳税环节的多少,可将税收课征制度划分为两类:一次课征制和多次课征制。

一次课征制是指同一税种在商品流转的全过程中只选择某一环节课征的制度,是纳税环节的一种具体形式。实行一次课征制的商品,纳税环节多选择在商品流转的必经环节和税源比较集中的环节,既避免重复课征,又避免税款流失,比如我国的消费税实行在生产或进口环节一次课税;在生产或进口环节已经缴纳了消费税的商品,在以后的批发、零售环节就不再缴纳消费税了。

多次课征制是指同一税种在商品流转全过程中选择两个或两个以上环节课征的制度。比如,增值税在商品的生产、批发、零售环节都要缴纳。

8.纳税期限

纳税期限是纳税人发生纳税义务后,向国家缴纳税款的期限,即每隔固定时间汇总一次纳税义务的时间。我国的纳税期限有三种形式:按期纳税,按次纳税,按年计征、分期预缴。

(1)按期纳税:根据纳税义务发生时间,通过确定纳税间隔期,实行按日纳税。如增值税的纳税期限分别核定为1天、3天、5天、10天、15天、1个月、1个季度为1个纳税期限。以1个月或1个季度为1个纳税期限的,自期满之日起15日内申报纳税。

(2)按次纳税:根据纳税行为的发生次数确定纳税期限。如车辆购置税。

(3)按年计征、分期预缴:如企业所得税按规定的期限预缴税款,年度结束后汇算清缴,多退少补。

9.纳税地点

纳税地点,是指法律、行政法规规定的纳税人申报缴纳税款的地点。我国一般实行属地管辖,纳税地点为纳税人的所在地;但有些情况下,纳税地点为口岸地、营业行为地、财产所在地等。

10.减免税

减免税是国家对某些纳税人和征税对象给予鼓励和照顾的一种特殊规定。它把税收的统一性和必要的灵活性结合起来,体现因地制宜和因事制宜的原则,更好地贯彻税收政策。

(1)减税和免税:减税是对应纳税额少征一部分税款;免税是对应纳税额全部免征。减免税的类型有一次性减税免税、一定期限的减税免税、困难照顾型减税免税、扶持发展型减税免税等。

(2)起征点:税法规定的征税对象达到开始征税数额的界限,征税对象的数额未达到起征点的不征税;达到或超过起征点的,则就其全部数额征税。

(3)免征额:征税对象总额中免予征税的数额,它是按照税法规定的标准从征税对象总额中预先扣除免征额,免征额的部分不征税,只就征税对象总额中超过免征额的部分征税。

11.法律责任

税收法律责任是指税收法律关系的主体因违反税收法律规范所应承担的法律后果,包括行政责任和刑事责任。纳税人和税务人员违反税法规定,都将依法承担法律责任。

第二节 主要税种

一、增值税

(一)增值税的概念与分类

1. 增值税的概念

增值税是以销售货物、应税服务、无形资产以及不动产过程中产生的增值额作为计税依据而征收的一种流转税。在现实中,商品的新增价值或附加值在生产和流通过程中是很难准确计算的,因此,我国也采用国际上普遍采用的税款抵扣的办法,即根据销售商品或劳务的销售额,按规定的税率计算出销项税额,然后扣除取得该商品或劳务时所支付的增值税款(进项税额),其差额就是增值部分应交的税额。

2. 增值税的分类

按照对购入固定资产已纳税款的处理方式的不同,将增值税划分为生产型增值税、收入型增值税和消费型增值税三种类型。

(1)生产型增值税:以纳税人的销售收入(或劳务收入、服务收入)减去用于生产、经营的外购原材料、燃料、动力、劳务、服务等物质和非物质资料价值后的余额作为法定的增值额,外购固定资产及其折旧均不予扣除。

(2)收入型增值税:以纳税人的销售收入(或劳务收入、服务收入)减去用于生产、经营的外购原材料、燃料、动力、劳务、服务等物质和非物质资料价值以及固定资产已提折旧部分扣除后的余额作为法定增值额。

(3)消费型增值税:允许纳税人在计算增值税时,除了可以将用于生产、经营的外购原材料、燃料、动力、劳务、服务等物质和非物质价值扣除外,还可以在购置固定资产的当期将用于生产、经营的固定资产价值中所含的增值税税款全部一次性扣除。消费型增值税可以彻底解决重复征税的问题,有利于促进技术进步,它是世界上实行增值税的国家普遍采用的一种类型。

2009年1月1日起,我国在全国范围内实施消费型增值税。

3. 增值税改革

我国自1979年开始试行增值税,分别于1984年、1993年、2009年和2012年进行了四次重要改革。其中2009年的改革属于增值税的转型改革,即由生产型增值税转型为消费型增值税。2012年起的第四次改革,实行营业税改增值税(以下称"营改增")。自2012年1月1日起,在上海交通运输业和部分现代服务业开展"营改增"试点;2012年8月1日起,国务院将"营改增"试点工作推广至10个省市;自2013年8月1日起,在全国范围内开展交通运输业和部分现代服务业实行"营改增"的试点工作;自2014年1月1日起,铁路运输和邮政业也纳入了"营改增"试点范围;自2014年6月1日起,经国务院批准,将电信业纳入"营改增"试点范围;自2016年5月1日起,在全国范围内全面推开"营改增"试点,建筑业、房地产业、金融业、生活服务业等全部营业税纳税人纳入试点范围,由缴纳营业税改为缴纳增值税。

(二)增值税的征税范围

1.征税范围的基本规定

1)销售或进口的货物

货物是指有形动产,包括电力、热力、气体在内。销售货物是有偿转让货物的所有权;进口货物除依法征收关税外,在进口环节还要由海关代收增值税。

2)提供的加工、修理修配劳务

提供加工、修理修配劳务,是指有偿提供加工、修理修配劳务。加工是指受托加工货物,即委托方提供原料及主要材料,受托方按照委托方的要求制造货物并收取加工费的业务;修理修配是指受托方对损伤和丧失功能的货物进行修复,使其恢复原状和功能的业务。单位或者个体工商户聘用的员工为本单位或者雇主提供的加工、修理修配劳务,不包括在内。

3)销售服务、无形资产或者不动产

(1)销售服务是指提供交通运输服务、邮政服务、电信服务、建筑服务、金融服务、现代服务和生活服务。

(2)销售无形资产是指转让无形资产所有权或者使用权的业务活动。无形资产,是指不具实物形态,但能带来经济利益的资产,包括技术、商标、著作权、商誉、自然资源使用权和其他权益性无形资产。

(3)销售不动产是指转让不动产所有权的业务活动。不动产,是指不能移动或者移动后会引起性质、形状改变的财产,包括建筑物、构筑物等。转让建筑物有限产权或者永久使用权的,转让在建的建筑物或者构筑物所有权的,以及在转让建筑物或者构筑物时一并转让其所占土地的使用权的,都要按照销售不动产缴纳增值税。

销售服务、无形资产或者不动产,是指有偿提供服务、有偿转让无形资产或者不动产,但属于下列非经营活动的情形除外。

第一,行政单位收取的同时满足以下条件的政府性基金或者行政事业性收费。

由国务院或者财政部批准设立的政府性基金,由国务院或者省级人民政府及其财政、价格主管部门批准设立的行政事业性收费;收取时开具省级以上(含省级)财政部门监(印)制的财政票据;所收款项全额上缴财政。

第二,单位或者个体工商户聘用的员工为本单位或者雇主提供取得工资的服务。

第三,单位或者个体工商户为聘用的员工提供服务。

第四,财政部和国家税务总局规定的其他情形。

2.不征收增值税的项目

(1)根据国家指令无偿提供的铁路运输服务、航空运输服务,属于《营业税改征增值税试点实施办法》第十四条规定的用于公益事业的服务。

(2)存款利息。

(3)被保险人获得的保险赔付。

(4)房地产主管部门或者其指定机构、公积金管理中心、开发企业以及物业管理单位代收的住宅专项维修资金。

(5)在资产重组过程中,通过合并、分立、出售、置换等方式,将全部或者部分实物资产以及与其相关联的债权、负债和劳动力一并转让给其他单位和个人,其中涉及的不动产、土地使用权转让行为。

【例题·单选题】 下列关于增值税的表述中,正确的是( )。

A. 存款利息要征收增值税

B. 资产重组要征收增值税

C. 运输工具舱位互换业务按照交通运输服务征收增值税

D. 支付机构销售多用途卡取得的等值人民币资金,缴纳增值税

【答案】 C

【解析】 选项A,存款利息不征收增值税;选项B,纳税人在资产重组过程中,通过合并、分立、出售、置换等方式,将全部或者部分实物资产以及与其相关联的债权、负债和劳动力一并转让给其他单位和个人,不属于增值税的征税范围;选项D,支付机构销售多用途卡取得的等值人民币资金不缴纳增值税。

3. 征收范围的特殊规定

(1)视同销售货物。

单位或者个体工商户的下列行为,视同销售货物:

①将货物交付其他单位或者个人代销;

②销售代销货物;

③设有两个以上机构并实行统一核算的纳税人,将货物从一个机构移送其他机构用于销售,但相关机构设在同一县(市)的除外;

④将自产、委托加工的货物用于非增值税应税项目;

⑤将自产、委托加工的货物用于集体福利或者个人消费;

⑥将自产、委托加工或者购进的货物作为投资,提供给其他单位或者个体工商户;

⑦将自产、委托加工或者购进的货物分配给股东或者投资者;

⑧将自产、委托加工或者购进的货物无偿赠送其他单位和个人。

上述第⑤项所称"集体福利或者个人消费"是指企业内部设置的供职工使用的食堂、浴室、理发室、宿舍、幼儿园等福利设施及设备、物品等,或以福利、奖励、津贴等形式发给职工个人的物品。

(2)视同销售服务、无形资产或者不动产。

单位和个体工商户的下列情形,视同销售服务、无形资产或者不动产:

①单位或者个体工商户向其他单位或者个人无偿提供服务,但用于公益事业或者以社会公众为对象的除外;

②单位或者个人向其他单位或者个人无偿转让无形资产或者不动产,但用于公益事业或者以社会公众为对象的除外;

③财政部和国家税务总局规定的其他情形。

【例题·多选题】 下列各项中,应视同销售征收增值税的是( )。

A. 将外购货物无偿赠送他人

B. 将自产货物用于集体福利

C. 自然人股东将资金无偿借给所投资公司

D. 以自产货物抵偿债务

【答案】 AB

【解析】 选项C,无偿提供服务视同销售的主体不包括自然人;选项D,属于销售行为,而非视同销售行为。

(3)混合销售。一项销售行为如果既涉及货物又涉及服务,为混合销售。从事货物的生产、批发或者零售的单位和个体工商户的混合销售行为,按照销售货物缴纳增值税;其他单位和个体工商户的混合销售行为,按照销售服务缴纳增值税。上述从事货物的生产、批发或者零售的单位和个体工商户,包括以从事货物的生产、批发或者零售为主,并兼营销售服务的单位和个体工商户在内。

(4)兼营。兼营是指纳税人的经营范围既包括销售货物和应税劳务,又包括销售服务、无形资产或者不动产。与混合销售不同的是,兼营是指销售货物、应税劳务、服务、无形资产或者不动产不同时发生在同一购买者身上,也不发生在同一销售行为中。

【例题·单选题】 下列各项业务中,属于增值税混合销售行为的是(   )。

A. 商场销售货物和提供餐饮服务

B. 某食品厂销售食品的同时提供送货上门服务

C. 某汽车生产企业主营业务为生产和销售汽车,兼营汽车修理

D. 汽车销售公司销售汽车并为其他客户提供装饰服务

【答案】 B

【解析】 其他选项均属于增值税兼营行为。

(三)增值税的纳税人

我国增值税实行税款抵扣制度,对增值税纳税人的会计核算是否健全,是否能够准确核算销项税额、进项税额以及应纳税额有较高的要求。为了方便增值税的征收管理,保证对专用发票的正确使用和安全管理,将增值税纳税人按照其经营规模大小及会计核算是否健全划分为一般计税方法纳税人和简易计税方法纳税人。

1. 一般计税方法纳税人(一般纳税人)

(1)登记标准。一般计税方法纳税人是指年应税交易额超过财政部、国家税务总局规定的简易计税方法纳税人标准的企业和企业性单位。除国家税务总局另有规定外,纳税人一经登记为一般计税方法纳税人后,不得转为简易计税方法纳税人。

年应税交易额未超过财政部、国家税务总局规定标准的纳税人,会计核算健全,能够提供准确税务资料的,可以向主管税务机关办理一般计税方法纳税人登记。

(2)不需办理一般计税方法纳税人登记的纳税人。

①按照政策规定,选择按照简易计税方法纳税人纳税的。

②年应税交易额超过规定标准的其他个人。

2. 简易计税方法纳税人(小规模纳税人)

简易计税方法纳税人是指年应征增值税销售额(以下简称"应税交易额")未超过财政部和国家税务总局规定标准,并且会计核算不健全,不能按规定报送有关税务资料的增值税纳税人。会计核算不健全是指不能正确核算增值税的销项税额、进项税额和应纳税额。

年应税交易额(不含税)是指纳税人在连续不超过12个月或四个季度的经营期内累计应征增值税销售额,包括纳税申报销售额、稽查查补销售额、纳税评估调整销售额、税务机关代开发票

销售额和免税销售额。对于稽查查补销售额和纳税评估调整销售额,应计入查补税款申报当月的销售额,不应计入税款所属期销售额。经营期是指在纳税人存续期内的连续经营期间,包括未取得销售收入的月份。

简易计税方法纳税人的标准是:

(1)年应征增值税销售额500万元及以下。

(2)年应税交易额超过规定标准的其他个人不属于一般计税方法纳税人。

(3)不经常发生应税交易行为的单位和个体工商户可选择按照简易计税方法纳税人纳税。

(4)兼有销售货物、劳务和销售服务、无形资产、不动产,且不经常发生销售货物、劳务和销售服务、无形资产、不动产的单位及个体工商户,可选择按照简易计税方法纳税人纳税。

(5)增值税简易计税方法纳税人偶然发生的转让不动产的销售额,不计入销售服务、无形资产、不动产年销售额。

(四)增值税的扣缴义务人

我国境外(以下简称境外)的单位或者个人在境内提供应税服务,在境内未设有经营机构的,以其代理人为增值税扣缴义务人;在境内没有代理人的,以接受方为增值税扣缴义务人。

境外单位或者个人在境内提供应税服务,在境内未设有经营机构的,扣缴义务人按照下列公式计算应扣缴税额:

$$应扣缴税额 = 接受方支付的价款 \div (1 + 税率) \times 税率$$

(五)增值税税率

我国增值税采用比例税率,按照一定的比例征收。目前增值税税率包括以下几种。

1. 基本税率

增值税一般计税方法纳税人销售或者进口除适用9%税率和零税率以外的货物,提供加工、修理修配劳务和有形动产租赁服务,税率一律为13%。

2. 低税率

增值税一般计税方法纳税人提供交通运输业服务、邮政业服务、基础电信服务、建筑、不动产租赁服务、销售不动产、转让土地使用权,适用税率为9%。

增值税一般计税方法纳税人销售或者进口下列货物,按9%的税率计征增值税。

农产品(含粮食)、自来水、暖气、石油液化气、天然气、食用植物油、冷气、热水、煤气、居民用煤炭制品、食用盐、农机、饲料、农药、农膜、化肥、沼气、二甲醚、图书、报纸、杂志、音像制品、电子出版物。

纳税人销售服务、无形资产、金融商品,税率为6%。

3. 零税率

(1)纳税人出口货物、提供国际运输服务、提供航天运输服务、向境外单位提供的完全在境外校方的离岸服务外包业务等,税率为零;国务院另有规定的除外。

(2)境内单位和个人跨境销售国务院规定范围内的服务、无形资产,税率为零。

需要注意的是,零税率不等于免税,免税只是规定某一纳税环节的应纳税额等于零,同时其对应的进项税额不得抵扣。实行零税率不但不必缴税,而且还可以退还以前纳税环节所纳的税。

【例题·多选题】 境内单位和个人销售的下列服务和无形资产,适用增值税零税率的有(   )。

A. 国际运输服务
B. 航天运输服务
C. 纳税人出口货物
D. 向境外单位提供的完全在境外消费的离岸服务外包业务

【答案】 ABCD

【解析】 选项 ABCD 均适用增值税零税率。

4. 征收率

简易计税方法纳税人按照简易计税方法计税的销售不动产、不动产经营租赁服务、提供劳务派遣选择差额纳税(除试点前开工的高速公路的车辆通行费),征收率为 5%;

在其他情况下,简易计税方法纳税人发生应税交易行为的增值税征收率为 3%。

简易计税方法纳税人(自然人除外,下同)销售自己使用过的固定资产和旧货,减按 2% 的征收率征收增值税;

销售自己使用过的除固定资产以外的物品,应按 3% 的征收率征收增值税。旧货是指进入二次流通的具有部分使用价值的货物(含旧汽车、旧摩托车和旧游艇),但不包括自己使用过的物品。

简易计税方法纳税人销售自己使用过的固定资产和旧货,应开具普通发票,不得由税务机关代开增值税专用发票,其销售额和应纳税额按以下公式计算:

$$销售额 = 含税销售额 \div (1 + 3\%)$$

$$应纳税额 = 销售额 \times 2\%$$

注:《财政部　税务总局关于对增值税小规模纳税人免征增值税的公告》(2022 年第 15 号)的规定:

(1)增值税小规模纳税人适用 3% 征收率应税销售收入免征增值税的,应按规定开具免税普通发票。纳税人选择放弃免税并开具增值税专用发票的,应开具征收率为 3% 的增值税专用发票。

(2)增值税小规模纳税人取得应税销售收入,纳税义务发生时间在 2022 年 3 月 31 日前,已按 3% 或者 1% 征收率开具增值税发票,发生销售折让、中止或者退回等情形需要开具红字发票的,应按照对应征收率开具红字发票;开票有误需要重新开具的,应按照对应征收率开具红字发票,再重新开具正确的蓝字发票。

(3)增值税小规模纳税人发生增值税应税销售行为,合计月销售额未超过 15 万元(以 1 个季度为 1 个纳税期的,季度销售额未超过 45 万元,下同)的,免征增值税的销售额等项目应当填写在《增值税及附加税费申报表(小规模纳税人适用)》"小微企业免税销售额"或者"未达起征点销售额"相关栏次。合计月销售额超过 15 万元的,免征增值税的全部销售额等项目应当填写在《增值税及附加税费申报表(小规模纳税人适用)》"其他免税销售额"栏次及《增值税减免税申报明细表》对应栏次。

【例题·多选题】 下列关于增值税纳税人的征收率的说法中,正确的有(　　)。

A. 一般纳税人销售自己使用过的按规定不得抵扣且未抵扣进项税额的固定资产,可按 3% 征收率减按 2% 征收增值税

B. 2022 年小规模纳税人(除其他个人外)销售自己使用过的除固定资产以外的物品免征增

值税

C.纳税人销售二手车,均按照3%减按2%缴纳增值税

D.一般纳税人销售旧货,按照3%的征收率征收增值税

【答案】 AB

【解析】 选项C,需要区分是二手车经销单位还是其他企业。2020年5月1日～2023年12月31日,从事二手车经销业务的纳税人销售其收购的二手车,减按0.5%缴纳增值税;其他企业销售二手车,需要看该车辆购进时是否抵扣过进项税额,再确定适用的税收政策。选项D,一般纳税人销售旧货,按照3%的征收率减按2%征收增值税。

【例题·单选题】 某食品厂为增值税一般纳税人,2021年5月该企业销售旧设备一台,取得含税收入6.78万元,该设备2007年购进,未抵扣进项税额。该企业销售此设备应纳增值税( )万元。

A.0.07　　　　　　　　　　B.0.78

C.0.13　　　　　　　　　　D.0.20

【答案】 C

【解析】 该销售行为按3%减按2%征收增值税。应纳增值税=6.78/1.03×2%=0.13(万元)

(六)增值税应纳税额的计算

1.增值税的计算

(1)一般纳税人增值税额的计算。我国增值税实行扣税法,一般纳税人凭增值税专用发票及其他合法扣税凭证注明税款进行抵扣,其应纳增值税额的计算公式为:

当期应纳税额=当期销项税额-当期进项税额=当期销售额×增值税税率-当期进项税额

"当期"是指税务机关依照税法规定对纳税人确定的纳税期限,只有在纳税期限内实际发生的销项税额、进项税额,才是法定的当期销项税额和当期进项税额。如果当期销项税额小于进项税额,不足抵扣的部分可以结转到下一个纳税期限继续抵扣。

(2)小规模纳税人增值税额的计算。小规模纳税人,实行简易办法计算应纳税额。

当期应纳税额=销售额×征收率

销售额=含税销售额÷(1+征收率)

(3)进口货物应纳税额的计算。纳税人进口货物,按照组成计税价格和规定的税率计算应纳税额,不得抵扣任何税额。

第一,如果进口不属于征收消费税的货物,计算公式为:

组成计税价格=关税完税价格+关税税额

第二,如果进口货物征收消费税,计算公式为:

组成计税价格=关税完税价格+关税税额+消费税税额

应纳税额=组成计税价格×适用税率

(4)境外单位或者个人在境内发生应税行为,在境内未设有经营机构的,扣缴义务人按照下列公式计算应扣缴税额:

应扣缴税额=购买方支付的价款÷(1+税率)×税率

【例题·计算题】 境外A公司为境内B公司提供保险服务,合同约定价款106万元,且A

公司在境内没有设立经营机构,按照税法规定,B公司为扣缴义务人。

计算A公司应当扣缴的税额。

【答案】 应扣缴增值税＝106÷(1+6%)×6%＝6(万元)

2.销售额

1)一般销售方式下的销售额

销售额,是增值税的计税依据,是纳税人销售货物或者提供应税劳务以及销售服务、无形资产或者不动产收取的全部价款和价外费用,但不包括向购买方收取的销项税额,即销售额为不含增值税的价款和价外费用。

价外费用是指向购买方收取的除价款以外的手续费、补贴、基金、集资费、返还利润、奖励费、违约金、滞纳金、延期付款利息、赔偿金、代收款项、代垫款项、包装费、包装物租金、储备费、优质费、运输装卸费以及其他各种性质的价外费用。但下列费用不包括在内。

(1)受托加工应征消费税的消费品所代收代缴的消费税。

(2)同时符合以下条件的代垫运输费用:承运部门的运输费用发票开具给购买方的;纳税人将该项发票转交给购买方的。

(3)同时符合以下条件代为收取的政府性基金或者行政事业性收费:

第一,由国务院或者财政部批准设立的政府性基金,由国务院或者省级人民政府及其财政、价格主管部门批准设立的行政事业性收费;

第二,收取时开具省级以上财政部门印制的财政票据;

第三,所收款项全额上缴财政。

(4)销售货物的同时代办保险等而向购买方收取的保险费,以及向购买方收取的代购买方缴纳的车辆购置税、车辆牌照费。

2)特殊销售方式下的销售额

(1)发生现金折扣不得从销售额中减除,发生销售折让以折让后的货款为销售额。现金折扣是指销货方在销售货物或提供应税劳务和应税服务后,为了鼓励购买方及早偿还货款而协议许诺给予购货方的一种折扣优惠;销售折让是指货物销售后,由于其品种、质量等原因,购买方未予退货,但销售方需给予购买方的一种价格折让。两者需要严格区分开来。

(2)纳税人销售货物或提供应税劳务和应税服务的价格明显偏低而无正当理由的,或者发生视同销售、视同提供应税服务而无销售额的,由主管税务机关按照下列方法核定销售额。

第一,按纳税人最近时期同类货物的平均销售价格或提供同类应税服务的平均价格确定。

第二,按其他纳税人最近时期同类货物的平均销售价格或提供同类应税服务的平均价格确定。

第三,按组成计税价格确定,组成计税价格的公式为:

$$组成计税价格＝成本×(1+成本利润率)$$

(3)纳税人按人民币以外的货币结算销售额的,其销售额的人民币折合率可以选择销售额发生的当天或者当月1日的人民币汇率中间价。纳税人应事先确定采用何种折合率,确定后1年内不得变更。

3)价税合计情况下销售额的换算

增值税采用价外计税方式,以不含税价作为计税依据,因此销售额中不包括向购买方收取的销项税额。如果纳税人将销售货物的销售额和销项税额合并定价,称为含税的销售额,属于含税销售额的主要有开具普通发票的价款、零售价格、价外费用和非应税劳务征收增值税款。在计税时先要将含税销售额换算为不含税销售额,换算公式为:

$$不含税销售额 = 含税销售额 \div (1 + 适用税率)$$

需要注意的是,如果销售货物是消费税应税消费品或者进口产品,其销售额中应包含消费税和关税。

【例题·计算题】 某增值税一般纳税人,2021年6月有关生产经营业务如下。

(1)销售机器一批,开出增值税专用发票中注明销售额为 10 000 元,增值税税额为 1300 元,另开出一张普通发票,收取包装费 226 元。

(2)销售三批同一规格、质量的货物,每批各 2000 件,不含增值税销售额分别为每件 200 元、180 元和 60 元。经税务机关认定,第三批销售价格每件 60 元价格明显偏低且无正当理由。

(3)取得公路运输收入 20 000 元,开具增值税专用发票。

计算该企业当月的增值税销项税额。

【答案】 销售机器的增值税销项税额 = 1300 + 226 ÷ (1 + 13%) × 13% = 1326(元)

销售三批货物的增值税销项税额 = [200 + 180 + (200 + 180) ÷ 2] × 2000 × 13% = 148 2001(元)

取得运输收入的增值税销项税额 = 20 000 × 9% = 1800(元)

当月增值税销项税额合计 = 1326 + 148 200 + 1800 = 151 326(元)

3. 进项税额

进项税额是纳税人购进货物、接受应税劳务或应税服务所支付或负担的增值税额,主要体现在增值税专用发票或进口增值税专用缴款书上。纳税人因发生服务中止、购进货物退回或者折让而收回的增值税额,应从发生购进货物退回或折让当期的进项税额中扣减。

1)准予从销项税额中抵扣的进项税额

(1)从销售方取得的增值税专用发票上注明的增值税额。

(2)从海关取得的海关进口增值税专用缴款书上注明的增值税额。

(3)购进农产品,除取得增值税专用发票或者海关进口增值税专用缴款书外,按照农产品收购发票或销售发票上注明的农产品买价和9%的扣除率计算进项税额。进项税额计算公式:

$$进项税额 = 买价 × 扣除率$$

(4)接受境外单位或者个人提供的应税服务,从税务机关或者境内代理人取得的解缴税款的中华人民共和国税收通用解缴书上注明的增值税额。

2)不得从销项税额中抵扣的进项税额

(1)用于简易计税方法计税项目,如非增值税应税项目、免征增值税项目、集体福利或者个人消费的购进货物、接受应税劳务或者应税服务。

上述所称的购进货物,不包括既用于增值税应税项目,又用于非增值税应税项目、免税增值税项目、集体福利或者个人消费(包括纳税人的交际应酬消费)的固定资产。

(2)非正常损失的购进货物及相关的应税劳务、交通运输业服务。非正常损失的货物是指因管理不善造成被盗、丢失、霉烂变质的损失以及被执法部门依法没收或者强令自行销毁的货物。

(3)非正常损失的在产品、产成品所耗用的购进货物或者应税劳务、交通运输业服务。

(4)接受的旅客运输服务。

【例题·计算题】 某增值税一般纳税人,2021年3月有关生产经营业务如下。

(1)从国内购进生产原材料,支付60万元,同时支付购货运费1万元,均取得增值税专用发票。

(2)从农民手中购进粮食作为福利发给职工,取得收购发票,注明价款20万元。

(3)购进生产设备,取得普通发票,注明价款113万元。

计算该企业当月可以抵扣的进项税额。

【答案】 购进材料及发生的运费可抵扣的进项税额=60×13%+1×9%=7.89(万元)。

从农民手中购进粮食作为福利发给职工,属于外购货物用于集体福利,进项税额不得抵扣。购进生产设备取得普通发票,进项税额不得抵扣。当月可抵扣的进项税额为7.89万元。

4.增值税小规模纳税人应纳税额的计算

小规模纳税人销售货物、提供应税劳务或服务,实行按照销售额和征收率计算应纳税额的简易办法,并不得抵扣进项税额。其计算公式为:

$$应纳税额=不含税销售额×征收率$$

简易计税方法的销售额不包括其应纳的增值税税额,纳税人采取销售额和应纳税额合并定价方法的,应按下列公式计算销售额:

$$不含税销售额=含税销售额÷(1+征收率)$$

【例题·计算题】 某商店为增值税小规模纳税人,2021年10月取得零售收入总额247 200元。计算该商店10月份应缴纳的增值税税额。

【答案】 不含税销售额=含税销售额÷(1+征收率)=247200÷(1+3%)=240 000(元)10月份应纳增值税税额=240 000×3%=7200(元)

(七)增值税的征收管理

1.纳税义务的发生时间

(1)采用直接收款方式销售货物,不论货物是否发出,均为收到销售款或者取得索取销售款凭据的当天;先开具发票的,为开具发票的当天。纳税人提供应税服务的,为收讫销售款或者取得销售款项凭据的当天;先开具发票的,为开具发票的当天。

收讫销售款是指纳税人提供应税服务过程中或者完成后收到款项。取得索取销售款凭据的当天,是指书面合同确定的付款日期;未签订书面合同或者书面合同未确定付款日期的,为应税服务完成的当天。

(2)采取托收承付和委托银行收款方式销售货物,为发出货物并办妥托收手续的当天。

(3)采取赊销和分期收款方式销售货物,为书面合同约定的收款日期当天,无书面合同或书面合同没有约定收款日期的,为货物发出的当天。

(4)采取预收货款方式销售货物,为货物发出的当天;但生产销售生产工期超过12个月的大型机械设备、船舶、飞机等货物,为收到预收款或者书面合同约定的收款日期的当天。纳税人提供有形动产租赁服务采取预收款方式的,其纳税义务发生时间为收到预收款的当天。

(5)委托其他纳税人代销货物,为收到代销单位的代销清单或者收到全部或者部分货款的当天;未收到代销清单及货款的,为发出代销货物满180天的当天。

(6)提供应税劳务,为提供劳务同时收讫销售款或者取得索取销售款凭据的当天。

(7)纳税人发生视同销售货物行为,为货物移送的当天;纳税人发生视同提供应税服务行为的,其纳税义务发生时间为应税服务完成的当天。

(8)纳税人进口货物,纳税义务发生时间为报关进口的当天。

(9)增值税扣缴义务发生时间为纳税人增值税纳税义务发生的当天。

2.纳税期限

增值税的纳税期限分别为1日、3日、5日、10日、15日、1个月或者1个季度。纳税人的具体纳税期限,由主管税务机关根据纳税人应纳税额的大小分别核定。以1个季度为纳税期限的规定适用于小规模纳税人以及财政部和国家税务总局规定的其他纳税人;不能按固定期限纳税的,可以按次纳税。

纳税人以1个月或者1个季度为1个纳税期限的,自期满之日起15日内申报纳税;以1日、3日、5日、10日或15日为1个纳税期限的,自期满之日起5日内预缴税款,于次月1日起15日内申报纳税并结清上月应纳税额。纳税人进口货物,应当自海关填发海关进口增值税专用缴款书之日起15日内缴纳税款。

3.纳税地点

(1)固定业户应当向其机构所在地的主管税务机构申报纳税。总机构和分支机构不在同一县(市)的,应当分别向各自所在地的主管税务机关申报纳税;但在同一省(区、市)范围内的,经省(区、市)财政厅(局)、国家税务局审批同意,可以由总机构汇总向总机构所在地的主管税务机关申报纳税。

(2)固定业户到外县(市)销售货物或者提供应税劳务,应当向其机构所在地的主管税务机关申请开具《外出经营活动税收管理证明》,并向其机构所在地的主管税务机关申报纳税。未开具证明的,应当向销售地或者劳务发生地的主管税务机关申报纳税;未向销售地或者劳务发生地的主管税务机关申报纳税的,由其机构所在地的主管税务机关补征税款。

(3)非固定业户销售货物或者提供应税劳务,应当向销售地或劳务发生地的主管税务机关申报纳税;未向销售地或者劳务发生地的主管税务机关申报纳税的,由其机构所在地或者居住地的主管税务机关补征税款。

(4)进口货物应当向报关地海关申报纳税。

(5)扣缴义务人应当向其机构所在地或者居住地主管税务机关申报缴纳其扣缴的税款。

二、消费税

(一)消费税的概念

消费税是对在中国境内从事生产、委托加工和进口应税消费品的单位和个人征收的一种流转税,是对特定的消费品和消费行为在特定环节征收的一种流转税。

(二)消费税的征税范围

目前,我国消费税的征税范围分布于以下几个环节。

1.生产应税消费品

生产应税消费品是消费税征收的主要环节,因为消费税具有单一环节征税的特点,在生产销售环节征税以后,货物在流通环节无论转销多少次,都不用再缴纳消费税。生产应税消费品除了直接对外销售应征收消费税外,纳税人将生产的应税消费品换取生产资料、消费资料、投资入股、偿还债务以及用于继续生产应税消费品以外的其他方面,都应缴纳消费税。

2.委托加工应税消费品

委托加工应税消费品,是指由委托方提供原材料和主要材料,受托方只收取加工费和代垫部分辅助材料加工费的应税消费品。由受托方提供原材料或其他情形的一律不能视同委托加工应税消费品。

委托加工的应税消费品,除受托方为个人外,由受托方在向委托方交货时代收代缴税款;委托个人加工的应税消费品,由委托方收回后缴纳消费税。

委托加工的应税消费品,委托方用于连续生产应税消费品的,所纳税款准予按规定抵扣;直接出售的,不再缴纳消费税。委托方将收回的应税消费品,以不高于受托方的计税价格出售的,为直接出售,不再缴纳消费税;委托方以高于受托方的计税价格出售的,不属于直接出售,需要按照规定申报缴纳消费税,在计税时准予扣除受托方已代收代缴的消费税。

3. 进口应税消费品

单位和个人进口应税消费品,于报关进口时由海关代征消费税。

4. 批发销售卷烟

自2009年5月1日起,在卷烟批发环节加征一道从价税。自2015年5月10日起,对卷烟在批发环节的消费税,在调整从价税税率的基础上,再加征从量税。

纳税人兼营卷烟批发和零售业务的,应当分别核算批发和零售环节的销售额、销售数量;未分别核算批发和零售环节销售额、销售数量的,按照全部销售额、销售数量计征批发环节消费税。

5. 零售应税消费品

符合规定的金银首饰,仅在零售环节征收消费税,具体规定如下。

(1)经国务院批准,自1995年1月1日起,金银首饰消费税由生产销售环节征收改为零售环节征收。改在零售环节征收消费税的金银首饰仅限于金基、银基合金首饰以及金、银和金基、银基合金的镶嵌首饰,适用税率为5%,计税依据为不含增值税的销售额;在零售环节征收消费税的金银首饰不包括镀金(银)、包金(银)首饰,以及镀金(银)、包金(银)的镶嵌首饰。

(2)对于既销售金银首饰又销售非金银首饰的生产、经营单位,应将两类商品划分清楚,分别核算销售额。凡划分不清楚或不能分别核算的,在生产环节销售的,一律从高适用税率征收消费税;在零售环节销售的,一律按金银首饰征收消费税。

(3)金银首饰与其他产品组成成套消费品销售的,应按销售额全额征收消费税。

(4)金银首饰连同包装物一起销售的,无论包装物是否单独计价,也无论会计上如何核算,均应并入金银首饰的销售额,计征消费税。

(5)带料加工的金银首饰,应按受托方销售的同类金银首饰的销售价格确定计税依据征收消费税。没有同类金银首饰销售价格的,按照组成计税价格计算纳税。

(6)纳税人采用以旧换新(含翻新改制)方式销售的金银首饰,应按实际收取的不含增值税的全部价款确定计税依据征收消费税。

(7)超豪华小汽车在零售环节加征税率为10%的从价税。自2016年12月1日起,"小汽车"税目下增设"超豪华小汽车"子税目。征收范围为每辆零售价格130万元(不含增值税)及以上的乘用车和中轻型商用客车,即乘用车和中轻型商用客车子税目中的超豪华小汽车。对超豪华小汽车,在生产(进口)环节按现行税率征收消费税的基础上,在零售环节加征消费税,税率为10%。将超豪华小汽车销售给消费者的单位和个人为超豪华小汽车零售环节消费税纳税人。

超豪华小汽车零售环节消费税应纳税额的计算公式为:

$$应纳税额 = 零售环节销售额(不含增值税,下同) \times 零售环节税率$$

【例题·单选题】 下列消费品中,应在零售环节征收消费税的是( )。
A.超豪华小汽车　　　B.卷烟　　　　　C.包金的镶嵌首饰　　　D.高档手表
【答案】 A
【解析】 选项A:在零售环节缴纳消费税。选项B:在生产销售、委托加工或进口环节缴纳消费税,在批发环节加征一道消费税。选项CD:在生产销售、委托加工或进口环节缴纳消费税。

在零售环节缴纳消费税的消费品包括金银首饰、铂金首饰、钻石及钻石饰品以及超豪华小汽车(加征)。注意零售环节缴纳消费税的金银首饰不包括镀金(银)、包金(银)首饰,以及镀金(银)、包金(银)的镶嵌首饰。

【例题·单选题】 下列应税消费品中,除了在生产销售环节征收消费税外,还应在批发环节征收消费税的是( )。
A.高档手表　　　　　B.高档化妆品　　　C.卷烟　　　　　　　D.超豪华小汽车
【答案】 C
【解析】 自2009年5月1日起,在卷烟批发环节加征一道消费税。

(三)消费税的纳税人

消费税的纳税人是指在中国境内(起运地或者所在地在境内)从事生产、委托加工及进口应税消费品的单位和个人,以及国务院确定的销售应税消费品的其他单位和个人。

(四)消费税的税目与税率

1.消费税税目

我国消费税在征收范围上根据产业政策与消费政策仅选择部分消费品征税,而不是对所有消费品都征收消费税。根据《中华人民共和国消费税暂行条例》规定,我国消费税税目共有15个。即烟、酒、高档化妆品、贵重首饰及珠宝玉石、鞭炮焰火、成品油、小汽车、摩托车、高尔夫球及球具、高档手表、游艇、木制一次性筷子、实木地板、电池及涂料。其中,有些税目还包括若干子目,如酒又分为白酒、黄酒、啤酒、其他酒,啤酒又分为甲类啤酒和乙类啤酒。

近几年,国家对消费税进行了如下调整。

(1)自2014年12月1日起,取消汽车轮胎税目;取消酒精消费税,即上面提到的"酒及酒精"税目更改为"酒";取消气缸容量250毫升(不含)以下的小排量摩托车消费税;取消车用含铅汽油消费税,汽油税目不再划分二级子目。

(2)自2015年2月1日起,为促进节能环保,经国务院批准,对电池、涂料征收消费税。

【例题·单选题】 企业生产销售的下列产品中,属于消费税征税范围的是( )。
A.电动汽车   B.体育用鞭炮药引线
C.铅蓄电池   D.销售价格为9000元的手表
【答案】 C
【解析】 选项A:电动汽车不属于消费税征税范围;选项B:体育用鞭炮药引线不是消费税征税范围;选项D:销售价格(不含增值税)每只在万元以上(含)的手表为消费税征税范围内的高档手表。

2.消费税税率

消费税采用比例税率、定额税率两种形式,根据不同的税目或子目,应税消费品的税率不同。其中,黄酒、啤酒、成品油采用定额税率;卷烟、白酒适用复合计税方法。

消费税税目税率表见表3-2。

续表

表 3-2 消费税税目税率表

税　目	税　率
一、烟 1.卷烟 (1)甲类卷烟:调拨价 70 元/条(不含增值税)以上 (2)乙类卷烟:调拨价 70 元/条(不含增值税)以下 (3)批发环节 2.雪茄烟 3.烟丝	56%加 0.003 元/支 36%加 0.003 元/支 11%加 0.005 元/支 36% 30%
二、酒 1.白酒 2.黄酒 3.啤酒 (1)甲类啤酒:每吨出厂价(含包装物及包装物押金)3000 元以上 (2)乙类啤酒:每吨出厂价(含包装物及包装物押金)3000 元以下 4.其他酒	20%加 0.5 元/500 克(或 500 毫升) 240 元/吨 250 元/吨 220 元/吨 10%
三、高档化妆品	15%
四、贵重首饰及珠宝玉石 1.金银首饰、铂金首饰和钻石及钻石饰品 2.其他贵重首饰和珠宝玉石	5% 10%
五、鞭炮、焰火(不包括体育上用的发令纸、鞭炮药引线)	15%
六、成品油 1.汽油 2.柴油 3.航空煤油 4.石脑油 5.溶剂油 6.润滑油 7.燃料油	1.52 元/升 1.20 元/升 1.20 元/升 1.52 元/升 1.52 元/升 1.52 元/升 1.20 元/升
七、摩托车 1.气缸容量为 250 毫升的 2.气缸容量超过 250 毫升的	3% 10%

续表

税　目	税　率
八、小汽车(不含电动汽车、沙滩车、雪地车、卡丁车、高尔夫车) 1.乘用车 (1)气缸容量在1.0升(含1.0升)以下的 (2)气缸容量在1.0升以上至1.5升(含1.5升)的 (3)气缸容量在1.5升以上至2.0升(含2.0升)的 (4)气缸容量在2.0升以上至2.5升(含2.5升)的 (5)气缸容量在2.5升以上至3.0升(含3.0升)的 (6)气缸容量在3.0升以上至4.0升(含4.0升)的 (7)气缸容量在4.0升以上的 2.中轻型商用客车	1% 3% 5% 9% 12% 25% 40% 5%
九、高尔夫球及球具	10%
十、高档手表(每只不含增值税销售价格为10 000元及以上的手表)	20%
十一、游艇	10%
十二、木制一次性筷子	5%
十三、实木地板	5%
十四、电池	4%
十五、涂料	4%

注：关于卷烟的换算单位，1标准箱等于250标准条，1标准条等于200支，1标准箱等于50 000支。卷烟在生产环节的定额税率为0.003每支，相当于0.6元每标准条，150元每标准箱。卷烟在批发环节的定额税率为0.005每支，相当于1元每标准条，250元每标准箱。

纳税人兼营不同税率的应税消费品，应当分别核算不同税率应税消费品的销售额、销售数量；未分别核算销售额、销售数量，或者将非应税消费品以及不同税率的应税消费品组成成套消费品销售的，应按应税消费品的最高税率计征消费税。

(五)消费税应纳税额

1.从价定率征收

从价定率征收，即根据不同的应税消费品确定不同的比例税率。计算公式为：

应纳税额＝应税消费品的销售额×比例税率

销售额为纳税人销售应税消费品向购买方收取的全部价款和价外费用。但下列费用不包括在内。

(1)同时符合以下条件的代垫运输费用：承运部门的运输费用发票开具给购买方的；纳税人将该项发票转交给购买方的。

(2)同时符合以下条件代为收取的政府性基金或者行政事业性收费：

①由国务院或者财政部批准设立的政府性基金，由国务院或者省级人民政府及其财政、价格主管部门批准设立的行政事业性收费；

②收取时开具省级以上财政部门印制的财政票据；

③所收款项全额上缴财政。

在计算时需要注意含增值税销售额的换算。应税消费品的销售额,不包括应向购买方收取的增值税税款。如果纳税人应税消费品的销售额中未扣除增值税税款或者因不得开具增值税专用发票而发生价款和增值税税款合并计算的,在计算消费税时,应将含增值税税款的销售额换算成不含增值税税款的销售额。换算公式为:

$$应税消费品的销售额 = 含增值税的销售额 \div (1 + 增值税税率或征收率)$$

【例题·计算题】 某大型生产企业为增值税一般纳税人,2021年7月发生如下业务:

(1)销售自产高档化妆品一批,开具增值税专用发票,取得不含税销售额 500 000 元,增值税税额 65 000 元;

(2)将金银首饰与玛瑙手镯作为礼盒成套出售,取得含税收入 452 000 元。

计算该企业7月份应缴纳的消费税。

【答案】 销售高档化妆品应缴纳消费税:500 000×15%=75 000(元)

将金银首饰与玛瑙手镯作为成套礼盒出售,应从高适用税率,即按10%的税率计算。

$$应纳消费税 = 452\ 000 \div (1 + 13\%) \times 10\% = 40\ 000(元)$$

$$合计应纳消费税 = 75\ 000 + 40\ 000 = 115\ 000(元)$$

2. 从量定额征收

从量定额征收,即根据不同的应税消费品确定不同的单位税额。计算公式为:

$$应纳税额 = 应税消费品的销售数量 \times 单位税额$$

销售数量是指纳税人生产、加工、进口应税消费品的数量。具体规定为:销售应税消费品的,为应税消费品的销售数量;自产自用应税消费品的,为应税消费品的移送使用数量;委托加工应税消费品的,为纳税人收回的应税消费品数量;进口的应税消费品,为海关核定的应税消费品进口征税数量。

3. 从价定率和从量定额复合征收

从价定率和从量定额复合征收,即以两种方法计算的应纳税额之和为应税消费品的应纳税额。我国目前只对卷烟和白酒采用复合计征方法,计算公式为:

$$应纳税额 = 应税消费品的销售额 \times 比例税率 + 应税消费品的销售数量 \times 定额税率$$

【例题·计算题】 某酒厂为增值税一般纳税人,2021年4月销售白酒5000斤,取得销售收入 56 500 元(含增值税)。已知白酒消费税定额税率为0.5元/斤,比例税率为20%,计算该酒厂4月应缴纳的消费税税额。

【答案】 该酒厂4月应缴纳的消费税税额 = 56 500÷(1+13%)×20%+5000×0.5 = 12 500(元)。

4. 应税消费品已纳税款的扣除

由于某些应税消费品是用外购已缴纳消费税的应税消费品连续生产出来的,在对这些连续生产出来的应税消费品计算征税时,税法规定应按当期生产领用数量计算准予扣除的外购应税消费品已纳的消费税税款。扣除范围包括:

(1)以外购已税烟丝生产卷烟的。

(2)以外购已税鞭炮、焰火生产鞭炮、焰火的。

(3)以外购已税杆头、杆身和握把生产高尔夫球杆的。

(4)以外购已税木制一次性筷子生产木制一次性筷子的。

(5)以外购已税实木地板生产实木地板的。
(6)以外购已税石脑油、燃料油生产成品油的。
(7)以外购已税汽油、柴油、润滑油分别生产汽油、柴油、润滑油的。
(8)集团内部企业间用啤酒液生产啤酒的。
(9)以外购已税葡萄酒生产葡萄酒的。

【例题·计算题】 某卷烟生产企业2021年10月初库存外购应税烟丝450 000元,当月又购入烟丝3 000 000元(不含税),月末该企业库存烟丝500 000元,其余全部于当月领用生产卷烟并全部销售。已知烟丝适用的消费税税率为30%。计算该卷烟厂10月份准予扣除的外购烟丝已缴纳的消费税税额。

【答案】 当期允许扣除的外购烟丝买价=450 000+3 000 000-500 000=2 950 000(元)

该企业10月份准予扣除的外购烟丝已缴纳的消费税税额=2 950 000×30%=885 000(元)

5.自产自用应税消费品的应纳税额

纳税人自产自用的应税消费品用于连续生产应税消费品的,不缴纳消费税;用于其他方面的,应按照纳税人生产的同类消费品的销售价格计算纳税;没有同类消费品销售价格的,按照组成计税价格计算纳税。

实行从价定率办法计算纳税的组成计税价格计算公式:

$$组成计税价格=(成本+利润)\div(1-比例税率)$$

实行复合计税办法计算纳税的组成计税价格计算公式:

$$组成计税价格=(成本+利润+自产自用数量\times 定额税率)\div(1-比例税率)$$

【例题·计算题】 某化妆品公司将一批自产的化妆品分发给职工作为职工福利,化妆品的成本为90 000元,该化妆品无同类产品市场销售价格。已知该化妆品的成本利润率为5%,计算该批化妆品应缴纳的消费税。

【答案】 组成计税价格=90 000×(1+5%)÷(1-30%)=135 000(元)

该批化妆品应缴纳的消费税税额=135 000×30%=40 500(元)

6.委托加工应税消费品的应纳税额

委托加工的应税消费品,按照受托方的同类消费品的销售价格计算纳税;没有同类消费品销售价格的,按照组成计税价格计算纳税。需要注意的是,公式中的"加工费"不含增值税税额。

实行从价定率办法计算纳税的组成计税价格计算公式:

$$组成计税价格=(材料成本+加工费)\div(1-比例税率)$$

实行复合计税办法计算纳税的组成计税价格计算公式:

$$组成计税价格=(材料成本+加工费+委托加工数量\times 定额税率)\div(1-比例税率)$$

【例题·计算题】 甲公司委托乙企业加工一批应税消费品,甲公司为乙企业提供原材料,实际成本为75 000元,支付乙企业加工费5000元,其中包括乙企业代垫的辅助材料成本费1000元。已知该应税消费品在受托方无同类消费品销售价格,适用的消费税税率为20%,实行从价定率方法计征。计算乙企业应代收代缴的消费税。

【答案】 组成计税价格=(75 000+5000)÷(1-20%)=100 000(元)

乙企业代收代缴的消费税税额=100 000×20%=20 000(元)

7.进口环节应纳消费税税额

纳税人进口应税消费品,按照组成计税价格和规定的税率计算应纳税额。

(1)实行从价定率办法计算纳税的进口应税消费品的计税依据的确定。

实行从价定率办法计算纳税的组成计税价格计算公式:

$$组成计税价格=(关税完税价格+关税)\div(1-比例税率)$$

税额的计算公式:

$$应纳税额=组成计税价格\times 比率税率$$

(2)实行从量定额办法计算纳税的进口应税消费品计税依据的确定:为海关核定的应税消费品的进口数量。

税额的计算公式:

$$应纳税额=海关核定的应税消费品的进口数量\times 定额税率$$

(3)实行复合计税办法计算纳税的进口应税消费品计税依据的确定。

从价部分,按照组成计税价格计算纳税;从量部分,按照海关核定的应税消费品的进口数量作为计税依据计算纳税。

实行复合计税办法计算纳税的组成计税价格的计算公式为:

$$组成计税价格=(关税完税价格+关税+海关核定的应税消费品的进口数量\times 定额税率)\div(1-比例税率)$$

税额的计算公式:

$$应纳税额=组成计税价格\times 比率税率+海关核定的应税消费品的进口数量\times 定额税率$$

【例题·计算题】 甲公司为增值税一般纳税人,进口粮食白酒1000千克,该批白酒的关税完税价格为100万。按规定缴纳关税20万,消费税税率为20%,定额税率为0.5元每斤。计算甲公司进口粮食白酒缴纳的消费税税额。

【答案】 组成计税价格=$(1\,000\,000+200\,000+1\,000\times 2\times 0.5)\div(1-20\%)=1\,501\,250$(元)

应纳消费税税额=$1\,501\,250\times 20\%+1\,000\times 2\times 0.5=301\,250$(元)

(六)消费税的征收管理

1.纳税义务发生时间

纳税人生产的应税消费品应当于销售时纳税,进口消费品应当于应税消费品报关进口环节纳税,但金银首饰、钻石及钻石饰品在零售环节纳税。消费税纳税义务发生的时间,以货款结算方式或行为发生时间分别确定。

(1)纳税人销售的应税消费品,其纳税义务发生时间按不同的销售结算方式分别为:

①采取赊销和分期收款结算方式的,为书面合同约定的收款日期的当天,书面合同没有约定收款日期或者无书面合同的,为发出应纳税消费品的当天;

②采取预收货款结算方式的,为发出应税消费品的当天;

③采取托收承付和委托银行收款方式的,为发出应税消费品并办妥托收手续的当天;

④采取其他结算方式的,为收讫销售款或者取得索取销售款凭据的当天。

(2)纳税人自产自用应税消费品的,纳税义务发生时间为移送使用的当天。

(3)纳税人委托加工应税消费品的,纳税义务发生时间为纳税人提货的当天。

(4)纳税人进口应税消费品的,纳税义务发生时间为报关进口的当天。

2. 纳税期限

消费税的纳税期限分别为1日、3日、5日、10日、15日、1个月或者1个季度。纳税人的具体纳税期限,由主管税务机关根据纳税人应纳税额的大小分别核定;不能按照固定期限纳税的,可以按次纳税。

纳税人以1个月或者1个季度为1个纳税期的,自期满之日起15日内申报纳税;纳税人以1日、3日、5日、10日或者15日为1个纳税期的,自期满之日起5日内预缴税款,于次月1日起15日内申报纳税并结清上月应纳税额。纳税人进口应税消费品,应当自海关填发消费税专用缴款书之日起15日内缴纳税款。

3. 纳税地点

(1)纳税人销售的应税消费品以及自产自用的应税消费品,除国务院财政、税务主管部门另有规定外,应当向纳税人机构所在地或居住地主管税务机关申报纳税。

(2)委托加工的应税消费品,除受托方为个人外,由受托方向机构所在地或居住地主管税务机关解缴消费税税款;委托个人加工的应税消费品,由委托方向其机构所在地或者居住地主管税务机关申报纳税。

(3)进口的应税消费品,由进口人或其代理人向报关地海关申报纳税。

(4)纳税人到外县(市)销售或者委托外县(市)代销自产应税消费品的,于应税消费品销售后,向机构所在地或者居住地主管税务机关申报纳税。

(5)纳税人销售的应税消费品,如因质量等原因由购买者退回时,经机构所在地或居住地主管税务机关审核批准后,可退还已征收的消费税税款,但不能自行直接抵减应纳税款。

三、企业所得税

(一)企业所得税的概念

企业所得税是对我国境内的企业和其他组织的生产经营所得和其他所得征收的一种税。根据《企业所得税法》规定,中华人民共和国境内的企业和其他取得收入的组织,均为企业所得税的纳税人,依照中国法律、行政法规成立的个人独资企业、合伙企业不适用《企业所得税法》。

企业所得税的纳税人分为居民企业和非居民企业,不同的纳税人在向中国政府缴纳企业所得税时,所负的纳税义务不同。

1. 居民企业

居民企业是指依法在中国境内成立,或者依照外国(地区)法律成立但实际管理机构在中国境内的企业。居民企业包括国有企业、集体企业、私营企业、联营企业、股份制企业、外商投资企业、外国企业以及有生产、经营所得和其他所得的其他组织。

2. 非居民企业

非居民企业是指依照外国(地区)法律成立且实际管理机构不在中国境内,但在中国境内设立机构、场所的,或者在中国境内未设立机构、场所,但有来源于中国境内所得的企业。

【例题·多选题】 依据《企业所得税法》的规定,判定居民企业的标准有(   )。

A. 登记注册地标准　　　　　　　　B. 所得来源地标准

C. 经营行为实际发生地标准　　　　D. 实际管理机构所在地标准

【答案】 AD

(二)企业所得税的征税对象

企业所得税的征税对象包括企业的生产经营所得、其他所得和清算所得。

1. 居民企业的征税对象

居民企业就其来源于中国境内、境外的所得作为征税对象。所得包括销售货物所得、提供劳务所得、转让财产所得、股息红利等权益性投资所得、利息所得、租金所得、特许权使用费所得、接受捐赠所得和其他所得。

2. 非居民企业的征税对象

非居民企业在中国境内设立机构、场所的,应当就其所设机构、场所取得的来源于中国境内的所得,以及发生在中国境外但与其所设机构、场所有实际联系的所得,缴纳企业所得税。

【例题·单选题】 下列属于非居民企业的是(　　)。

A. 设在北京市的某私营企业

B. 在澳门设立但实际管理机构在珠海的某公司

C. 依照中国法律成立,但主要控股方在韩国的某上市公司

D. 依照加拿大国法律成立,未在中国境内设立机构、场所,但有来源于中国境内所得的某公司

【答案】 D

【解析】 非居民企业是指依照外国(地区)法律成立且实际管理机构不在中国境内,但在中国境内设立机构、场所的,或者在中国境内未设立机构、场所,但有来源于中国境内所得的企业。

(三)企业所得税税率

企业所得税的实行比例税率,具体规定如下:

1. 基本税率

企业所得税基本税率为25%,适用于居民企业和在中国境内设有机构、场所且所得与其所设机构、场所有实际联系的非居民企业。

2. 优惠税率

(1)对符合条件的小型微利企业,减按20%的税率征收企业所得税。

(2)对国家需要重点扶持的高新技术企业,减按15%的税率征收企业所得税。国家需要重点扶持的高新技术企业,是指拥有核心自主知识产权,并同时符合法定条件的企业。

(四)企业所得税应纳税所得额

应纳税所得额是企业所得税的计税依据,是指企业每一个纳税年度的收入总额,减除不征税收入、免税收入、各项扣除以及允许弥补的以前年度亏损后的余额。企业应纳税所得额的计算应当以权责发生制为原则,属于当期的收入和费用,不论款项是否收付,均作为当期的收入和费用;不属于当期的收入和费用,即使款项已经在当期收付,均不作为当期的收入和费用。应纳税所得额有如下两种计算方法。

直接计算法:

应纳税所得额＝收入总额－不征税收入－免税收入－各项扣除－允许弥补的以前年度亏损

间接计算法:

$$应纳税所得额＝利润总额＋纳税调增额－纳税调减额$$

1. 收入总额

收入总额是指企业以货币形式和非货币形式从各种来源取得的收入。收入总额包括:销售货物收入、提供劳务收入、转让财产收入、股息和红利等权益性投资收益、利息收入、租金收入、特许权使用费收入、接受捐赠收入、其他收入。

2.不征税收入

(1)财政拨款。财政拨款是指各级人民政府对纳入预算管理的事业单位、社会团体等组织拨付的财政资金,但国务院和国务院财政、税务主管部门另有规定的除外。

(2)依法收取并纳入财政管理的行政事业性收费、政府性基金。行政事业性收费是指依照法律法规等有关规定,按照国务院规定程序批准,在实施社会公共管理以及在向公民、法人或者其他组织提供特定公共服务的过程中,向特定对象收取并纳入财政管理的费用。政府性基金是指企业依照法律、行政法规等有关规定,代政府收取的具有专项用途的财政资金。

(3)国务院规定的其他不征税收入。国务院规定的其他不征税收入是指企业取得的,由国务院财政、税务主管部门规定专项用途并经国务院批准的财政性资金。

3.免税收入

免税收入是指属于企业的应纳税所得额,但是按照《企业所得税法》的规定免予征收企业所得税的收入,包括:

(1)国债利息收入。为鼓励企业积极购买国债、支援国家建设,税法规定,企业因购买国债所得的利息收入,免征企业所得税。

(2)符合条件的居民企业之间的股息、红利等权益性收益。该收益是指居民企业直接投资于其他居民企业取得的投资收益。

(3)在中国境内设立机构、场所的非居民企业从居民企业取得的与该机构、场所有实际联系的股息、红利等权益性投资收益。该收益不包括连续持有居民企业公开发行并上市流通的股票不足12个月取得的投资收益。

(4)符合条件的非营利组织的收入。非营利组织的下列收入为免税收入:

①接受其他单位或者个人捐赠的收入。

②除《企业所得税法》第七条规定的财政拨款以外的其他政府补助收入,但不包括因政府购买服务而取得的收入。

③按照省级以上民政、财政部门规定收取的会费。

④不征税收入和免税收入孳生的银行存款利息收入。

⑤财政部、国家税务总局规定的其他收入。

【例题·多选题】 企业取得的下列各项收入中,应缴纳企业所得税的有( )。

A.接受捐赠收入 B.确实无法偿付的应付账款
C.逾期未退包装物押金收入 D.企业资产溢余收入

【答案】 ABCD

【解析】 企业以货币形式和非货币形式从各种来源取得的收入,为收入总额。包括:销售货物收入;

提供劳务收入;转让财产收入;股息、红利等权益性投资收益;利息收入;租金收入;特许权使用费收入;

接受捐赠收入;其他收入(其他收入包括企业资产溢余收入、逾期未退包装物押金收入、确实无法偿付的应付款项、已作坏账损失处理后又收回的应收款项、债务重组收入、补贴收入、违约金收入、汇兑收益等)。

4.准予扣除的项目

企业实际发生的与取得收入有关的、合理的支出,包括成本、费用、税金、损失和其他支出等,准予在计算应纳税所得额时扣除。

税前扣除项目的原则:企业申报的扣除项目和金额要真实、合法。真实是指能证明有关支出确属已实际发生;合法是指符合国家税法的规定,若其他法规的规定与税收法规的规定不一致,应以税收法规的规定为标准。除税收法规另有规定外,税前扣除一般应遵循以下原则:

(1)权责发生制原则,是指企业费用应在发生的所属期扣除,而不是在实际支付时确认扣除。

(2)配比原则,是指企业发生的费用应当与收入配比扣除。除特殊规定外,企业发生的费用不得提前或滞后申报扣除。

(3)相关性原则,企业可扣除的费用从性质和根源上必须与取得的应税收入直接相关。

(4)确定性原则,即企业可扣除的费用不论何时支付,其金额必须是确定的。

(5)合理性原则,符合生产经营活动常规,应当计入当期损益或者有关资产成本的必要和正常支出。

【例题·单选题】 以下不属于企业所得税税前扣除原则的是(　　)。
A.合理性原则　　　　　　　　B.相关性原则
C.确定性原则　　　　　　　　D.收付实现制原则
【答案】 D

扣除项目的范围如下:

(1)成本:企业在生产经营活动中发生的销售成本、销货成本、业务支出以及其他耗费,即企业销售商品、提供劳务、转让固定资产和无形资产的成本。

(2)费用:企业每一个纳税年度为生产、经营和提供劳务等所发生的销售(经营)费用、管理费用和财务费用;已经计入成本的有关费用除外。

(3)税金:企业发生的除企业所得税和允许抵扣的增值税以外的企业缴纳的各项税金及其附加,如消费税、营业税、印花税等。

(4)损失:企业在生产经营活动中发生的固定资产和存货的盘亏、毁损、报废损失,转让财产损失,呆账损失,坏账损失,自然灾害等不可抗力因素造成的损失以及其他损失。企业发生的损失,减除责任人赔偿和保险赔款后的余额,依照国务院财政、税务主管部门的规定扣除。企业已经作为损失处理的资产,在以后纳税年度又全部收回或者部分收回时,应当计入当期收入。

(5)其他支出:除成本、费用、税金、损失外,企业在生产经营活动中发生的与生产经营活动有关的、合理的支出。

5.具体扣除项目及其标准

(1)业务招待费。企业发生的与生产经营活动有关的业务招待费支出,按照发生额的60%扣除,但最高不得超过当年销售(营业)收入的5‰。

(2)广告费和业务宣传费。企业发生的符合条件的广告费和业务宣传费支出,除国务院财政、税务主管部门另有规定外,不超过当年销售(营业)收入15%的部分,准予扣除;超过部分,准予在以后纳税年度结转扣除。(注:烟草企业的烟草广告费和业务宣传费支出,一律不得在计算应纳税所得额时扣除。)

【例题·计算题】 某企业2021年度发生销售商品收入2000万元,出租商铺取得收入100万元,处置固定资产取得收入200万元;当月发生业务招待费20万元,广告费和业务宣传费合计290万元。分别计算税前准予扣除的业务招待费、广告费和业务宣传费。

【答案】 销售(营业)收入=2000+100=2100(万元),处置固定资产的收入属于营业外收入,不计入销售(营业)收入中。

业务招待费扣除标准1=发生额的60%=20×60%=12(万元)

业务招待费扣除标准2=销售(营业)收入的5‰=2100×5‰=10.5(万元)

两者取其小,因此,准予扣除的业务招待费为10.5万元。

广告费和业务宣传费扣除限额=销售(营业)收入的15%=2100×15%=315(万元),实际发生290万元,未超过扣除限额,准予全额扣除,即税前准予扣除的广告费和业务宣传费为290万元。

(3)公益性捐赠:企业通过公益性社会团体或者县级(含县级)以上人民政府及其部门,用于《中华人民共和国公益事业捐赠法》规定的公益事业的捐赠。

公益性捐赠,是指企业通过公益性社会组织或者县级以上人民政府及其部门,用于符合法律规定的慈善活动、公益事业的捐赠。企业当年发生以及以前年度结转的公益性捐赠支出,不超过年度利润总额12%的部分,准予扣除;超过年度利润总额12%的部分,准予结转以后3年内在计算应纳税所得额时扣除。(注:企业通过公益性社会组织或者县级以上人民政府及其部门等国家机关,捐赠用于应对新型冠状病毒感染的肺炎疫情的现金和物品,允许在计算应纳税所得额时全额扣除。)

公益事业具体包括:

①救助灾害、救济贫困、扶助残疾人等困难的社会群体和个人的活动;

②教育、科学、文化、卫生、体育事业;

③环境保护、社会公共设施建设;

④促进社会发展和进步的其他社会公共和福利事业。

(4)职工福利费、工会经费、职工教育经费支出。企业发生的职工福利费支出,不超过工资薪金总额14%的部分,准予扣除。企业拨缴的工会经费,不超过工资薪金总额2%的部分,准予扣除。除国务院财政、税务主管部门另有规定外,企业发生的职工教育经费支出,不超过工资薪金总额8%的部分,准予扣除;超过部分,准予在以后纳税年度结转扣除。集成电路设计企业和符合条件软件企业的职工培训费用,应单独进行核算并按实际发生额在计算应纳税所得额时扣除。航空企业实际发生的飞行员养成费、飞行训练费、乘务训练费、空中保卫员训练费等空勤训练费用,可以作为航空企业运输成本在税前扣除。核力发电企业为培养核电厂操纵员发生的培养费用,可作为企业的发电成本在税前扣除。

【例题·单选题】 新型冠状病毒感染的肺炎疫情防控期间,为了响应国家的号召,某生产制造企业也积极做出了贡献,通过当地市政府向湖北疫重灾区捐赠现金800万元,假设该企业当年度的利润总额为5000万元,则允许税前扣除金额为( )万元。

A.600 B.700 C.800 D.500

【答案】 C

【解析】 企业通过公益性社会组织或者县级以上人民政府及其部门等国家机关,捐赠用于应对新型冠状病毒感染的肺炎疫情的现金和物品,允许在计算应纳税所得额时全额扣除。

【例题·计算题】 某企业2021年度实际计提的工资薪金总额为500 000元,发生职工福利费支出65 000元,工会经费12000元,计提职工教育经费13 000元,计算准予税前扣除的职工福利费、工会经费、职工教育经费合计金额。

【答案】 准予扣除的职工福利费、工会经费、职工教育经费合计65 000+10 000+13 000=88 000(元)

6. 不得扣除的项目

下列支出在计算应纳税所得额时不得扣除：

(1)向投资者支付的股息、红利等权益性投资收益款项；

(2)企业所得税税款；

(3)税收滞纳金；

(4)罚金、罚款和被没收财物的损失，不包括按经济合同支付的违约金、银行罚息和诉讼费；

(5)企业发生的公益性捐赠支出以外的捐赠支出；

(6)赞助支出，是指企业发生的与生产经营活动无关的各种非广告性质支出；

(7)未经核定的准备金支出，是指不符合国务院财政、税务主管部门规定的各项资产减值准备、风险准备等准备金支出；

(8)企业之间支付的管理费、企业内营业机构之间支付的租金和特许权使用费，以及非银行企业内营业机构之间支付的利息；

(9)与取得收入无关的其他支出。

【例题·单选题】 企业发生的下列支出中，在计算企业所得税应纳税所得额时准予扣除的是(   )。

A.税收滞纳金　　　　　　　　　B.被没收财物的损失

C.因延期交货支付给购买方的违约金　　D.向投资者支付的股息

【答案】 C

【解析】 选项ABD：不得在计算应纳税所得额时扣除。

7. 亏损弥补

亏损是指企业依照企业所得税法的规定，将每一纳税年度的收入总额减除不征税收入、免税收入和各项扣除后小于零的数额。企业某一纳税年度发生的亏损可以用下一年度的所得弥补；下一年度的所得不足以弥补的，可以逐年延续弥补，但最长不得超过5年。自2018年1月1日起，当年具备高新技术企业或科技型中小企业资格的企业，其具备资格年度之前5个年度发生的尚未弥补完的亏损，准予结转以后年度弥补，最长结转年限由5年延长至10年。

(五)企业所得税的征收管理

1. 纳税地点

(1)除税收法律、行政法规另有规定外，居民企业以企业注册登记地为纳税地点；登记注册地在境外的，以企业实际管理机构所在地为纳税地点。

(2)居民企业在中国境内设立不具有法人资格的分支或营业机构的，应当由该居民企业汇总计算并缴纳企业所得税。

(3)非居民企业在中国境内设立机构、场所的，以机构、场所所在地为纳税地点。

(4)非居民企业在中国境内未设立机构、场所的，或者虽设立机构、场所，但取得的所得与其所设机构、场所没有实际联系的，以扣缴义务人所在地为纳税地点。

(5)除国务院另有规定外，企业之间不得合并缴纳企业所得税。

2. 纳税期限

企业所得税按年计征，分月或者分季预缴，年终汇算清缴，多退少补。企业所得税的纳税年度自公历1月1日起至12月31日止。企业在一个纳税年度的中间开业，或者由于合并、关闭等原因终止经营活动，使该纳税年度实际经营期不足12个月的，应当以其实际经营期为一个纳税年度。

3. 纳税申报

企业应当自月份或者季度终了之日起 15 日内，向税务机关报送预缴企业所得税纳税申报表，预缴税款；企业应当自年度终了之日起 5 个月内，向税务机关报送年度企业所得税纳税申报表，并汇算清缴，结清应缴应退税款；企业在年度中间终止经营活动的，应当自实际经营终止之日起 60 日内，向税务机关办理当期企业所得税汇算清缴。

依法缴纳的企业所得税，以人民币计算。所得以人民币以外的货币计算的，应当折合成人民币计算并缴纳税款。

4. 核定征收

居民企业纳税人具有下列情形之一的，核定征收企业所得税：

(1)依照法律、行政法规的规定可以不设置账簿的；

(2)依照法律、行政法规的规定应当设置但未设置账簿的；

(3)擅自销毁账簿或者拒不提供纳税资料的；

(4)虽设置账簿，但账目混乱或者成本资料、收入凭证、费用凭证残缺不全，难以查账的；

(5)发生纳税义务，未按照规定的期限办理纳税申报，经税务机关责令限期申报，逾期仍不申报的；

(6)申报的计税依据明显偏低，又无正当理由的。

【例题·单选题】 依据企业所得税法和税收征管法的相关规定，下列纳税人，适用核定征收企业所得税的是(　　)。

A. 账簿账目混乱的服装销售企业　　B. 跨省界汇总纳税企业
C. 停牌的上市公司　　D. 生产规模较小的食品加工厂

【答案】 A

【解析】 BCD 选项不适用居民企业核定征收企业所得税的情形。

四、个人所得税

(一)个人所得税的概念

个人所得税是以个人(自然人)取得的各项应税所得为征税对象所征收的一种所得税。个人所得税的改革历程：

(1)1980 年 9 月 10 日第五届全国人民代表大会第三次会议审议通过并公布实施了《中华人民共和国个人所得税法》。

(2)1993 年 10 月 31 日第八届全国人民代表大会常务委员会第四次会议公布了修改后的《中华人民共和国个人所得税法》，并自 1994 年 1 月 1 日起施行。

(3)多年来，《个人所得税法》经过了多次修订，目前适用的《个人所得税法》是 2018 年 8 月 31 日第十三届全国人民代表大会常务委员会第五次会议修订通过并公布的，自 2019 年 1 月 1 日起施行。

自 2019 年 1 月 1 日起，我国的个人所得税实行综合征收加分类征收的混合征收模式。

综合征收。居民个人综合所得在取得所得时预缴个人所得税，次年对上一纳税年度的综合所得进行汇算清缴。综合所得项目包括工资、薪金所得，劳务报酬所得，稿酬所得，特许权使用费所得。负担综合所得的单位及个人在向居民个人纳税人支付所得时，向主管税务机关报送"个人所得税扣缴申报表"，预扣预缴个人所得税。年度预扣预缴税额与年度应纳税额不一致的，由居民个人于次年 3 月 1 日至 6 月 30 日向主管税务机关办理综合所得年度汇算清缴，税款多退少补。居民个人的综合所得以每一纳税年度的收入额减除费用60 000元以及专项扣除、专项附加扣除和依法确定的其他扣除后的余额,为应纳税所得额。扣除项目包括专项扣除(基本养老保险、基本医疗保险、失业保险和住房公积金),专项附加扣(子女教育、继续教育、大病医疗、住房贷款利息、住房租金、赡养老人、3岁以下婴幼儿照护),其他扣除项目。

分类征收。实行分类征收的所得包括经营所得,财产租赁所得,财产转让所得,利息、股息、红利所得,偶然所得。

纳税年度是指自公历1月1日起至12月31日止。

(二)个人所得税的纳税义务人

个人所得税的纳税义务人包括:中国公民、个体工商户、个人独资企业、合伙企业的个人投资者,以及在中国境内取得所得的外籍个人(包括无国籍人员)和香港、澳门、台湾同胞等。上述纳税义务人依据住所和居住时间两个标准,分为居民纳税人和非居民纳税人,分别承担不同的纳税义务。

1. 居民纳税人

居民纳税人是指在中国境内有住所,或者无住所而一个纳税年度内在中国境内居住累计满183天的个人。居民纳税人负有无限纳税义务,应就来源于中国境内和境外的全部所得,在中国缴纳个人所得税。

2. 非居民纳税人

非居民纳税人是指在中国境内无住所又不居住,或者无住所而一个纳税年度内在中国境内居住累计不满183天的个人。非居民纳税人承担有限纳税义务,只就其来源于中国境内的所得缴纳个人所得税。

【例题·多选题】 根据个税法规定,区分居民纳税人和非居民纳税人的判断标准包括( )。

A. 住所
B. 收入来源地
C. 国籍
D. 居住时间

【答案】 AD

【解析】 个税纳税义务人依据住所和居住时间两个标准,区分为居民和非居民纳税人,分别承担不同的纳税义务。

【例题·单选题】 下列人员属于个人所得税居民个人的是( )。

A. 2021年在中国境内居住时间为165天的台湾同胞
B. 自2021年8月12日至2022年2月28日,在中国境内工作的外籍专家
C. 在中国境内无住所且不居住的香港同胞
D. 在广州开设小卖部的个体工商户刘某

【答案】 D

【解析】 选项A,居住时间为165天,不满足居民个人在境内没有住所,但满足在一个纳税年度内境内居住满183天的判定标准;选项B,需要分2021年8月12日至2021年12月31日,2022年1月1日至2022年2月28日两个纳税年度计算,这两个纳税年度都不符合居民个人的判定标准;选项C,无住所且不居住不属于居民个人。

3. 个人所得税的扣缴义务人

我国实行个人所得税代扣代缴和个人自行申报纳税相结合的征收管理制度。个人所得税采取代扣代缴办法,有利于控制税源,保证税收收入,简化征纳手续,加强个人所得税管理。税法规

定,个人所得税以支付所得的单位或者个人为扣缴义务人。纳税人有中国居民身份证号码的,以中国居民身份证号码为纳税人识别号;纳税人没有中国居民身份证号码的,由税务机关赋予其纳税人识别号。扣缴义务人扣缴税款时,纳税人应当向扣缴义务人提供纳税人识别号,扣缴义务人应当按照国家规定办理全员全额扣缴申报,并向纳税人提供其个人所得和已扣缴税款等信息。扣缴义务人在向纳税人支付各项应纳税所得时,必须履行代扣代缴税款的义务。

个人所得税的扣缴义务人是指非居民企业在中国境内未设立机构、场所的,或者虽设立机构、场所但取得的所得与其所设机构、场所没有实际联系的,其来源于中国境内的所得缴纳企业所得税,实行源泉扣缴,以支付人为扣缴义务人。最常见的个人所得税的扣缴义务人就是支付工资薪金的单位及个人,在支付工资薪金时代扣代缴个人所得税。

(三)个人所得税的应税项目和税率

1.个人所得税的应税项目

我国现行的个人所得税共有9个应税项目:

(1)工资、薪金所得。工资、薪金所得,是指个人因任职或者受雇而取得的工资、薪金、奖金、年终加薪、劳动分红、津贴、补贴以及与任职或者受雇有关的其他所得。独生子女补贴、执行公务员工资制度未纳入基本工资总额的补贴、津贴差额和家属成员的副食品补贴、托儿补助费、差旅费津贴、误餐补助均不属于工资、薪金所得,不予征税。

退休人员再任职取得的收入,在减除按税法规定的费用扣除标准后,按工资、薪金所得项目缴纳个人所得税。离退休人员按规定领取离退休工资或养老金外,另从原任职单位取得的各类补贴、奖金、实物,不属于免税项目,应按工资、薪金所得应税项目的规定缴纳个人所得税。

对商品营销活动中,企业对营销业绩突出的雇员以培训班、研讨会、工作考察等名义组织旅游活动,通过免收差旅费、旅游费对个人实行的营销业绩奖励(包括实物、有价证券等),应根据所发生费用的金额并入营销人员当期的工资、薪金所得,按照工资、薪金所得项目征收个人所得税。

(2)劳务报酬所得。劳务报酬所得,是指个人从事劳务取得的所得,包括从事设计、装潢、安装、制图、化验、测试、医疗、法律、会计、咨询、讲学、翻译、审稿、书画、雕刻、影视、录音、录像、演出、表演、广告、展览、技术服务、介绍服务、经纪服务、代办服务以及其他劳务取得的所得。

(3)稿酬所得。稿酬所得,是指个人因其作品以图书、报刊等形式出版、发表而取得的所得。作品包括文学作品、书画作品、摄影作品,以及其他作品。作者去世后,财产继承人取得的遗作稿酬,也应征收个人所得税。

(4)特许权使用费所得。特许权使用费所得,是指个人提供专利权、商标权、著作权、非专利技术以及其他特许权的使用权取得的所得。提供著作权的使用权取得的所得,不包括稿酬所得。

【例题·多选题】 下列所得中,应按照"稿酬所得"缴纳个人所得税的有(   )。

A.书法家为企业题字获得的报酬

B.杂志社记者在本社杂志发表文章获得的报酬

C.电视剧制作中心的编剧编写剧本获得的报酬

D.出版社的专业作者翻译的小说由该出版社出版获得的报酬

E.报社印刷车间工作人员在该社报纸发表作品获得的报酬

【答案】 DE

【解析】 选项A,属于劳务报酬所得;选项B,属于工资、薪金所得;选项C,属于特许权使用费所得。

(5)经营所得,是指个体工商户从事生产、经营活动取得的所得,个人独资企业投资人、合伙企业的个人合伙人来源于境内注册的个人独资企业、合伙企业生产、经营的所得;个人依法从事办学、医疗、咨询以及其他有偿服务活动取得的所得;个人对企业、事业单位承包经营、承租经营以及转包、转租取得的所得;个人从事其他生产、经营活动取得的所得。

个体工商户、个人独资企业和合伙企业或个人从事种植业、养殖业、饲养业、捕捞业取得的所得,暂不征收个人所得税。

个体工商户和从事生产经营的个人,取得与生产、经营活动无关的其他各项应税所得,应分别按照有关规定,计算征收个人所得税。

出租车归属为个人的,属于"经营所得",包括:从事个体出租车运营的出租车驾驶员取得的收入;出租车属个人所有,但挂靠出租汽车经营单位或企事业单位,驾驶员向挂靠单位缴纳管理费的;出租汽车经营单位将出租车所有权转移给驾驶员的,出租车驾驶员从事客货运营取得的收入。

出租汽车经营单位对出租车驾驶员采取单车承包或承租方式运营,出租车驾驶员从事客运取得的收入,按"工资、薪金所得"项目征收个人所得税。

(6)财产租赁所得。财产租赁所得,是指个人出租不动产、机器设备、车船以及其他财产而取得的所得。

(7)财产转让所得。财产转让所得,是指个人转让有价证券、股权、合伙企业中的财产份额、不动产、机器设备、车船以及其他财产取得的所得。转让境内上市公司股票净所得暂免征收个人所得税,但2010年1月1日起,对个人转让上市公司限售股征收个人所得税。转让境外上市公司股票所得按照财产转让所得缴纳个人所得税。

(8)利息、股息、红利所得。利息、股息、红利所得,是指个人拥有债权、股权等而取得的利息、股息、红利所得。个人取得国债利息、国家发行的金融债券利息、教育储蓄存款利息,均免征个人所得税。

【例题·多选题】 下列各项中,应按"利息、股息、红利"项目征收个人所得税的是(   )。
A. 法人企业为其股东购买小汽车并将车办理在个人名下
B. 个人取得国债转让所得
C. 个人独资企业业主用企业资金进行个人消费部分
D. 职工因拥有股票期权且在行权后,取得企业的税收利润分配收益
E. 个人合伙企业的自有利润

【答案】 AD

【解析】 选项B,个人取得国债转让所得按照"财产转让所得"计征个人所得税;选项C,个人独资企业、合伙企业的个人投资者以企业资金为本人、家庭成员等支付与企业经营无关的消费性支出及购买汽车、住房等支出,视为企业对个人投资者利润分配,按"个体工商户的生产经营所得"项目计征个人所得税;选项E,个人合伙企业的自有利润按照"经营所得"计征个人所得税。

(9)偶然所得。偶然所得是指个人得奖、中奖、中彩以及其他偶然性质的所得。

2. 个人所得税的税率

1)预扣预缴税率

(1)居民个人工资、薪金所得预扣预缴个人所得税的预扣率详见表3-3。

表 3-3　综合所得个人所得税税率表

级数	累计预扣预缴应纳税所得额	预扣率/(%)	速算扣除数
1	不超过 36 000 元的部分	3	0
2	超过 36 000 元至 144 000 元的部分	10	2520
3	超过 144 000 元至 300 000 元的部分	20	16 920
4	超过 300 000 元至 420 000 元的部分	25	31 920
5	超过 420 000 元至 660 000 元的部分	30	52 920
6	超过 660 000 元至 960 000 元的部分	35	85 920
7	超过 960 000 元的部分	45	181 920

注：本表所称全年应纳税所得额是指居民个人取得综合所得以每一纳税年度收入额减除费用 6 万元、专项扣除、专项附加扣除和依法确定的其他扣除后的余额。

六项税前专项扣除项目，主要包括子女教育支出、继续教育支出、大病医疗支出、住房租金支出、住房贷款利息支出和赡养老人支出。

(2)居民个人劳务报酬所得预扣预缴个人所得税的预扣率详见表 3-4。

表 3-4　居民个人劳务报酬所得预扣预缴个人所得税的预扣率表

级数	预扣预缴应纳税所得额	预扣率/(%)	速算扣除数
1	不超过 20 000 元的	20	0
2	超过 20 000 元至 50 000 元的部分	30	2000
3	超过 50 000 元的部分	40	7000

(3)居民个人稿酬所得、特许权使用费所得适用 20% 的预扣率。

2)个人所得税的适用税率(非预扣预缴)

(1)居民个人综合所得个人所得税的适用税率(按年汇算清缴)。

工资、薪金所得，劳务报酬所得，稿酬所得，特许权使用费所得统称为综合所得。居民个人综合所得适用 3% 至 45% 的超额累进税率详见表 3-5。

表 3-5　居民个人综合所得个人所得税的税率表(按年)

级数	全年应纳税所得额	税率/(%)	速算扣除数
1	不超过 36 000 元的	3	0
2	超过 36 000 元至 144 000 元的部分	10	2520
3	超过 144 000 元至 300 000 元的部分	20	16 920
4	超过 300 000 元至 420 000 元的部分	25	31 920
5	超过 420 000 元至 660 000 元的部分	30	52 920
6	超过 660 000 元至 960 000 元的部分	35	85 920
7	超过 960 000 元的部分	45	181 920

全年应纳税所得额是指依照《个人所得税法》第六条的规定,居民个人取得综合所得以每一纳税年度收入额减除费用 60 000 元以及专项扣除、专项附加扣除和依法确定的其他扣除后的余额。

(2)经营所得适用 5% 到 35% 的五级超额累进税率,详见表 3-6。

表 3-6 经营所得个人所得税税率表

级　数	全年应纳税所得额	税率/(%)	速算扣除数/元
1	不超过 30 000 元的	5	0
2	超过 30 000 元至 90 000 元的部分	10	1500
3	超过 90 000 元至 300 000 元的部分	20	10 500
4	超过 300 000 元至 500 000 元的部分	30	40 500
5	超过 500 000 元的部分	35	65 500

注:本表所称全年应纳税所得额是指依照税法的规定,以每一纳税年度的收入总额减除成本、费用以及损失后的余额。

(3)利息、股息、红利所得,财产租赁所得,财产转让所得,偶然所得适用税率,税率为 20%。对个人出租住房取得的所得按 10% 的税率征收个人所得税。

(四)个人所得税的免征

根据《个人所得税法》的规定,下列各项个人所得,免纳个人所得税。

(1)省级人民政府、国务院部委和中国人民解放军以上单位,以及外国组织、国际组织颁发的科学、教育、技术、文化、卫生、体育、环境保护等方面的奖金。

(2)国债和国家发行的金融债券利息。

(3)按照国家统一规定发给的补贴、津贴,是指按照国务院规定发给的政府特殊津贴、院士津贴,以及国务院规定免纳个人所得税的其他补贴、津贴。

(4)福利费、抚恤金、救济金。福利费,是指根据国家有关规定,从企业、事业单位、国家机关、社会团体提留的福利费或者工会经费中支付给个人的生活补助费;救济金,是指各级人民政府民政部门支付给个人的生活困难补助费。

(5)保险赔款。

(6)军人的转业费、复员费、退役金。

(7)按照国家统一规定发给干部、职工的安家费、退职费、基本养老金或退休费、离休费、离休生活补助费。

(8)依照我国有关法律规定应予免税的各国驻华使馆、领事馆的外交代表、领事官员和其他人员的所得。

(9)中国政府参加的国际公约、签订的协议中规定免税的所得。

(10)经国务院规定的其他免税所得。

(五)个人所得税应纳税额的计算

1. 居民个人综合所得应纳税额的计算

自 2019 年 1 月 1 日起,扣缴义务人向居民个人支付工资、薪金所得,劳务报酬所得,稿酬所得,特许权使用费所得时,按以下方法预扣预缴个人所得税,并向主管税务机关报送"个人所得税扣缴申报表"。年度预扣预缴税额与年度应纳税额不一致的,由居民个人于次年 3 月 1 日至 6 月

30日向主管税务机关办理综合所得年度汇算清缴,税款多退少补。

1)扣缴义务人向居民个人支付工资、薪金所得预扣预缴个人所得税的计算

扣缴义务人向居民个人支付工资、薪金所得时,应当按照累计预扣法计算预扣税款,并按月办理全员全额扣缴申报。

具体计算公式如下:

本期应预扣预缴税额=(累计预扣预缴应纳税所得额×预扣率-速算扣除数)-累计减免税额-累计已预扣预缴税额

累计预扣预缴应纳税所得额=累计收入-累计免税收入-累计减除费用-累计专项扣除-累计专项附加扣除-累计依法确定的其他扣除。

式中,累计减除费用,按照5000元/月乘以纳税人当年截至本月在本单位的任职受雇月份数计算;累计专项扣除,包括居民个人按照国家规定的范围和标准缴纳的基本养老保险、基本医疗保险、失业保险等社会保险费和住房公积金等;累计专项附加扣除,包括子女教育、继续教育、大病医疗、住房贷款利息或者住房租金、赡养老人、3岁以下婴幼儿照护等支出。个人所得税专项附加扣除在纳税人本年度综合所得应纳税所得额中扣除,本年度扣除不完的,不得结转以后年度扣除。

自2020年7月1日起,对一个纳税年度内首次取得工资、薪金所得的居民个人,扣缴义务人在预扣预缴个人所得税时,可按照5000元/月乘以纳税人当年截至本月月份数计算累计减除费用。正在接受全日制学历教育的学生因实习取得劳务报酬所得的,扣缴义务人预扣预缴个人所得税时,可按照《国家税务总局关于发布〈个人所得税扣缴申报管理办法(试行)〉的公告》规定的累计预扣法计算并预扣预缴税款。

自2021年1月1日起,对上一完整纳税年度内每月均在同一单位预扣预缴工资、薪金所得个人所得税且全年工资、薪金收入不超过6万元的居民个人,扣缴义务人在预扣预缴本年度工资、薪金所得个人所得税时,累计减除费用自1月份起直接按照全年6万元计算扣除。即,在纳税人累计收入不超过6万元的月份,暂不预扣预缴个人所得税;在其累计收入超过6万元的当月及年内后续月份,再预扣预缴个人所得税。扣缴义务人应当按规定办理全员全额扣缴申报,并在《个人所得税扣缴申报表》相应纳税人的备注栏注明"上年各月均有申报且全年收入不超过6万元"字样。对按照累计预扣法预扣预缴劳务报酬所得个人所得税的居民个人,扣缴义务人比照上述规定执行。上述公式中,计算居民个人工资、薪金所得预扣预缴税额的预扣率、速算扣除数,按上表3-3执行。

【例题·计算题】 陈某为中国公民,其2021年1月工资为9000元,2月工资为10 000元。请计算其1月和2月累计预扣预缴应纳税所得额(只考虑费用减除标准)。

【答案】 1月:累计预扣预缴应纳税所得额=9000-5000=4000(元)

2月:累计预扣预缴应纳税所得额=9000+10 000-5000×2=9000(元)

享受子女教育、继续教育、住房贷款利息或者住房租金、赡养老人、3岁以下婴幼儿照护专项附加扣除的纳税人,自符合条件开始,可以向支付工资、薪金所得的扣缴义务人提供上述专项附加扣除有关信息,由扣缴义务人在预扣预缴税款时,按其在本单位本年可享受的累计扣除额办理扣除;也可以在次年3月1日至6月30日内,向汇缴地主管税务机关办理汇算清缴申报时扣除。享受大病医疗专项附加扣除的纳税人,由其在次年3月1日至6月30日内,自行向汇缴地主管税务机关办理汇算清缴申报时扣除。

(1)子女教育专项附加扣除。

纳税人的子女接受全日制学历教育的相关支出,按照每个子女每月1000元的标准定额

扣除。

注：学历教育包括义务教育(小学和初中教育)、高中阶段教育(普通高中、中等职业、技工教育)、高等教育(大学专科、大学本科、硕士研究生、博士研究生教育)。年满3岁至小学入学前处于学前教育阶段的子女，按上述规定执行。学前教育阶段为子女年满3周岁当月至小学入学前一月。学历教育为子女接受全日制学历教育入学的当月至全日制学历教育结束的当月。学历教育期间包含因病或其他非主观原因休学但学籍继续保留的休学期间，以及施教机构按规定组织实施的寒暑假等假期。父母可以选择由其中一方按扣除标准的100%扣除，也可以选择由双方分别按扣除标准的50%扣除，具体扣除方式在一个纳税年度内不得变更。

【例题·计算题】 某员工2021年入职，2022年3月份向单位首次报送其正在上幼儿园的5岁女儿相关信息，请问3月份该员工可在本单位发工资时扣除子女教育支出是多少？

【答案】 如果该员工女儿在2022年3月份已满5周岁，3月份该员工可在本单位发工资时扣除子女教育支出3000元(1000元/月×3个月)。

(2)继续教育专项附加扣除。

纳税人在中国境内接受学历(学位)继续教育的支出，在学历(学位)教育期间按照每月400元定额扣除。

同一学历(学位)继续教育的扣除期限不能超过48个月。纳税人接受技能人员职业资格继续教育、专业技术人员职业资格继续教育支出，在取得相关证书的当年，按照3600元定额扣除。个人接受本科及以下学历(学位)继续教育，符合上述规定扣除条件的。可以选择由其父母扣除，也可以选择由本人扣除，详见表3-7。

表3-7 继续教育专项附加扣除表

继续教育类别		扣除标准	其他要求
境内学历		每月400元	同一学历(学位)继续教育的扣除期限不能超过48个月，入学当月起算，教育结束当月终止
职业资格	技能人员	3600元定额扣除	取得证书当年扣除，证书需要留存备查
	专业技术人员		

【例题】 纳税人已就业子女的学历继续教育支出可以由父母扣除吗？

【解析】 如果子女已就业，且正在接受本科以下学历继续教育，可以由父母选择按照子女教育扣除，也可以由子女本人选择按照继续教育扣除。

(3)大病医疗专项附加扣除。

在一个纳税年度内，纳税人发生的与基本医保相关的医药费用支出，扣除医保报销后个人负担(医保目录范围内的自付部分)累计超过15 000元的部分，由纳税人在办理年度汇算清缴时，在80 000元限额内据实扣除。纳税人发生的医药费用可以选择由本人或者其配偶扣除；未成年子女发生的医药费用支出可以由其父母一方扣除。大病医疗专项附加扣除的时间为医疗保障信息系统记录的医药费用实际支出的当年。纳税人应当留存医疗服务收费及医保报销相关票据原件(或者复印件)等资料备查。医疗保障部门应当向患者提供在医疗保障信息系统记录的本人年度医药费用信息查询服务。

【例题·计算题】 张某2021年全年的医疗费支出为28 000元，全部取得医保定点医疗机构的医疗单据。其中20 000元为医保报销部分，剩余部分由自己负担。在2021年张某参与汇算清缴时可以税前扣除的大病医疗支出为多少？

【答案】 28 000－20 000＝8000(元)＜15000元,2021年张某参与汇算清缴时可以税前扣除的大病医疗支出为0元。

【例题·计算题】 王某2021年全年的医疗费支出为50 000元,全部取得医保定点医疗机构的医疗单据。其中30 000元为医保报销部分,剩余部分由自己负担。在2021年王某参与汇算清缴时可以税前扣除的大病医疗支出为多少?

【答案】 50 000－30 000－15 000＝5000(元),2021年王某参与汇算清缴时可以税前扣除的大病医疗支出为5000元。

【例题·计算题】 刘某2021年全年的医疗费支出为142 000元,全部取得医保定点医疗机构的医疗单据。其中20 000元为医保报销部分,剩余部分由自己负担。在2021年刘某参与汇算清缴时可以税前扣除的大病医疗支出为多少?

【答案】 142 000－20 000－15 000＝107 000(元)＞80 000元,2020年刘某参与汇算清缴时可以税前扣除的大病医疗支出为80 000元。

(4)住房贷款利息专项附加扣除。

纳税人本人或者配偶单独或者共同使用商业银行或者住房公积金个人住房贷款为本人或者其配偶购买中国境内住房,发生的首套住房贷款利息支出,在实际发生贷款利息的年度,按照每月1000元的标准定额扣除,扣除期限最长不超过240个月。纳税人只能享受一次首套住房贷款的利息扣除。经夫妻双方约定,可以选择由其中一方扣除,具体扣除方式在一个纳税年度内不得变更。夫妻双方婚前分别购买住房发生的首套住房贷款,其贷款利息支出,婚后可以选择其中一套购买的住房,由购买方按扣除标准的100％扣除,也可以由夫妻双方对各自购买的住房分别按扣除标准的50％扣除,具体扣除方式在一个纳税年度内不能变更。

首套住房贷款:指购买住房享受首套住房贷款利率的住房贷款。

【例题】 住房贷款利息支出需要符合什么条件?

【解析】 一是本人或者配偶购买的中国境内住房;二是属于首套住房贷款,且扣除年度仍在还贷;三是住房贷款利息支出和住房租金支出未同时扣除。

(5)住房租金专项附加扣除。

纳税人在主要工作城市没有住房而发生的住房租金支出,可以按照以下标准定额扣除:

直辖市、省会(首府)城市、计划单列市以及国务院确定的其他城市,扣除标准为每月1500元;

上述城市以外,市辖区户籍人口超过100万的,扣除标准为每月1100元;

市辖区户籍人口不超过100万的,扣除标准为每月800元。

【例题】 员工宿舍的租金可以扣除吗?

【解析】 如果个人不付费,不得扣除。如果本人付费,可以扣除。

【例题】 填报住房租金支出需要符合什么条件?

【解析】 一是本人及配偶在主要工作城市无自有住房;二是本人及配偶扣除年度未扣除住房贷款利息支出;三是本人及配偶主要工作城市相同的,该扣除年度配偶未享受过住房租金支出扣除。

(6)赡养老人专项附加扣除。

60岁(含)以上父母以及其他法定赡养人的赡养支出,可以按照以下标准定额扣除:

纳税人为独生子女的,按照每月2000元的标准定额扣除;纳税人为非独生子女的,由其与兄弟姐妹分摊每月2000元的扣除额度,每人分摊的扣除额不能超过每月1000元。可以由赡养人均摊或者约定分摊,也可以由被赡养人指定分摊。约定或者指定分摊的须签订书面分摊协议,指定分摊优先于约定公摊。具体分摊方式和额度在一个纳税年度内不能变更。

上述所称被赡养人是指年满60岁的父母,以及子女均去世的年满60岁的祖父母、外祖父母。

赡养老人的专项附加扣除时间为被赡养人年满60周岁的当月至赡养义务终止的年末。

【例题·判断题】 赡养父母支出的专项附加扣除的时间起始规定是父母退休的当月。(   )

【解析】 错误。不是被赡养人退休当月而是年满60周岁的当月。因为我国女性法定退休年龄最早为50周岁,此时还不满足专项附加扣除的条件。

(7)3岁以下婴幼儿照护专项附加扣除。

2022年3月国家税务总局发布了关于修订《个人所得税专项附加扣除操作办法(试行)》的公告,落实国务院关于设立3岁以下婴幼儿照护个人所得税专项附加扣除的通知,保障3岁以下婴幼儿照护专项附加扣除政策实施,该办法自2022年1月1日起施行。纳税人照护3岁以下婴幼儿子女的相关支出,按照每个婴幼儿每月1000元的标准定额扣除。父母可以选择由其中一方按扣除标准的100%扣除,也可以选择由双方分别按扣除标准的50%扣除,具体扣除方式在一个纳税年度内不能变更。纳税人享受3岁以下婴幼儿照护专项附加扣除,应当填报配偶及子女的姓名、身份证件类型(如居民身份证、子女出生医学证明等)及号码以及本人与配偶之间扣除分配比例等信息。扣除期间为婴幼儿出生的当月至年满3周岁的前一个月。

纳税人需要留存的备查资料包括子女的出生医学证明等资料。

【例题·计算题】 纳税人的子女在2021年10月出生,自2022年1月1日起纳税人即符合婴幼儿照护专项附加扣除享受条件。纳税人4月份将婴幼儿信息提供给任职受雇单位,单位在发放4月份工资时可为纳税人税前扣除多少?

【答案】 单位在发放4月份工资时即可为纳税人申报1至4月份累计4000元的专项附加扣除。

【例题·计算题】 职工陈某为某公司职员,2021年1—2月每月工资收入为35 000元,每月公司按规定标准为其代扣代缴"三险一金"4500元。

(1)当年陈某的独生子女上小学六年级,陈某已将该信息提交给单位;

(2)当年陈某母亲年龄65周岁,陈某为独生子女,陈某已将该信息提交给单位;

(3)陈某家庭首套住房房贷支出每月7000元,该房产已供贷8年,陈某夫妇商定选择由陈某在核算个人所得税前扣除房贷利息,陈某已将该信息提交给单位;

(4)没有减免收入及减免税额等情况。

请依照现行税法规定计算1—2月每月应预扣预缴税额。

【答案】 1月预扣预缴应纳税所得额=35 000－5000－4500－1000－2000－1000=21 500(元)

1月预扣预缴应纳税额=16 500×3%=495(元)

2月预扣预缴应纳税所得额=35 000×2－5000×2－4500×2－1000×2－2000×2－1000×2=43 000(元)

2月预扣预缴应纳税额=(43 000×10%－2520)－495=1285(元)

2)扣缴义务人向居民个人支付劳务报酬所得、稿酬所得、特许权使用费所得预扣预缴个人所得税的计算

扣缴义务人向居民个人支付劳务报酬所得、稿酬所得、特许权使用费所得,按次或者按月预

扣预缴个人所得税。

具体预扣预缴方法如下：

劳务报酬所得、稿酬所得、特许权使用费所得以收入减除费用后的余额为收入额。其中,稿酬所得的收入额减按70%计算。

劳务报酬所得、稿酬所得、特许权使用费所得每次收入不超过4000元的,减除费用按800元计算;每次收入4000元以上的,减除费用按20%计算。

劳务报酬所得、稿酬所得、特许权使用费所得,以每次收入额为预扣预缴应纳税所得额。劳务报酬所得适用20%至40%的超额累进预扣率(见上表3-4),稿酬所得、特许权使用费所得适用20%的比例预扣率。

劳务报酬所得应预扣预缴税额＝预扣预缴应纳税所得额×预扣率－速算扣除数

稿酬所得、特许权使用费所得应预扣预缴税额＝预扣预缴应纳税所得额×20%

【例题·计算题】 工程师刘某一次取得兼职劳务收入40 000元。请计算其应纳个人所得税税额。

【答案】 收入＝40 000(元)

收入额＝40 000×(1－20%)＝32 000(元)

预扣税额＝32 000×30%－2 000＝7 600(元)

【例题·计算题】 王教授取得一次未扣除个人所得税的稿酬收入20 000元(不含增值税)。请计算其应缴纳的个人所得税税额。

【答案】 收入＝20 000(元)

收入额＝20 000×(1－20%)＝16 000(元)

应纳税所得额＝16 000×70%＝11 200(元)

应纳税额＝11 200×20%＝2 240(元)

2.居民个人综合所得汇算清缴个人所得税的计算

自2019年1月1日起,居民个人的综合所得(工资、薪金所得,劳务报酬所得,稿酬所得,特许权使用费所得),以每一纳税年度的收入额减除费用60 000元以及专项扣除、专项附加扣除和依法确定的其他扣除后的余额,为应纳税所得额。各项所得的计算,以人民币为单位。所得为人民币以外的货币的,按照人民币汇率中间价折合成人民币缴纳税款。

居民个人的综合所得适用七级超额累进税率,其应纳税额的计算公式为：

应纳税额＝年应纳税所得额×适用税率－速算扣除数

＝(每一纳税年度的收入额－60000－专项扣除、专项附加扣除和依法确定的其他扣除)

＝[工资、薪金收入额＋劳务报酬收入×(1－20%)＋稿酬收入×(1－20%)×70%

＋特许权使用费收入×(1－20%)－60000

－专项扣除、专项附加扣除和依法确定的其他扣除]

×适用税率－速算扣除数

专项扣除,包括居民个人按照国家规定的范围和标准缴纳的基本养老保险、基本医疗保险、失业保险等社会保险费和住房公积金等;专项附加扣除,包括子女教育、继续教育、大病医疗、住房贷款利息或者住房租金、赡养老人等支出,具体范围、标准和实施步骤由国务院确定,并报全国人民代表大会常务委员会备案。其他扣除,包括个人缴付符合国家规定的企业年金、职业年金,个人购买符合国家规定的商业健康保险、税收递延型商业养老保险的支出,以及国务院规定可以扣除的其他项目。

3.经营所得应纳税额的计算

经营所得适用五级超额累进税率,以其应纳税所得额按适用税率计算应纳税额。计算公式为:

$$应纳税额=应纳税所得额×适用税率-速算扣除数$$
$$=(全年收入总额-成本、费用以及损失)×适用税率-速算扣除数$$

成本、费用,是指生产、经营活动中发生的各项直接支出和分配计入成本的间接费用以及销售费用、管理费用、财务费用;损失,是指生产、经营活动中发生的固定资产和存货的盘亏、毁损、报废损失,转让财产损失,坏账损失,自然灾害等不可抗力因素造成的损失以及其他损失。取得经营所得的个人,没有综合所得的,计算其每一纳税年度的应纳税所得额时,应当减除费用6万元、专项扣除、专项附加扣除以及依法确定的其他扣除。专项附加扣除在办理汇算清缴时减除。

4.利息、股息、红利所得应纳税额的计算

利息、股息、红利所得适用20%的比例税率,应纳税额的计算公式为:

$$应纳税额=应纳税所得额(每次收入额)×适用税率$$

5.财产租赁所得应纳税额的计算

(1)财产租赁所得,以一个月内取得的收入为一次。财产租赁所得,每次收入不超过4000元的,减除费用800元;4000元以上的,减除20%的费用,其余额为应纳税所得额。

每次(月)收入不超过4000元的:

应纳税所得额=每次(月)收入额-准予扣除项目-修缮费用(800元为限)-800元

每次(月)收入超过4000元的:

应纳税所得额=[每次(月)收入额-准予扣除项目-修缮费用(800元为限)]×(1-20%)

个人出租财产取得的财产租赁收入,在计算缴纳个人所得税时,应依次扣除以下费用:

①准予扣除项目:主要指财产租赁过程中缴纳的税费。

②由纳税人负担的该出租财产实际开支的修缮费用。修缮费的扣除以每次800元为限,一次扣除不完的,准予在下一次继续扣除,直到扣完为止。

③税法规定的费用扣除标准(即定额减除费用800元或定率减除20%的费用)。

个人出租房屋的个人所得税应税收入不含增值税,计算房屋出租所得可扣除的税费不包括本次出租缴纳的增值税。个人转租房屋的,其向房屋出租方支付的租金及增值税税额,在计算转租所得时予以扣除。免征增值税的,确定计税依据时,租金收入不扣减增值税税额。

(2)财产租赁所得适用20%的比例税率,但对个人出租住房取得的所得暂减按10%的税率征收个人所得税。其应纳税额的计算公式如下:

每次(月)收入不超过4000元的:

应纳税额=应纳税所得额×适用税率(20%或10%)

或=[每次(月)收入额-准予扣除项目-修缮费用(800元为限)-800元]×适用税率(20%或10%)

每次(月)收入超过4000元的:

应纳税额=应纳税所得额×适用税率(20%或10%)

或=[每次(月)收入额-准予扣除项目-修缮费用(800元为限)]×(1-20%)×适用税率(20%或10%)

【例题·单选题】 2021年初中国居民徐某将自有商铺对外出租,租金6000元/月。在不考虑其他税费的情况下,余某每月租金应缴纳个人所得税(　　)元。

A.528　　　　　　　　　　　B.640
C.960　　　　　　　　　　　D.1440

【答案】　C

【解析】　应缴纳个人所得=6000×(1-20%)×20%=960(元)。

6.财产转让所得应纳税额的计算

1)应纳税所得额的计算

财产转让所得,以转让财产的收入额减除财产原值和合理费用后的余额,为应纳税所得额。其计算公式为:

$$应纳税所得额=收入总额-财产原值-合理费用$$

财产原值,按照下列方法确定:

(1)有价证券,为买入价以及买入时按照规定交纳的有关费用;

(2)建筑物,为建造费或者购进价格以及其他有关费用;

(3)土地使用权,为取得土地使用权所支付的金额、开发土地的费用以及其他有关费用;

(4)机器设备、车船,为购进价格、运输费、安装费以及其他有关费用。

其他财产,参照上述规定的方法确定财产原值。

纳税人未提供完整、准确的财产原值凭证,不能按照以上规定的方法确定财产原值的,由主管税务机关核定财产原值。

个人转让房屋的个人所得税应税收入不含增值税,其取得房屋时所支付价款中包含的增值税计入财产原值,计算转让所得时可扣除的税费不包括本次转让缴纳的增值税。免征增值税的,确定计税依据时,转让房地产取得的收入不扣减增值税税额。

2)应纳税额的计算

财产转让所得应纳税额的计算公式为:

$$应纳税额=应纳税所得额\times适用税率$$
$$=(收入总额-财产原值-合理税费)\times20\%$$

【例题·单选题】　2019年2月中国公民赵先生买进某公司债券2万份,每份买价8元,共支付手续费800元;11月份卖出1万份,每份卖价8.3元,共支付手续费415元;12月底其余债券到期,取得债券利息2700元。赵某2019年以上收入应缴纳个人所得税(　　)元。

A.977　　　　　　　　　　　B.940
C.697　　　　　　　　　　　D.437

【答案】　A

【解析】　应纳税额={10 000×8.3-415-(20 000×8+800)×10 000÷20 000}×20%+2700×20%=977(元)。

7.利息、股息、红利所得和偶然所得应纳税额的计算

利息、股息、红利所得和偶然所得个人所得税按次征收。利息、股息、红利所得,以支付利息、股息、红利时取得的收入为一次。偶然所得,以每次取得该项收入为一次。利息、股息、红利所得和偶然所得的其应纳税所得额即为每次收入额。利息、股息、红利所得和偶然所得应纳个人所得税的计算公式为:

$$应纳税额=应纳税所得额\times适用税率=每次收入额\times20\%$$

8.个人所得税几种特殊情况应纳税额的计算

1)全年一次性奖金及其他奖金应纳税额的计算

根据《财政部税务总局关于延续实施全年一次性奖金等个人所得税优惠政策的公告》(财政部税务总局公告2021年第42号)等文件的规定,居民个人取得全年一次性奖金,符合《国家税务总局关于调整个人取得全年一次性奖金等计算征收个人所得税方法问题的通知》(国税发〔2005〕9号)规定的,在2023年12月31日前,不并入当年综合所得,以全年一次性奖金收入除以12个月得到的数额,按照按月换算后的综合所得税率表(简称月度税率表)(见上表3-5),确定适用税率和速算扣除数,单独计算纳税。计算公式为:

$$应纳税额=全年一次性奖金收入\times适用税率-速算扣除数$$

2)公益慈善事业的捐赠支出的扣除

自2019年1月1日起,个人将其所得对教育、扶贫、济困等公益慈善事业进行捐赠,捐赠额未超过纳税人申报的应纳税所得额百分之三十的部分,可以从其应纳税所得额中扣除。个人将其所得对教育、扶贫、济困等公益慈善事业进行捐赠,是指个人将其所得通过中国境内的公益性社会组织、国家机关向教育、扶贫、济困等公益慈善事业的捐赠;所称应纳税所得额,是指计算扣除捐赠额之前的应纳税所得额。个人通过非营利性的社会团体和国家机关向红十字事业、福利性、非营利性老年服务机构、公益性青少年活动场所、农村义务教育(含高中)等的公益性捐赠可以从其应纳税所得额中全额扣除。个人向受赠对象的直接捐赠支出,不得税前扣除。

【例题·计算题】 公民李某通过县政府教育局向贫困村捐款1000元,其本月应纳税所得额为2000元,其本月可以抵扣的应纳税所得额是多少?

【答案】 本月公民李某可以抵扣的数额最高为600元(=2000×30%),其捐款数额为1000元,超过了上限,所以公民李某本月可以抵扣的数额为600元。

【例题·单选题】 2021年6月方某取得好友赠送的房产,赠送合同注明房产价值100万元,方某缴纳了相关税费5万元并办理了产权证。方某取得该房产应缴纳个人所得税( )万元。

A.9.5
B.10
C.19
D.20

【答案】 C

【解析】 应缴纳个人所得税=(100-5)×20%=19(万元)。

3)他扣除

他扣除包括个人缴付符合国家规定的企业年金、职业年金,个人购买符合国家规定的商业健康保险、税收递延型商业养老保险的支出,以及国务院规定可以扣除的其他项目等。

9.个人所得税的征收管理

个人所得税的纳税办法,有自行申报纳税和代扣代缴两种。

1)自行申报纳税

自行申报纳税是由纳税人自行在税法规定的纳税期限内,向税务机关申报取得的应税所得项目和数额,如实填写个人所得税纳税申报表,并按照税法规定计算应纳税额,据此缴纳个人所得税的一种方法。

自行申报纳税的范围:

①取得综合所得需要办理汇算清缴;

②取得应税所得没有扣缴义务人;

③取得应税所得,扣缴义务人未扣缴税款;
④取得境外所得;
⑤因移居境外注销中国户籍;
⑥非居民个人在中国境内从两处以上取得工资、薪金所得;
⑦国务院规定的其他情形。

注:2019年起,年收入12万元以上的,无须再办理自行纳税申报。年度综合所得收入超过12万元且需要补税金额超过400元的,才需要汇算清缴。

2)代扣代缴

代扣代缴是指按照税法规定负有扣缴税款义务的单位和个人,在向个人支付应纳税所得额时,从其所得中扣除应纳税额并缴入国库,同时向税务机关报送扣缴个人所得税报告表。

凡支付个人应纳税所得额的企业、事业单位、社会团体、军队、驻华机构(不含依法享有外交特权和豁免的驻华使领馆、联合国及其国际组织驻华机构)、个体户等单位或者个人,为个人所得税的扣缴义务人。

扣缴义务人每月或者每次预扣、代扣的税款,应当在次月15日内缴入国库,并向税务机关报送个人所得税纳税申报表。

第三节 税收征收管理

税收征收管理是指国家税务机关依据国家税收法律、行政法规的规定,按照统一的标准,通过一定的程序,对纳税人应纳税额组织入库的一种行政活动,是国家将税收政策贯彻实施到每个纳税人,有效组织税收收入,及时、足额入库的一系列活动。税收征收管理包括税务登记、发票管理、纳税申报、税款征收、税务代理、税务检查、税收法律责任和税务行政复议等环节。

一、税务登记

税务登记,又称纳税登记,是税务机关依据税法规定,对纳税人的生产、经营活动进行登记管理的一项法定制度,也是纳税人依法履行纳税义务的法定手续。税务登记是整个税收征收管理的起点,是税务机关对纳税人实施税收管理的首要环节和基础工作。

根据《税务登记管理办法》,我国税务登记种类包括:开业登记,变更登记,停业、复业登记,注销登记,外出经营报验登记,纳税人税种登记,扣缴义务人扣缴税款登记等。

(一)开业登记

开业登记是指从事生产经营的纳税人,经国家工商行政管理部门批准开业后,办理的纳税登记。

1.开业登记的对象

根据法律相关规定,开业登记的纳税人分为以下两类。

(1)领取营业执照从事生产、经营活动的纳税人。主要包括:企业,企业在外地设立的分支机构和从事生产、经营的场所,个体工商户和从事生产、经营的事业单位等。

(2)其他纳税人。除国家机关、个人和无固定生产、经营场所的流动性农村小商贩外,均应当按照有关规定办理税务登记。另外,根据税收法律、行政法规的规定,负有扣缴税款义务的扣缴义务人(国家机关除外),应当按照相关规定办理扣缴税款登记。

2.办理开业登记的地点

企业,企业在外地设立的分支机构和从事生产、经营的场所,个体工商户和从事生产、经营的事业单位(以下统称为"从事生产、经营的纳税人"),向生产、经营所在地税务机关申报办理税务登记。

税务机关对纳税人税务登记地点发生争议的,由其共同的上级税务机关指定管辖。

3.开业登记的时限要求

(1)从事生产、经营的纳税人领取工商营业执照(含临时工商营业执照)的,应当自领取工商营业执照之日起30日内申报办理税务登记,税务机关核发税务登记证及副本(纳税人领取临时工商营业执照的,税务机关核发临时税务登记证及副本)。

(2)从事生产、经营的纳税人未办理工商营业执照但经有关部门批准设立的,应当自有关部门批准设立之日起30日内申报办理税务登记,税务机关核发税务登记证及副本。

(3)从事生产、经营的纳税人未办理工商营业执照也未经有关部门批准设立的,应当自纳税义务发生之日起30日内申报办理税务登记,税务机关核发临时税务登记证及副本。

(4)有独立的生产经营权、在财务上独立核算并定期向发包人或者出租人上交承包费或租金的承包承租人,应当自承包承租合同签订之日起30日内,向其承包承租业务发生地税务机关申报办理税务登记,税务机关核发临时税务登记证及副本。

(5)从事生产、经营的纳税人外出经营,自其在同一县(市)实际经营或提供劳务之日起,在连续的12个月内累计超过180天的,应当自期满之日起30日内,向生产、经营所在地税务机关申报办理税务登记,税务机关核发临时税务登记证及副本。

(6)境外企业在中国境内承包建筑、安装、装配、勘探工程和提供劳务的,应当自项目合同或协议签订之日起30日内,向项目所在地税务机关申报办理税务登记,税务机关核发临时税务登记证及副本。

(7)非从事生产、经营但依照规定负有纳税义务的单位和个人,除国家机关、个人和无固定生产、经营场所的流动性农村小商贩外,均应当自纳税义务发生之日起30日内,向纳税义务发生地税务机关申报办理税务登记,税务机关核发税务登记证及副本。

4.申报办理税务登记需提供的证件和资料

纳税人在申报办理税务登记时,应当根据不同情况向税务机关如实提供以下证件和资料:

(1)工商营业执照或其他核准执业证件;

(2)有关合同、章程、协议书;

(3)组织机构统一代码证书;

(4)法定代表人或负责人或业主的居民身份证、护照或者其他合法证件;

(5)其他需要提供的有关证件、资料,由省、自治区、直辖市税务机关确定。

5.税务登记表

纳税人在申报办理税务登记时,应当如实填写税务登记表。税务登记表的主要内容包括:

(1)单位名称、法定代表人或者业主姓名及其居民身份证、护照或者其他合法证件的号码;

(2)住所、经营地点;

(3)登记类型;

(4)核算方式;

(5)生产经营方式;

(6)生产经营范围;

(7)注册资金(资本)、投资总额;

(8)生产经营期限;

(9)财务负责人、联系电话;

(10)国家税务总局确定的其他有关事项。

6.税务登记证件

纳税人提交的证件和资料齐全且税务登记表的填写内容符合规定的,税务机关应及时发放税务登记证件。纳税人提交的证件和资料不齐全或税务登记表的填写内容不符合规定的,税务机关应当场通知其补正或重新填报。纳税人提交的证件和资料明显有疑点的,税务机关应进行实地调查,核实后予以发放税务登记证件。

税务登记证件的主要内容包括:纳税人名称、税务登记代码、法定代表人或负责人、生产经营地址、登记类型、核算方式、生产经营范围(主营、兼营)、发证日期、证件有效期等。

从事生产、经营的纳税人应当按照国家有关规定,持税务登记证件,在银行或者其他金融机构开立基本存款账户和其他存款账户,并将其全部账号向税务机关报告。

已办理税务登记的扣缴义务人应当自扣缴义务发生之日起30日内,向税务登记地税务机关申报办理扣缴税款登记。税务机关在其税务登记证件上登记扣缴税款事项,税务机关不再发给扣缴税款登记证件。根据税收法律、行政法规的规定可不办理税务登记的扣缴义务人,应当自扣缴义务发生之日起30日内,向机构所在地税务机关申报办理扣缴税款登记。税务机关核发扣缴税款登记证件。

(二)变更登记

1.变更登记的概念

变更登记是指纳税人办理设立税务登记后,因登记内容发生变化,需要对原有登记内容进行更改,向原税务登记机关申请办理的税务登记。变更登记的主要目的在于及时掌握纳税人的生产经营情况,减少税款的流失。

2.变更登记的范围

纳税人办理税务登记后,发生以下情形之一的,应当办理变更税务登记:改变单位名称、改变法定代表人、改变经济性质或类型、改变住所或经营地点、改变生产经营方式、增减注册资金(资本)、改变隶属关系、改变生产经营期限、改变或增减银行账号、改变生产经营权属以及改变其他税务登记内容等。

3.变更登记的要求

纳税人已在工商行政管理机关办理变更登记的,应当自工商行政管理机关变更登记之日起30日内,向原税务登记机关如实提供下列有关证件、资料,申报办理变更登记:

(1)工商登记变更表及工商营业执照;

(2)纳税人变更登记内容的有关证明文件;

(3)税务机关发放的原税务登记证件(登记证正、副本和登记表等);

(4)其他有关资料。

纳税人按照规定不需要在工商行政管理机关办理变更登记,或者其变更登记的内容与工商登记内容无关的,应当自税务登记内容实际发生变化之日起30日内,或者自有关机关批准或宣布变更之日起30日内,持下列有关证件到原税务登记机关申报办理变更登记:纳税人变更登记内容的有关证明文件;税务机关发放的原税务登记证件(登记证正、副本和税务登记表等);其他有关资料。

纳税人提交的有关变更登记的证件、资料齐全的,应如实填写税务登记变更表,经税务机关审核,符合规定的,税务机关应予以受理;不符合规定的,税务机关应通知其补正。

税务机关应当自受理之日起30日内,审核办理变更税务登记。纳税人税务登记表和税务登记证中的内容都发生变更的,税务机关按变更后的内容重新核发税务登记证件。纳税人税务登记表的内容发生变更而税务登记证中的内容未发生变更的,税务机关不重新核发税务登记证件。

(三)停业、复业登记

停业、复业登记是指纳税人暂停和恢复生产经营活动时需要办理的税务登记。

1. 停业登记

实行定期定额征收方式的个体工商户,其在营业执照核准的经营期限内需要停业的,应当在停业前向税务机关申报办理停业登记。纳税人的停业期限不得超过1年。

纳税人在申报办理停业登记时,应如实填写停业申请登记表,说明停业理由、停业期限、停业前的纳税情况和发票的领、用、存情况,并结清应纳税额、滞纳金、罚款。税务机关应收存其税务登记证件及副本、发票领购簿、未使用完的发票和其他税务证件。

2. 复业登记

纳税人应当于恢复生产经营之前,向税务机关申报办理复业登记,如实填写《停、复业报告书》,领回并启用税务登记证件、发票领购簿及其停业前领购的发票。

纳税人停业期满不能及时恢复生产经营的,应当在停业期满前向税务机关提出延长停业登记申请,并如实填写《停、复业报告书》。

纳税人在停业期间发生纳税义务的,应当按照税收法律、行政法规的规定申报缴纳税款。

(四)注销登记

1. 注销登记的概念

注销登记是指纳税人由于法定的原因终止纳税义务时,向原税务登记机关申请办理的取消税务登记的手续。

2. 注销登记的适用范围

(1)纳税人因经营期限届满而自动解散;

(2)企业由于改组、分立、合并等原因而被撤销;

(3)企业资不抵债而破产;

(4)纳税人住所、经营地址迁移而涉及改变原主管税务机关的;

(5)纳税人被工商行政管理机关吊销营业执照;

(6)纳税人依法终止履行纳税义务的其他情形。

3.注销登记的时限要求

纳税人发生解散、破产、撤销以及其他情形,依法终止纳税义务的,应当在向工商行政管理机关或者其他机关办理注销登记前,持有关证件和资料向原税务登记机关申报办理注销税务登记;按照规定不需要在工商行政管理机关或者其他机关办理注册登记的,应当自有关机关批准或者宣告终止之日起15日内,持有关证件和资料向原税务登记机关申报办理注销税务登记。

纳税人被工商行政管理机关吊销营业执照或者被其他机关予以撤销登记的,应当自营业执照被吊销或者被撤销登记之日起15日内,向原税务登记机关申报办理注销税务登记。

纳税人因住所、经营地点变动,涉及改变税务登记机关的,应当在向工商行政管理机关或者其他机关申请办理变更、注销登记前,或者住所、经营地点变动前,向原税务登记机关申报办理注销税务登记,并自注销税务登记之日起30日内向迁达地税务机关申报办理税务登记。

境外企业在中国境内承包建筑、安装、装配、勘探工程和提供劳务的,应当在项目完工、离开中国前15日内,持有关证件和资料向原税务登记机关申报办理注销税务登记。

纳税人办理注销税务登记前,应当向税务机关提交相关证明文件和资料,结清应纳税款、多退(免)税款、滞纳金和罚款,缴销发票、税务登记证件和其他税务证件,经税务机关核准后,办理注销税务登记手续。

(五)外出经营报验登记

从事生产、经营的纳税人到外县(市)临时从事生产经营活动的,应当在外出生产经营前向所在地税务机关申请开具外出经营活动税收管理证明(以下简称"外管证")。税务机关按照一地一证原则,核发外管证,其有效期限一般为30日,最长不得超过180天。

纳税人外出经营活动结束,应当向经营地税务机关填报外出经营活动情况申请表,按规定结清税款、缴销未使用完的发票。并由经营地税务机关在外管证上注明纳税人的经营、纳税及发票使用情况。纳税人在外管证有效期满10日内,回到原税务登记地税务机关办理外管证缴销手续。

(六)纳税人税种登记

纳税人在办理开业或变更税务登记的同时,应当申请填报税种登记。由税务机关根据纳税人的生产经营范围及拥有的财产等情况,确定录入纳税人所适用的税种、税目、税率、报缴税款期限、征收方式和缴库方式等。税务机关依据纳税人税种登记表上填写的项目,自受理之日起3日内进行税种登记。

(七)扣缴义务人扣缴税款登记

1.扣缴义务人的概念

法律、行政法规规定负有代扣代缴、代收代缴税款义务的单位和个人为扣缴义务人。代扣代缴义务人是指虽不承担纳税义务,但按照有关规定,在向纳税人支付收入、结算货款时,有义务从所列款项中依法直接代扣代缴税款,如个人所得税由支付应纳税所得额的单位代扣代缴。代收代缴义务人是指虽不承担纳税义务,但按照有关规定,在向纳税人收取商品或劳务收入时,有义务代收代缴其应纳税额的单位和个人,如委托加工应税消费品时,由受托方代收代缴委托方应纳的消费税。

2.扣缴税款登记的时限要求

已办理税务登记的扣缴义务人应当自扣缴义务发生之日起 30 内,向税务登记地税务机关申报办理扣缴税款登记。

根据税收法律、行政法规的规定可不办理税务登记的扣缴义务人,应当自扣缴义务发生之日起 30 日内,向机构所在地税务机关申报办理扣缴税款登记。

二、发票管理

发票是指在购销商品、提供或者接受服务以及从事其他经营活动中,开具、收取的收付款的书面证明。它是确定经营收支行为发生的法定凭证,是会计核算的原始依据,也是税务稽查的重要依据。

《税收征管法》规定,税务机关是发票的主管机关,负责发票印刷、领购、开具、取得、保管、缴销的管理和监督。为了加强发票的管理,国务院财政部制定并发布了《中华人民共和国发票管理办法实施细则》,对发票的印制、领购,发票的开具和保管,发票的检查以及对违反发票管理制度的处罚等做出了规定。

(一)发票的种类

发票,是指在购销商品、提供或者接受服务以及从事其他经营活动中,开具、收取的收付款凭证。发票是确定经济收支行为发生的证明文件,是财务收支的法定凭证和会计核算的原始凭证,也是税务稽查的重要依据。我国发票按其行业特点和纳税人的生产经营项目不同,可以分为增值税专用发票、普通发票和专用发票。

1.增值税专用发票

增值税专用发票是增值税一般纳税人销售货物、劳务、服务、无形资产或者不动产开具的发票,是作为一般纳税人的购买方支付增值税额并可按照增值税有关规定据以抵扣增值税进项税额的凭证。一般纳税人应通过增值税防伪税控系统使用专用发票。

增值税专用发票的基本内容:

(1)购销双方的纳税人名称,购销双方的地址。

(2)购销双方的纳税人识别号。

(3)发票字轨号码。

(4)销售货物、劳务、服务、无形资产或者不动产的名称、计量单位、数量。

(5)不包括增值税在内的单价及总金额。

(6)增值税税率、增值税税额、填开的日期。

2.普通发票

普通发票主要由增值税小规模纳税人使用,增值税一般纳税人在不能开具专用发票的情况下也可以使用普通发票。

3.专用发票

专用发票是指国有金融、保险企业的存贷、汇兑、转账凭证、保险凭证;国有邮政、电信企业的邮票、邮单、话务、电报收据;国有铁路、国有航空企业和交通部门、国有公路、水上运输企业的客票、货票等。

(二) 发票的开具要求

(1) 单位和个人必须在发生经营业务确认营业收入时,才能开具发票。

(2) 开具发票时应按号码顺序填开,填写项目齐全、内容真实、字迹清楚,全部联次一次性复写或打印,内容完全一致,并在发票联和抵扣联加盖发票专用章。

(3) 填写发票应当使用中文。民族自治地区可以同时使用当地通用的一种民族文字;外商投资企业和外资企业可以同时使用一种外国文字。

(4) 使用电子计算机开具发票必须报主管税务机关批准,并使用税务机关统一监制的机打发票。

(5) 开具发票时限、地点应符合规定。

(6) 任何单位和个人不得转借、转让、代开发票;未经税务机关批准,不得拆本使用发票;不得自行扩大发票使用范围。

(7) 开具发票的单位和个人应当按照税务机关的规定妥善存放和保管发票,不得擅自损毁。已开具的发票存根联和发票登记簿应当保存5年,保存期满,报经税务机关查验后销毁。发票丢失,应于发现丢失当日书面报告税务机关,并在报刊和电视等传播媒介上公告声明作废。

三、纳税申报

(一) 纳税申报的概念

纳税申报,是指纳税人、扣缴义务人按照法律、行政法规的规定,在申报期限内就纳税事项向税务机关书面申报的一种法定手续。纳税申报是纳税人履行纳税义务、界定法律责任的主要依据。

纳税人必须依照法律、行政法规规定或者税务机关依照法律、行政法规的规定确定的申报期限、申报内容如实办理纳税申报,报送纳税申报表、财务会计报表以及税务机关根据实际需要要求纳税人报送的其他纳税资料。

扣缴义务人必须依照法律、行政法规规定或者税务机关依照法律、行政法规的规定确定的申报期限、申报内容如实报送代扣代缴、代收代缴税款报告表以及税务机关根据实际需要要求扣缴义务人报送的其他有关资料。

(二) 纳税申报的方式

1. 直接申报

直接申报,是指纳税人、扣缴义务人按照规定的期限自行直接到主管税务机关(报税大厅)办理纳税申报手续。这是目前最主要的纳税申报方式。

2. 邮寄申报

邮寄申报,是指经税务机关批准,纳税人、扣缴义务人使用统一规定的纳税申报特快专递专用信封,通过邮政部门办理交寄手续,并向邮政部门索取收据作为申报凭据的方式;邮寄申报以寄出地的邮政局邮戳日期为实际申报日期。这种申报方式比较适宜边远地区的纳税人。

3. 数据电文申报

数据电文申报是指以税务机关确定的电话语音、电子数据交换和网络传输等电子方式进行纳税申报。这种方式运用了新的电子信息技术,是纳税申报方式的未来发展方向,适用范围在逐渐扩大。但由于数据电文申报方式,其数据的可靠性尚不稳定,因此税法要求纳税人采取数据电子方式办理纳税申报的,应当按照税务机关规定的期限和要求保存有关(纸质)资料,并定期书面报送主管税务机关。

4. 简易申报

简易申报，就是由实行定期定额征收方式的个体工商户（或个人独资企业）在税务机关规定的期限内按照法律、行政法规规定缴清应纳税额，当期（纳税期）可以不办理纳税申报手续；在定额执行期结束后，再将每月实际发生的经营额、所得额一并向税务机关申报。这种方法既节省了时间，降低了纳税成本，也符合及时、足额征收税款的原则。

5. 其他方式

实行定期定额缴纳税款的纳税人可以实行简并征期等申报纳税方式。简并征期是将实行定期定额征收方式的个体工商户（或个人独资企业）若干纳税期的应纳税额集中在一个纳税期限内缴纳，最大限度地简化了税款征收程序。

简并征期的申报纳税方式适用于经营地点偏远、缴纳税款数额较小，或者税务机关征收税款有困难的实行定期定额征收方式的个体工商户（或个人独资企业）。简并征期相当于延长了纳税期限，本身并不是一种纳税申报方式。

除上述方式以外，纳税人、扣缴义务人还可以委托注册税务师等有税务代理资质的中介机构或者他人代理申报纳税。

四、税款征收

税款征收是税务机关依照法律、行政法规的规定将纳税人应当缴纳的税款组织入库的一系列活动的总称。它是税收征收管理工作的中心环节，在整个税收征收管理工作中占有极其重要的地位。

1. 查账征收

查账征收，是指税务机关对财务健全的纳税人，依据其报送的纳税申报表、财务会计报表和其他有关纳税资料，计算应纳税额，填写缴款书或完税证，由纳税人到银行划解税款的征收方式。这种税款征收方式较为规范，适合于经营规模较大、财务制度健全、能够如实核算和提供生产经营状况、正确计算应纳税额的纳税人。税务机关的努力方向就是要扩大查账征收纳税人的范围。

2. 查定征收

查定征收，是指对账务不全，但能控制其材料、产量或进销货物的纳税单位或个人，由税务机关依据正常条件下的生产能力对其生产的应税产品查定产量、销售额，然后依照税法规定的税率征收税款的一种方式。这种征收方式适用于生产经营规模较小、产品零星、税源分散、会计账册不健全的小型厂矿和作坊。

3. 查验征收

查验征收，是指税务机关对纳税人的应税商品、产品，通过查验数量，按市场一般销售单价计算其销售收入，并据以计算应纳税额的一种征收方式。这种征收方式适用于财务制度不健全、生产经营不固定、税源零星分散的纳税人。

4. 定期定额征收

定期定额征收，是指对小型个体工商户在一定经营地点、一定经营时期、一定经营范围内的应纳税经营额或所得额进行核定，并以此为计税依据，确定其应纳税额的一种征收方式。这种征收方式适用于生产经营规模小、账证不健全或达不到有关账簿设置标准、难以查账征收、不能准确计算应纳税额的个体工商户。

5. 代扣代缴

代扣代缴,是指按照税法规定,负有扣缴税款义务的单位和个人,负责对纳税人应纳的税款进行代扣代缴的一种方式,即由支付人在向纳税人支付款项时,从所支付的款项中直接扣收税款的方式。其目的是对零星分散、不易控制的税源实行源泉控制。

6. 代收代缴

代收代缴,是指按照税法规定,负有收缴税款义务的单位和个人,负责对纳税人应纳的税款进行代收代缴的一种方式,即由与纳税人有经济业务往来的单位和个人向纳税人收取款项时,依照税收的规定收取纳税人应纳税额。这种方式一般适用于税收网络覆盖不到或很难控制的领域,如受托加工的应税消费品,由受托方代收代缴消费税。

7. 委托代征

委托代征是指受托单位按照税务机关核发的代征证书的要求,以税务机关的名义向纳税人征收一些零散税款的一种税款征收方式。这种方式的适当使用有利于控制税源,方便征纳双方,降低征收成本。

8. 其他方式

除上述税款征收方式之外,还有自核自缴等方式。自核自缴也称"三自纳税",是指纳税人按照税务机关的要求,在规定的缴款期限内,根据其财务会计情况,依照税法规定,自行计算税款、自行填写纳税缴款书、自行向开户银行缴纳税款,税务机关对纳税单位进行定期或不定期检查的一种税款征收方式。

五、税务代理

(一)税务代理的概念

税务代理是指税务代理人受纳税人、扣缴义务人的委托,在规定的代理范围内代为办理税务事宜的民事代理行为。

(二)税务代理的特点

1. 中介性

税务代理是一种社会中介服务,税务代理人介于纳税人、扣缴义务人和税务机关之间;税务代理机构与国家行政机关、纳税人或扣缴义务人等没有行政隶属关系,既不受税务行政部门的干预,又不受纳税人、扣缴义务人所左右,独立代办税务事宜。从西方发达国家的经验来看,税务师事务所是税企之间的桥梁,也是和谐征纳关系的润滑剂和调解员;借助注册税务师的力量,发挥税务中介机构的作用,明确征纳职责,促进征纳关系的和谐,全面提高税收征管质量,已成为西方发达国家的惯用做法。

2. 法定性

开展税务代理必须首先维护国家税收法律、行政法规的尊严,在税务代理的过程中税务代理人应严格按照税收法律、行政法规的有关规定全面履行职责,不能超越代理范围和代理权限。只有这样才能既保证国家的税收利益,维护税收法律、行政法规的严肃性,又保护了纳税人的合法权益,同时使代理成果被税务机关认可。因此,依法代理是税务代理行业生存和发展的基本前提。

3. 自愿性

税务代理的选择一般有单向选择和双向选择两种,无论哪种选择都是建立在双方自愿的基础上。也就是说,税务代理人实施税务代理行为,应当以纳税人、扣缴义务人自愿委托和自愿选择为前提。

4.公正性

税法规定了税务机关与纳税人的权利与义务,而税务代理人作为税务机关与纳税人的中介,与征纳双方没有任何利益冲突。税务代理人站在客观、公正的立场上,以税法为准绳,以服务为宗旨,既为维护纳税人合法权益服务,又为维护国家税法的尊严服务。因此,公正性是税务代理的固有特性,离开公正性,税务代理就无法存在。

(三)税务代理的法定业务范围

(1)办理税务登记、变更税务登记和注销税务登记手续。
(2)办理除增值税专用发票外的发票领购手续。
(3)办理纳税申报或扣缴税款报告。
(4)办理缴纳税款和申请退税手续。
(5)制作涉税文书。
(6)审查纳税情况。
(7)建账建制,办理账务。
(8)税务咨询,受聘税务顾问。
(9)税务行政复议手续。
(10)国家税务总局规定的其他业务。

六、税务检查

税务检查是指税务机关依照税收法律、行政法规的规定对纳税人、扣缴义务人履行纳税义务和扣缴义务的情况所进行的检查和处理工作的总称,是税收征管的重要环节,是对税收日常征管工作的补充。

税务机关对从事生产、经营的纳税人以前纳税期的纳税情况依法进行税务检查时,发现纳税人有逃避纳税义务行为,并有明显的转移、隐匿其应纳税的商品、货物以及其他财产或者应纳税收入的迹象的,可以按照《税收征管法》规定的批准权限采取税收保全措施或者强制执行措施。

1.税收保全措施

税收保全措施是指税务机关对可能由于纳税人的行为或者某种客观原因,致使以后税款的征收不能保证或难以保证的案件,采取限制纳税人处理和转移商品、货物或其他财产的措施。

根据《税收征管法》的规定,税务机关有根据认为从事生产、经营的纳税人有逃避纳税义务行为的,可以在规定的纳税期之前,责令限期缴纳税款;在限期内发现纳税人有明显的转移、隐匿其应纳税的商品、货物以及其他财产或者应纳税的收入的迹象的,税务机关应责令其提供纳税担保。如果纳税人不能提供纳税担保的,经县以上税务局(分局)局长批准,税务机关可以采取下列税收保全措施:

(1)书面通知纳税人开户银行或者其他金融机构冻结纳税人的金额相当于应纳税额的存款;
(2)扣押、查封纳税人的价值相当于应纳税额的商品、货物或者其他财产。其他财产是指纳税人的房地产、现金、有价证券等不动产和动产。

纳税人在规定的限期内缴纳税款的,税务机关必须立即解除税收保全措施;限期内仍未缴纳税款的,经县以上税务局(分局)局长批准,税务机关可以书面通知纳税人开户银行或者其他金融机构从其冻结的存款中扣缴税款,或者依法拍卖或变卖所扣押、查封的商品、货物或者其他财产,以拍卖或者变卖所得抵缴税款。个人及所抚养家属维持生活必需的住房和用品,不在税收保全措施的范围之内。

2.税收强制执行措施

税收强制执行措施是指当事人不履行税收法律、行政法规规定的纳税义务,有关国家机关采用法定的强制手段,强迫当事人履行义务的行为。

根据《税收征管法》的规定,从事生产、经营的纳税人、扣缴义务人未按照规定的期限缴纳税款或者解缴税款,纳税担保人未按照规定的期限缴纳所担保的税款,由税务机关责令限期缴纳,逾期仍未缴纳的,经县以上税务局(分局)局长批准,税务机关可以采取下列强制执行措施:

(1)书面通知其开户银行或者其他金融机构从其存款中扣缴税款;

(2)扣押、查封、依法拍卖或者变卖其价值相当于应纳税额的商品、货物或者其他财产,以拍卖或者变卖所得抵缴税款。

税务机关采取强制执行措施时,对上述纳税人、扣缴义务人、纳税担保人未缴纳的滞纳金同时强制执行。个人及其所扶养家属维持生活必需的住房和用品,不在强制执行措施的范围之内。税务机关对单价5000元以下的其他生活用品,不采取强制执行措施。

七、税收法律责任

税收法律责任是税收法律关系主体因违反税收法律规范所应承担的法律后果。税收法律责任可分为行政责任和刑事责任。

1.行政责任

税收行政法律责任是指税收法律关系主体违反了税收行政管理法律、法规,尚不构成税收刑事法律责任。按照处罚形式,它可分为行政处罚和行政处分。

对于纳税主体(纳税人、扣缴义务人)而言,其行政法律责任的形式主要是行政处罚,包括:责令限期改正、罚款、没收财产、收缴未用发票和暂停供应发票、停止出口退税权。

2.刑事责任

税收刑事法律责任是指税收法律关系主体违反税收法律规定,且情节严重构成犯罪所应承担的法律责任。税收法律关系主体违反刑事法律规定所构成的犯罪主要有逃避缴纳税款罪、抗税罪、诈骗罪、受贿罪、玩忽职守罪等。构成犯罪所要承担的法律责任就是刑罚,刑罚分为主刑和附加刑。主刑有管制、拘役、有期徒刑、无期徒刑、死刑五种;附加刑有罚金、剥夺政治权利、没收财产。

八、税务行政复议

税务行政复议是指当事人(纳税人、扣缴义务人、纳税担保人等)对税务机关及其工作人员做出的具体行政行为不服,依法向上一级税务机关(复议机关)提出申请,复议机关对具体行政行为的合法性、合理性做出裁决。税务行政复议可以有效解决税务行政争议,保护公民、法人和其他组织的合法权益,监督和保证税务机关依法行使职权。

税务行政复议的程序包括申请、受理、审理、决定等环节。

本章知识框架

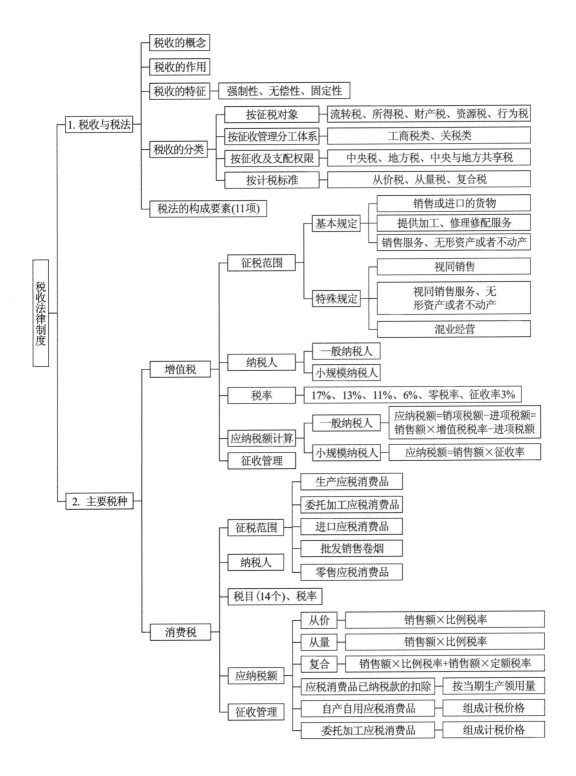

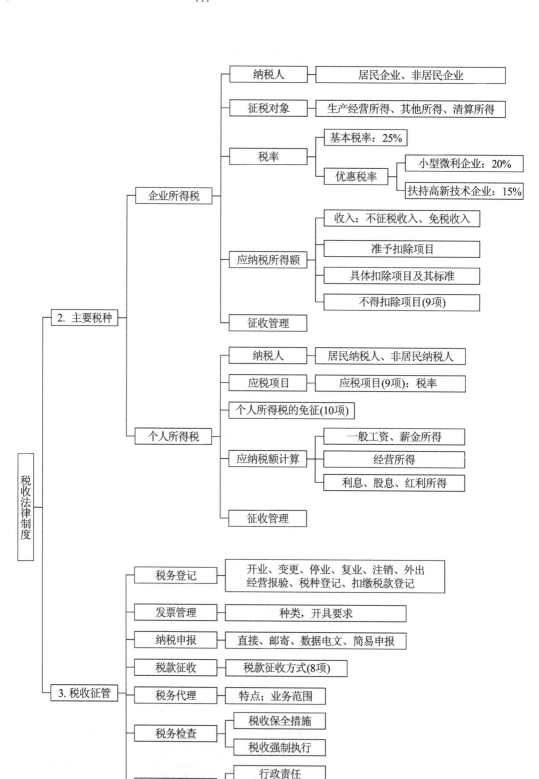

本章练习

一、单项选择题

1. 下列关于税收与税法关系的表述中,正确的是( )。
   A. 二者没有关系
   B. 税法是税收的法律依据和法律保障
   C. 税收是税法的法律依据和法律保障
   D. 税法以税收为其依据和保障

2. 下列各项中,属于税收法律制度中核心要素的是( )。
   A. 纳税期限
   B. 纳税义务人
   C. 征税人
   D. 税率

3. 下列各项中,允许纳税人在计算增值税时,将外购固定资产折旧部分扣除的增值税类型是( )。
   A. 消费型增值税
   B. 收入型增值税
   C. 生产型增值税
   D. 实耗型增值税

4. 下列各项中,不应计入增值税的应税销售额的是( )。
   A. 向购买方收取的包装物租金
   B. 向购买方收取的销项税额
   C. 因销售货物向购买方收取的手续费
   D. 因销售货物向购买方收取的代收款项

5. 根据消费税的规定,消费税的计税方法不包括( )。
   A. 从价定率征收
   B. 从量定额征收
   C. 从价定率和从量定额复合征收
   D. 从价累进征收

6. 下列收入中,不需要缴纳个人所得税的是( )。
   A. 国债利息收入 5000 元
   B. 商场购物中奖所得 1000 元
   C. 稿酬所得 3000 元
   D. 房屋租赁所得 2500 元

7. 纳税人税务登记内容发生变化的,应当向( )申报办理变更税务登记。
   A. 地(市)级税务机关
   B. 县(市)级税务机关
   C. 原税务登记机关
   D. 原工商登记机关

8. 下列关于开具发票的说法,错误的是( )。
   A. 开具发票时,可以不按顺序填开
   B. 开具后的存根联应当按照顺序号装订成册
   C. 未经税务机关批准,不得拆本使用发票
   D. 单位和个人应在发生经营业务、确认营业收入时,才能开具发票

9. 我国工资薪金应纳个人所得税预征时采用的税率形式是( )。
   A. 比例税率
   B. 定额税率
   C. 超额累进税率
   D. 超率累进税率

10. 根据规定,邮寄申报以( )为实际申报日期。
    A. 到达的邮戳日期
    B. 寄出地的邮政局邮戳日期
    C. 税务机关实际收到的日期
    D. 填制纳税申报表的日期

11. 根据规定,属于个人所得税征收中按照的综合所得征收的所得是( )。
    A. 劳务报酬所得
    B. 租金所得
    C. 中奖所得
    D. 利息所得

12. 根据《消费税暂行条例》的规定,下列各项中,属于消费税征收范围的是( )。

A. 火车 B. 白酒
C. 高档西装 D. 智能扫地机器人

13. 下列各项中不得在企业所得税税前扣除的是( )。
A. 公益性捐赠支出 B. 消费税税款
C. 商务合同违约金支出 D. 税收滞纳金

14. 某商场为增值税一般纳税人,2022年3月销售额含税价为113万,增值税税率为13%。3月份该商场的增值税销项税额为( )万元。
A. 9 B. 13
C. 14.69 D. 6

15. 某工程师取得兼职劳务报酬5000元,不考虑其他因素,应预扣预缴个人所得税税额( )元。
A. 800 B. 500
C. 1000 D. 0

二、多项选择题

1. 下列属于现行增值税征收范围的有( )。
A. 销售或进口的货物 B. 提供的加工、修理修配劳务
C. 销售服务、无形资产或者不动产 D. 管道运输服务

2. 增值税应税服务包括( )。
A. 建筑业 B. 房地产业
C. 现代物流产业 D. 金融保险业

3. 下列消费税的计税依据表述正确的有( )。
A. 实行从价定率征税的应税消费品,其计税依据是含消费税而不含增值税的销售额
B. 实行从价定率征税的应税消费品,其计税依据是不含消费税而含增值税的销售额
C. 实行从量定额征税的应税消费品,其计税依据是销售应税消费品的实际销售数量
D. 实行从量定额征税的应税消费品,其计税依据是销售应税消费品的实际销售额

4. 下列关于消费税纳税义务发生时间的表述中,正确的有( )。
A. 采取赊销和分期收款结算方式的,为书面合同约定的收款日期的当天
B. 采取预收货款结算方式的,为发出应税消费品的当天
C. 采取托收承付和委托银行收款方式的,为发出应税消费品并办妥托收手续的当天
D. 采取其他结算方式的,为收讫销售款或者取得索取销售款凭据的当天

5. 下列各项中,属于企业所得税免税收入的有( )。
A. 财政拨款
B. 符合规定条件的居民企业之间的股息、红利等权益性投资收益
C. 依法收取并纳入财政管理的行政事业性收费
D. 在中国境内设立机构、场所的非居民企业从居民企业取得与该机构、场所有实际联系的股息、红利等权益性投资收益

6. 下列各项中,不得在企业所得税前扣除的有( )。
A. 企业所得税税款
B. 向投资者支付的股息、红利等权益性投资收益款项
C. 非广告性赞助支出

D. 销售成本

7. 下列可以不办理纳税登记的是( )。
   A. 县教育局
   B. 社区诊所
   C. 人民法院
   D. 下岗职工开的餐饮店

8. 根据税收征收管理法律制度的规定,下列各项中,单位和个人在申请领购发票时应向税务机关提供的有( )。
   A. 税务登记证件
   B. 经办人身份证明
   C. 工商营业执照
   D. 财务印章或发票专用章印模

9. 下列各项中,属于税务代理的法定业务的有( )。
   A. 办理税务登记
   B. 办理除增值税专用发票外的发票领购手续
   C. 制作涉税文书
   D. 提供审计报告

10. 根据税收征收管理法律制度的规定,下列各项中,属于税务机关采取的税收强制执行措施的有( )。
    A. 书面通知纳税人开户银行暂停支付纳税人存款
    B. 书面通知纳税人开户银行从其存款中扣缴税款
    C. 拍卖所扣押的纳税人价值相当于应纳税额的财产,以拍卖所得抵缴税款
    D. 扣押纳税人价值相当于应纳税额的财产

11. 根据《消费税暂行条例》的规定,在零售环节征收消费税的应税消费品有( )。
    A. 卷烟
    B. 超豪华小汽车
    C. 钻石及钻石饰品
    D. 白酒

12. 根据规定,核算个人所得税时的专项附加扣除包括( )。
    A. 子女教育
    B. 大病医疗
    C. 赡养老人
    D. 3 岁以下婴幼儿照护

13. 根据规定,个人所得税的纳税人包括( )。
    A. 个体工商户
    B. 个人独资企业
    C. 合伙企业
    D. 在中国境内的所有外籍个人

14. 下列税种中属于从价税的为( )。
    A. 增值税
    B. 消费税
    C. 资源税
    D. 个人所得税

15. 税务代理的法定业务范围( )。
    A. 办理税务登记
    B. 申请退税手续
    C. 建账建制,办理账务
    D. 税务咨询

三、判断题

1. 税收无偿性是指国家取得税收收入既不需要偿还,也不需要对纳税人付出任何代价。( )

2. 起征点是指征税对象达到一定数额才开始征税的界限,征税对象的数额达到规定数额的,只对其超过部分的数额征税。( )

3. 根据《增值税暂行条例》规定,销售额为纳税人销售货物或提供应税劳务向购买方收取的全部价款,但不包括价外费用。( )

4. 单位或个体经营者聘用的员工为本单位或雇主提供的劳务,也属于增值税的应税劳务。( )

5. 财政拨款属于《企业所得税法》规定的不征税收入。（   ）
6. 根据《税收征管法》的规定，凡有法律、法规规定的应税收入、应税财产或者应税行为的各类纳税人，均应当按照法律规定办理税务登记。（   ）
7. 企业可以随意使用电子计算机开具发票。（   ）
8. 增值税专用发票只限于增值税一般纳税人领购使用。（   ）
9. 委托代征是指按照税法规定，负有扣缴税款的法定义务人，在向纳税人支付款项时，从所支付的款项中直接扣收税款的方式。其目的是对零星分期、不易控制的税源实行源泉控制。（   ）
10. 税务机关可以按照批准的权限采取税收保全措施或强制执行措施，这里的批准权限是指市级以上税务局（分局）局长批准。（   ）

参考答案及解析

一、单项选择题

1. 【正确答案】 B
   【答案解析】 本题考核税收与税法的关系。

2. 【正确答案】 D
   【答案解析】 本题考核税法的基本要素。税率的高低直接体现国家的政策要求，直接关系到国家财政收入的多少和纳税人的负担程度，是税收法律制度中的核心要素。

3. 【正确答案】 B
   【答案解析】 本题考核增值税的类型。收入型增值税允许纳税人在计算增值税时，将外购固定资产折旧部分扣除。

4. 【正确答案】 B
   【答案解析】 本题考核销售额包含的内容。增值税是价外税，销售额不包括向购买方收取的销项税额。

5. 【正确答案】 D
   【答案解析】 本题考核消费税的计税方法。

6. 【正确答案】 A
   【答案解析】 本题考核个人所得税的免税收入。国债利息收入免征个人所得税。选项B、C、D均要按规定缴纳个人所得税。

7. 【正确答案】 C
   【答案解析】 本题考核变更税务登记的概念。变更税务登记是指纳税人在办理税务登记后，原登记内容发生变化时向原税务登记机关申报办理的税务登记。

8. 【正确答案】 A
   【答案解析】 本题考核发票的开具要求。开具发票时应按号码顺序填开。

9. 【正确答案】 D
   【答案解析】 本题考核专业发票的概念。专业发票是指国有金融、保险企业的存贷、汇兑、转账凭证和保险凭证；国有邮政、电信企业的邮票、邮单、话务、电报收据；国有铁路、国有航空企业和交通部门、国有公路、水上运输企业的客票、货票等。

10. 【正确答案】 B
    【答案解析】 本题考核邮寄申报的实际申报日期。根据规定，邮寄申报以寄出地的邮政局邮戳日期为实际申报日期。

11. 【正确答案】 A

    【答案解析】 本题考核综合所得的范围为工资薪金、劳务报酬、稿酬、特许权使用费。

12. 【正确答案】 B

    【答案解析】 本题考核消费税的税目,消费税的税目不包括火车、高档西服和智能扫地机器人。

13. 【正确答案】 D

    【答案解析】 本题考核企业所得税税前扣除项目。根据规定,公益性捐赠支出在符合规定的范畴内、消费税支出以及正常商务活动中的违约金支出是可以税前扣除的。税收滞纳金等违法支出不得税前扣除。

14. 【正确答案】 B

    【答案解析】 本题考核增值税销项税额的计算。对于含税销售额需要进行价税分离后作为增值税的计税基础,增值税销项税额为 $113\div(1+13\%)\times13\%=13$ 万元

15. 【正确答案】 A

    【答案解析】 本题考核个人所得税预扣预缴的核算。收入额 $=5000\times(1-20\%)=4000$(元)
    应预扣预缴个人所得税税额 $=4000\times20\%=800$(元)

二、多项选择题

1. 【正确答案】 ABCD

   【答案解析】 自2016年5月1日起,在全国范围内全面推开营业税改征增值税试点,建筑业、房地产业、金融业、生活服务业等全部营业税纳税人,纳入试点范围,由缴纳营业税改为缴纳增值税。

2. 【正确答案】 ABCD

   【答案解析】 自2016年5月1日起,在全国范围内全面推开营业税改征增值税试点,建筑业、房地产业、金融业、生活服务业等全部营业税纳税人,纳入试点范围,由缴纳营业税改为缴纳增值税。

3. 【正确答案】 AC

   【答案解析】 本题考核消费税的计税依据。

4. 【正确答案】 ABCD

   【答案解析】 本题考核消费税纳税义务的发生时间。

5. 【正确答案】 BD

   【答案解析】 本题考核企业所得税的免税收入。选项AC属于不征税收入。

6. 【正确答案】 ABC

   【答案解析】 本题考核企业所得税准予扣除的项目。企业所得税税款不在扣除之列,税收滞纳金和非广告性赞助支出,属于税前不得扣除项目。

7. 【正确答案】 AC

   【答案解析】 本题考核开业税务登记。根据规定,开业税务登记的纳税人可分为以下两类:领取营业执照从事生产、经营的纳税人;其他纳税人。

8. 【正确答案】 ABD

   【答案解析】 本题考核发票的领购。

9. 【正确答案】 ABC

【答案解析】 本题考核税务代理的法定业务范围。选项D不属于税务代理的法定业务范围。

10.【正确答案】 BC

【答案解析】 本题考核税收保全措施与强制执行措施。选项A、D属于税收保全措施。

11.【正确答案】 BC

【答案解析】 本题考核消费税的征税环节问题。选项A、D属于在生产及进口环节征收的应税消费品。

12.【正确答案】 ABCD

【答案解析】 本题考核个人所得税的专项附加扣除问题。专项附加扣除分别是：子女教育、继续教育、大病医疗、住房贷款利息或者住房租金、赡养老人、3岁以下婴幼儿照护等支出。

13.【正确答案】 ABC

【答案解析】 本题考核个人所得税的纳税义务人的范围。个人所得税的纳税义务人包括：中国公民、个体工商户、个人独资企业、合伙企业的个人投资者，以及在中国境内取得所得的外籍个人（包括无国籍人员）和香港、澳门、台湾同胞等。在中国境内居住但是没有所得的外籍个人不是我国个人所得税的纳税义务人。

14.【正确答案】 AD

【答案解析】 本题考核税收按计税标准，可分为从价税、从量税和复合税。B、C选项都涉及从量计征。

15.【正确答案】 ABCD

【答案解析】 本题考核税务代理的法定业务范围。ABCD都属于税务代理的法定业务内容。

三、判断题

1.【正确答案】 对

【答案解析】 本题考核税收的特征。

2.【正确答案】 错

【答案解析】 本题考核起征点的概念。起征点是指对征税对象达到一定数额才开始征税的界限。征税对象的数额达到规定数额的，按全部数额征税。

3.【正确答案】 错

【答案解析】 本题考核增值税应纳税额。根据《增值税暂行条例》第六条的规定，销售额为纳税人销售货物或提供应税劳务向购买方收取的全部价款和价外费用。

4.【正确答案】 错

【答案解析】 本题考核增值税的征税范围。单位或个体经营者聘用的员工为本单位或雇主提供的劳务，不属于增值税的应税劳务。

5.【正确答案】 对

【答案解析】 本题考核不征税收入的规定。

6.【正确答案】 对

【答案解析】 本题考核税务登记的范围。凡有法律、法规规定的应税收入、应税财产或者应税行为的各类纳税人，均应当按照《税收征管法》及其实施细则和国家税务总局印发的《税务登记管理办法》规定办理税务登记。

7.【正确答案】 错

【答案解析】 本题考核发票的开具要求。根据规定，使用电子计算机开具发票必须报主管税务机关批准，并使用税务机关统一监制的机打发票。

8.【正确答案】 错

【答案解析】 本题考核增值税专用发票的领购和使用。增值税专用发票通常只限于增值税一般纳税人领购使用。营改增后目前有三大行业的增值税小规模纳税人可以自行开具增值税专用发票。一是住宿业小规模纳税人;二是鉴证咨询业小规模纳税人;三是建筑服务业小规模纳税人。

9.【正确答案】 错

【答案解析】 本题考核委托代征的概念。根据《税收征管法》的规定,代扣代缴是指按照税法规定,负有扣缴税款的法定义务人,在向纳税人支付款项时,从所支付的款项中直接扣收税款的方式。其目的是对零星分散、不易控制的税源实行源泉控制。

10.【正确答案】 错

【答案解析】 本题考核税务检查的相关规定。税务机关可以按照批准的权限采取税收保全措施或强制执行措施,这里的批准权限是指县级以上税务局(分局)局长批准。

第四章 财政法律制度

  学习目标与要求

(1) 了解预算法律制度的构成;
(2) 掌握国家预算的概念、作用,以及国家预算的级次划分与构成;
(3) 掌握政府采购法律制度的概念及构成;
(4) 掌握国库集中收付制度的概念及构成。

◆ 重点

理解财政法律制度的具体政策。

◆ 难点

熟悉预算管理的职权,国库单一账户体系的构成及财政收支方式。

◆ 导读

财政法律制度主要包括预算法律制度、政府采购法律制度、国库集中收付制度等三个方面的内容。本章内容多来自《中华人民共和国预算法》(简称《预算法》)和《中华人民共和国政府采购法》(简称《政府采购法》)等法律原文,在知识掌握上要求准确、严谨。学习本章时,应比其他章节花费更多精力和耐心。

第一节 预算法律制度

一、预算法律制度的构成

预算法律制度是指国家经过法定程序制定的,用以调整国家预算关系的法律、行政法规和相关规章制度。我国预算法律制度由《预算法》《中华人民共和国预算法实施条例》(以下简称《预算法实施条例》)以及有关国家预算管理的其他法规制度构成。

(一)《预算法》

《预算法》是我国第一部财政基本法律,是我国国家预算管理工作的根本性法律,是制定其他预算法规的基本依据。《预算法》是1994年3月22日由第八届全国人民代表大会通过,于1995年1月1日起施行的;该法对预算管理权限、预算收支范围、预算编制、预算审查和批准、预算执行、预算调整、决算、监督和法律责任等作了规定。2014年8月31日,第十二届全国人大常委会第十次会议表决通过了《全国人大常委会关于修改〈预算法〉的决定》,并决议于2015年1月1日起施行;2018年12月29日第十三届全国人大常委会第七次会议对《预算法》进行了修正,自公布之日施行。

(二)《预算法实施条例》

《预算法实施条例》是行政法规,由国务院制定,是为了保证《预算法》的贯彻实施,使之更具有操作性,为预算及其监督提供更为具体明确的行为准则。《中华人民共和国预算法实施条例》于 1995 年 11 月 2 日由国务院第三十七次常务会议通过,自 1995 年 11 月 22 日发布施行。该条例共 8 章 79 条,包括总则、预算收支范围、预算编制、预算执行、预算调整、决算、监督和附则等内容。2020 年 8 月,国务院总理李克强签署国务院令第 729 号公布修订后的《中华人民共和国预算法实施条例》,自 2020 年 10 月 1 日起施行。

二、国家预算概述

(一)国家预算的概念

国家预算也称政府预算,是指经法定程序审核批准的具有法律效力的国家年度财政收支计划。国家预算是实现财政职能的基本手段,反映国家的施政方针和社会经济政策,规定政府活动的范围和方向。

国家预算的原则是公开性、可靠性、完整性、统一性和年度性,它是国家选择预算形式和体制应遵循的指导思想,是制定财政收支计划的根本准则。

(二)国家预算的作用

国家预算作为财政分配和宏观调控的主要手段,具有分配、调控和监督职能。它有以下三个方面的作用。

1. 财力保证作用

国家预算既是保障国家机器运转的物质条件,又是各项社会经济政策得以运行的财力保证。

2. 调节制约作用

国家预算是政府对财政收支计划的安排,是国家财政实行宏观调控的主要依据和主要手段,是调节社会经济生活的主要财政机制,居于国家财政管理的主导环节。国家通过预算的收支规模调节社会总需求和总供给的平衡,对国民经济和社会发展具有直接的调节制约作用。

3. 反映监督作用

通过编制和执行国家预算,国家能够掌握国民经济的运行状况、发展趋势以及出现的问题,从而采取措施,促进国民经济稳定协调发展。

(三)国家预算的级次划分

我国《预算法》规定,国家实行一级政府一级预算,政府分为中央、省(自治区、直辖市)、设区的市(自治州)、县(自治县、不设区的市、市辖区)、乡(民族乡、镇)五个级次,国家预算也相应地分为五级,具体包括:

(1) 中央预算;
(2) 省级(省、自治区、直辖市)预算;
(3) 地市级(设区的市、自治州)预算;
(4) 县级(县、自治县、不设区的市、市辖区)预算;
(5) 乡级(乡、民族乡、镇)预算。

其中,对于不具备设立预算条件的乡、民族乡、镇,经省(自治区、直辖市)政府确定,可以暂不设立预算。

(四)国家预算的构成

1. 按政府级次划分

国家预算按照政府级次可以分为中央预算和地方预算。

(1) 中央预算指中央政府预算,由中央各部门(含直属单位)的预算组成,包括地方向中央上解的收入数额和中央对地方返还或者给予补助的数额。其中,中央各部门是指与财政部直接发生预算缴款、拨款关系的国家机关、军队、政党组织和社会团体;直属单位是指与财政部直接发生预算缴款、拨款关系的企业和事业单位。

(2) 地方预算是国家预算的有机组成部分,是由各省、自治区、直辖市总预算组成。地方各级政府预算由本级各部门(含直属单位)的预算组成,包括下级政府向上级政府上解的收入数额和上级政府对下级政府返还或者给予补助的数额。其中,本级各部门是指与本级政府财政部门发生预算缴款、拨款关系的地方国家机关、政党组织和社会团体;直属单位是指与本级政府财政部门直接发生预算缴款、拨款关系的企业和事业单位。

2. 按收支管理范围划分

国家预算按照收支管理范围可分为总预算和部门单位预算。

(1) 总预算,是指政府的财政汇总预算。各级总预算由本级政府预算和所属下级政府的总预算汇编而成,由财政部门负责编制。下级政府只有本级预算的,下级政府总预算即指下级政府的本级预算;没有下级政府预算的,总预算即指本级预算。

(2) 部门单位预算,是指部门、单位的收支预算。各部门预算由本部门所属各单位预算组成;单位预算是指列入部门预算的国家机关、社会团体和其他单位的收支预算。

3. 按预算收支的内容

我国国家预算可分为一般公共预算、政府性基金预算、国有资本经营预算和社会保险基金预算。

1) 一般公共预算

一般公共预算是对以税收为主体的财政收入,安排用于保障和改善民生、推动经济社会发展、维护国家安全和维持国家机构正常运转等方面的收支预算。

2) 政府性基金预算

政府性基金预算是对依照法律、行政法规的规定,在一定期限内向特定对象征收、收取或以其他方式筹集的资金,专项用于特定公共事业发展的收支预算。

3) 国有资本经营预算

国有资本经营预算是对国有资本收益做出支出安排的收支预算。

4) 社会保险基金预算

社会保险基金预算是对社会保险缴款、一般公共预算安排和其他方式筹集的资金,专项用于社会保险的收支预算。

三、预算管理职权

根据统一领导、分级管理、权责结合的原则,《预算法》明确规定了各级人民代表大会及其常务委员会、各级财政部门、各部门、各单位的预算管理职权。

(一) 各级人民代表大会及其常务委员会

1. 全国人民代表大会及其常务委员会

全国人民代表大会的预算管理职权如下:

(1) 审查中央和地方预算草案及中央和地方预算执行情况的报告;

(2) 批准中央预算和中央预算执行情况的报告;

(3) 改变或者撤销全国人民代表大会常务委员会关于预算、决算的不适当的决议。

全国人民代表大会常务委员会作为全国人民代表大会的常设机构,其预算管理职权具体包括:

(1)监督中央和地方预算的执行;

(2)审查和批准中央预算的调整方案;

(3)审查和批准中央决算;

(4)撤销国务院制定的同宪法、法律相抵触的关于预算、决算的行政法规、决定和命令;

(5)撤销省、自治区、直辖市人民代表大会及其常务委员会制定的同宪法、法律和行政法规相抵触的关于预算、决算的地方性法规和决议。

2.县级以上地方各级人民代表大会及其常务委员会

县级以上地方各级人民代表大会的预算管理职权如下:

(1)审查本级总预算草案及本级总预算执行情况的报告;

(2)批准本级预算和本级预算执行情况的报告;

(3)改变或者撤销本级人民代表大会常务委员会关于预算、决算的不适当的决议;

(4)撤销本级政府关于预算、决算的不适当的决定和命令。

县级以上地方各级人民代表大会常务委员会作为本级人大的常设机构,其预算管理的职权具体包括:

(1)监督本级总预算的执行;

(2)审查和批准本级预算的调整方案;

(3)审查和批准本级决算;

(4)撤销本级政府和下一级人民代表大会及其常务委员会关于预算、决算的不适当的决定、命令和决议。

3.乡、民族乡、镇的人民代表大会的预算管理职权

(1)审查和批准本级预算和本级预算执行情况的报告。

(2)监督本级预算的执行。

(3)审查和批准本级预算的调整方案。

(4)审查和批准本级决算。

(5)撤销本级政府关于预算、决算的不适当的决定和命令。

(二)各级人民政府的职权

1.国务院的职权

(1)编制中央预算、决算草案。

(2)向全国人民代表大会做关于中央和地方预算草案的报告。

(3)将省、自治区、直辖市政府报送备案的预算汇总后报全国人民代表大会常务委员会备案。

(4)组织中央和地方预算的执行。

(5)决定中央预算预备费的动用。

(6)编制中央预算调整方案。

(7)监督中央各部门和地方政府的预算执行。

(8)改变或者撤销中央各部门和地方政府关于预算、决算的不适当的决定、命令。

(9)向全国人民代表大会、全国人民代表大会常务委员会报告中央和地方预算的执行情况。

2.县级以上地方各级政府的职权

(1)编制本级预算、决算草案。

(2)向本级人民代表大会做关于本级总预算草案的报告。

(3)将下一级政府报送备案的预算汇总后报本级人民代表大会常务委员会备案。

(4)组织本级总预算的执行。

(5)决定本级预算预备费的动用。

(6)编制本级预算调整方案。

(7)监督本级各部门和下级政府的预算执行。

(8)改变或者撤销本级各部门和下级政府关于预算、决算的不适当的决定、命令。

(9)向本级人民代表大会、本级人民代表大会常务委员会报告本级总预算的执行情况。

(三)各级财政部门

1.国务院财政部门的预算管理职权

(1)具体编制中央预算、决算草案。

(2)具体组织中央和地方预算的执行。

(3)提出中央预算预备费动用方案。

(4)具体编制中央预算的调整方案。

(5)定期向国务院报告中央和地方预算的执行情况。

2.地方各级政府财政部门的预算管理职权

(1)具体编制本级预算、决算草案。

(2)具体组织本级总预算的执行。

(3)提出本级预算预备费动用方案。

(4)具体编制本级预算的调整方案。

(5)定期向本级政府和上一级政府财政部门报告本级总预算的执行情况。

(四)各部门和各单位

1.各部门的预算管理职权

各部门是与财政部门直接发生预算缴款、拨款关系的国家机关、军队、政党组织和社会团体等各部门。其预算管理职权包括：

(1)编制本部门预算、决算草案；

(2)组织和监督本部门预算的执行；

(3)定期向本级政府财政部门报告预算的执行情况。

2.各单位的预算管理职权

各单位是与财政部门直接发生预算缴款、拨款关系的企业和事业单位等各单位。其预算管理职权包括：

(1)编制本单位预算、决算草案；

(2)按照国家规定上缴预算收入，安排预算支出；

(3)接受国家有关部门的监督。

四、预算收入与预算支出

《预算法》第四条规定："预算由预算收入和预算支出组成。政府的全部收入和支出都应当纳入预算。"

(一)预算收入

预算收入指在预算年度内通过一定的形式和程序,有计划地筹措到的归国家支配的资金,是实现国家职能的财力保证。

1. 按来源划分

(1)税收收入。税收收入是国家财政收入的主要来源,目前来自税收的收入占全部财政收入的90%以上。

(2)行政事业性收费收入。

(3)国有资源(资产)有偿使用收入。

(4)转移性收入。

(5)其他收入。其他收入是指上述各项收入以外纳入预算管理的收入,包括各种罚没收入、捐赠收入等。

2. 按归属划分

(1)中央预算收入。中央预算收入是指按照分税制财政管理体制,纳入中央预算、地方不参与分享的收入,包括中央本级收入和地方按照规定向中央上解的收入。

(2)地方预算收入。地方预算收入是指按照分税制财政管理体制,纳入地方预算、中央不参与分享的收入,包括地方本级收入和中央按照规定返还或者补助地方的收入。

(3)中央和地方预算共享收入。中央和地方预算共享收入是指按照分税制财政管理体制,中央预算和地方预算对同一税种的收入按照一定划分标准或者比例分享的收入。

(二)预算支出

预算支出,是国家对集中的预算收入有计划地分配和使用而安排的支出。

1. 按功能划分

(1)一般公共服务支出;

(2)外交、公共安全、国防支出;

(3)农业、环境保护支出;

(4)教育、科学、文化、卫生、体育支出;

(5)社会保障及就业支出;

(6)其他支出。

2. 按经济性质划分

(1)工资福利支出;

(2)商品和服务支出;

(3)资本性支出;

(4)其他支出。

五、预算组织程序

预算组织程序包括预算的编制、审批、执行和调整四个环节。

1. 预算的编制

我国的预算年度自公历1月1日起,至12月31日止。各预算活动主体都必须按照法律规定的时间及时地编制预算,即各级政府、各部门、各单位应当按照国务院规定的时间编制预算草案。只有及时编制预算才能保证国家财政税收活动的正常进行。

各级预算应当根据年度经济社会发展目标、国家宏观调控总体要求和跨年度预算平衡的需要,参考上一年预算执行情况、有关支出绩效评价结果和本年度收支预测,按照规定程序征求各方面意见后,进行编制。

2. 预算的审查和批准

中央预算由全国人民代表大会审查和批准,地方各级预算由本级人民代表大会审查和批准。

3. 预算的执行

预算执行是指经法定程序批准的预算进入具体实施阶段,各级政府、各部门、各预算单位在组织实施本级权力机关批准的本级预算中筹措预算收入、拨付预算支出等活动。

各级预算由本级政府组织执行,具体工作由各级政府财政部门负责。

4. 预算的调整

预算调整是指经全国人民代表大会批准的中央预算和经地方各级人民代表大会批准的地方各级预算,在执行中因特殊情况需要进行调整的。特殊情况包括:需要增加或者减少预算总支出的;需要调入预算稳定调节基金的;需要调减预算安排的重点支出数额的;需要增加举债债务数额的。各级政府对于必须进行的预算调整,应当编制预算调整方案。

六、决算

决算是指对年度预算收支执行结果的会计报告,是预算执行的总结,是国家管理预算活动的最后一道程序,是经法定程序批准的年度预算执行情况及结果的书面文件,包括决算报表和文字说明两部分。尚未经法定程序批准的称为决算草案。

1. 决算草案的编制

决算草案由各级政府、各部门、各单位,在每一预算年度终了后按照国务院规定的时间编制。编制决算草案的具体事项,由国务院财政部门部署。编制决算草案,必须符合法律、行政法规,做到收支真实、数额准确、内容完整、报送及时。

2. 决算草案的审批

国务院财政部门编制中央决算草案,经国务院审计部门审计后,报国务院审定,由国务院提请全国人民代表大会常务委员会审查和批准;县级以上地方各级政府财政部门编制本级决算草案,经本级政府审计部门审计后,报本级政府审定,由本级政府提请本级人民代表大会常务委员会审查和批准;乡、民族乡、镇政府编制本级决算草案,提请本级人民代表大会审查和批准。

3. 决算草案的批复

各级决算经批准后,财政部门应当在20日内向本级各部门批复决算。各部门应当在接到本级政府财政部门批复本部门决算后15日内向所属单位批复决算。地方各级政府应当将经批准的决算及下一级政府上报备案的决算汇总,报上一级政府备案;县级以上各级政府应当将下级政府报送备案的决算汇总后,报本级人民代表大会常务委员会备案。

七、预决算的监督

预决算的监督是指国家各级权力机关、政府及财政审计部门依法对全部预算决算活动的监督。预决算的监督主要包括各级国家权力机关的监督、各级政府的监督、各级政府财政部门的监督、各级政府审计部门的监督以及社会监督等。

1.各级国家权力机关的监督

《预算法》第八十三条规定:"全国人民代表大会及其常务委员会对中央和地方预算、决算进行监督。县级以上地方各级人民代表大会及其常务委员会对本级和下级预算、决算进行监督。乡、民族乡、镇人民代表大会对本级预算、决算进行监督。"

2.各级政府的监督

国务院和县级以上地方各级政府应当在每年六月至九月期间向本级人民代表大会常务委员会报告预算执行情况。各级政府监督下级政府的预算执行;下级政府应当定期向上一级政府报告预算执行情况。

3.各级政府财政部门的监督

各级政府财政部门负责监督本级各部门及其所属各单位预算管理有关工作,并向本级政府和上一级政府财政部门报告预算执行情况。

4.各级政府审计部门的监督

县级以上政府审计部门依法对预算执行、决算实行审计监督;对预算执行和其他财政收支的审计工作报告应当向社会公开。

5.社会监督

公民、法人或其他组织发现有违反《预算法》的行为,可以依法向有关国家机关进行检举、控告。

第二节 政府采购法律制度

一、政府采购法律制度的构成

政府采购法律制度是调整政府采购关系的法律规范的总称。我国的政府采购制度由《政府采购法》、国务院各部门特别是财政部颁布的一系列部门规章、地方性法规和政府规章组成。

1.政府采购法

2002年6月29日第九届全国人民代表大会常务委员会第二十八次会议通过了《政府采购法》,自2003年1月1日起施行。《政府采购法》共9章88条,除总则和附则外,分别对政府采购当事人、政府采购方式、政府采购程序、政府采购合同、质疑与投诉、监督检查、法律责任等问题,做出了较为全面的规定。《政府采购法》的颁布与实施,规范了政府采购行为,提高了政府采购资金的使用效益,保护了政府采购当事人的合法权益,维护了国家利益和社会公共利益。

2.政府采购行政法规

国务院各部门,特别是财政部,颁布了一系列有关政府采购的行政法规与部门规章,以进一步细化《政府采购法》中的原则性规定。《中华人民共和国政府采购法实施条例》于2014年12月31日通过,2015年3月1日起施行。

3.政府采购部门规章

政府采购部门规章主要是指国务院财政部根据法律、行政法规的规定,在其权限范围内发布有关政府采购方面的规定、决定、命令和细则等规范性文件,是对政府采购法律、行政法规的补充、发展和具体化。目前,我国政府采购部门规章主要有《政府采购货物和服务招标投标管理办法》《政府采购信息公告管理办法》《政府采购供应商投诉处理办法》等。

4.政府采购地方性法规和政府规章

政府采购地方性法规是指省、自治区、直辖市的人民代表大会及其常务委员会依照法律、行政法规的规定,结合本地区的具体情况制定适用于本行政区域的政府采购的规范性文件,如《广东省实施〈中华人民共和国政府采购法〉办法》《北京市政府采购目录》等。

二、政府采购的概念

政府采购是指各级国家机关、事业单位和团体组织,使用财政性资金采购依法制定的集中采购目录以内或者采购限额标准以上的货物、工程和服务的行为。

1.政府采购的主体范围

政府采购的主体是指各级国家机关、事业单位和团体组织。国有企业未纳入政府采购的主体范围。

2.政府采购的资金范围

根据《政府采购法》的规定,政府采购资金应当为财政性资金。财政性资金包括财政预算内资金和预算外资金以及与财政资金配套的单位自筹资金的总和。

3.政府集中采购目录和采购限额标准

属于中央预算的政府采购项目,其集中采购目录和政府采购限额标准由国务院确定并公布;属于地方预算的政府采购项目,其集中采购目录和政府采购限额标准由省、自治区、直辖市人民政府或者其授权的机构确定并公布。纳入集中采购目录的政府采购项目,应当实行集中采购。

4.政府采购的对象范围

政府采购的对象包括货物、工程和服务,采购的形式包括购买、租赁、委托、雇用等。货物是指各种形态和种类的物品,包括原材料、燃料、设备、产品等;工程是指建设工程,包括建筑物和构筑物的新建、改建、扩建、装修、拆除、修缮等;服务是指除货物和工程以外的其他政府采购对象。

三、政府采购的原则

1.公开透明原则

公开透明原则要求政府采购的法规和规章制度、招标信息及中标、成交结果、开标活动、投诉处理结果、司法裁决决定等信息都要公开,使政府采购活动在完全透明的状态下进行,全面、广泛地接受监督。政府采购的信息应当在政府采购监督管理部门指定的媒体上及时向社会公开发布,涉及商业秘密的除外。

2.公平竞争原则

公平竞争原则要求在竞争的前提下公平地开展政府采购活动。在政府采购活动中,采购人员及相关人员与供应商有利害关系的应当回避;供应商认为采购人员及相关人员与其他供应商有利害关系的,可以申请回避。将竞争机制引入采购活动中,实行优胜劣汰,提高财政性资金的使用效益。在政府采购的竞争中,要公平地对待每一个供应商,采购信息要在政府采购监督管理部门指定的媒体上公平地披露。

3.公正原则

公正原则要求政府采购按照事先约定的条件和程序进行,对所有供应商一视同仁,任何单位和个人无权干预采购活动的正常开展。公正原则建立在公开透明和公平竞争的基础上,只有公开透明和公平竞争,才能有公正的政府采购结果。

4.诚实信用原则

诚实信用原则要求政府采购当事人本着诚实信用的态度行使自己的权利、履行自己的义务。

四、政府采购的功能

1.节约财政支出,提高采购资金的使用效益

政府采购通过公开、公平、公正、透明和科学的制度设计,充分引入竞争机制,使得政府采购主体能够购买到性价比较高的货物、工程和服务,从而起到节约财政支出、提高采购资金使用效益的作用。

2.强化宏观调控

随着政府采购规模和范围的不断扩大,政府采购在市场上的影响也越来越大。政府可以通过调整采购的规模、时间、项目、规划等方式来实现特定的宏观调控目标。

3.活跃市场经济

政府采购机制充分调动了供应商参与政府采购的积极性。为赢得政府采购的订单,供应商积极提高产品质量、降低生产成本、改善售后服务,增强了企业的竞争力,为市场经济注入了生机和活力。

4.推进反腐倡廉

政府采购是阳光下的采购,阳光是最好的防腐剂,使一切采购活动在公开、公平、公正的环境中进行,有力地促进了反腐倡廉工作。政府采购制度中的采购人、供应商和采购代理机构在各自利益的驱动下所形成的内在相互监督机制,可以起到反腐倡廉的作用。

5.保护民族产业

根据我国《政府采购法》的规定,除极少数法定情形外,政府采购应当采购本国货物、工程和服务。体现了国货优先的原则,起到保护本国民族产业的作用。

五、政府采购的执行模式

政府采购的执行模式有集中采购和分散采购两种。

1.集中采购

集中采购是指由政府设立的职能机构统一为其他政府机构提供采购服务的一种采购组织实施形式。按照《政府采购法》的规定,集中采购必须委托采购机构代理采购;设区的市、自治州以上的人民政府根据本级政府采购项目组织集中采购的需要设立集中采购机构。

实行集中采购有利于取得规模效益,降低采购成本,保证采购质量,贯彻落实政府采购的政策导向,便于实施统一的管理和监督。但是,集中采购周期长、程序复杂,难以满足用户多样化的需求,特别是无法满足紧急情况的采购需要。

2.分散采购

分散采购是指由各预算单位自行开展采购活动的一种采购组织实施形式。根据《政府采购法》规定,采购未纳入集中采购目录的政府采购项目,可以自行采购,也可以委托集中采购机构在委托的范围内代理采购。

相对于集中采购而言,分散采购有利于满足政府采购主体对采购及时性和多样性的需求,手续简单。不足之处是失去了规模效益,增大了采购成本,也不便于实施统一的管理和监督。

六、政府采购当事人

政府采购当事人是指在政府采购活动中享有权利和承担义务的各类主体,包括采购人、供应

商和采购代理机构。

(一)采购人

采购人,是指购买和使用所采购的货物、工程或服务的主体。作为政府采购的采购人,一般具有两个重要特征:一是采购人是依法进行政府采购的国家机关、事业单位和团体组织;二是采购人的政府采购行为从筹划、决策到实施,都必须在《政府采购法》等法律法规的规范内进行。

1. 采购人的权利

(1)自行选择采购代理机构的权利。

(2)要求采购代理机构遵守委托协议约定的权利。

(3)审查政府采购供应商的资格的权利。

(4)依法确定中标供应商的权利。

(5)签订采购合同并参与对供应商履约验收的权利。

(6)特殊情况下提出特殊要求的权利。

(7)其他合法权利。

2. 采购人的义务

(1)遵守政府采购的各项法律、法规和规章制度。

(2)接受和配合政府采购监督管理部门的监督检查,同时还要接受和配合审计机关的审计监督以及监察机关的监察。

(3)尊重供应商的正当合法权益。

(4)遵守采购代理机构的工作秩序。

(5)在规定时间内与中标供应商签订政府采购合同。

(6)在指定媒体及时向社会发布政府采购信息、招标结果。

(7)依法答复供应商的询问和质疑。

(8)妥善保存反映每项采购活动的采购文件。

(9)其他法定义务。

(二)供应商

供应商,是指向采购人提供货物、工程或者服务的法人、其他组织或者自然人。

1. 法定条件

根据《政府采购法》第二十二条规定,供应商参加政府采购活动,应当具备下列条件:

(1)具有独立承担民事责任的能力;

(2)具有良好的商业信誉和健全的财务会计制度;

(3)具有履行合同所必需的设备和专业技术能力;

(4)有依法缴纳税收和社会保障资金的良好记录;

(5)参加政府采购活动前3年内,在经营活动中没有重大违法记录;

(6)法律、行政法规规定的其他条件。

2. 供应商的权利

(1)平等地取得政府采购供应商资格的权利。

(2)平等地获得政府采购信息的权利。

(3)自主、平等地参加政府采购竞争的权利。

(4)就政府采购活动事项提出询问、质疑和投诉的权利。

(5)自主、平等地签订政府采购合同的权利。
(6)要求采购人或采购代理机构保守其商业秘密的权利。
(7)监督政府采购依法公开、公正进行的权利。
(8)其他合法权利。

3.供应商的义务
(1)遵守政府采购的各项法律、法规和规章制度。
(2)按规定接受供应商资格审查,并在资格审查中客观真实地反映自身情况。
(3)在政府采购活动中,满足采购人或采购代理机构的正当要求。
(4)投标中标后,按规定程序签订政府采购合同并严格履行合同义务。
(5)其他法定义务。

(三)采购代理机构

采购代理机构是指具备一定条件,经政府有关部门批准而依法拥有政府采购代理资格的社会中介机构。《政府采购法》中所称的集中采购机构就是采购代理机构。采购代理机构分为一般采购代理机构和集中采购机构:一般采购代理机构的资格由国务院有关部门或者省级人民政府有关部门认定,主要负责分散采购的代理业务;集中采购机构是进行政府集中采购的法定代理机构,由设区的市、自治州以上人民政府根据本级政府采购项目组织集中采购的需要设立。

采购代理机构作为一种特殊的利益主体,应当对包括自身在内的政府采购当事人负责,自觉履行政府采购法律规定的义务,依法开展代理采购活动,维护国家利益和社会公共利益。就具体操作过程而言,采购代理机构的义务和责任主要包括:
(1)依法开展代理采购活动并提供良好服务;
(2)依法发布采购信息;
(3)依法接受监督管理;
(4)不得向采购人行贿或者采取其他不正当手段谋取非法利益;
(5)其他法定义务和责任。

七、政府采购方式

1.公开招标

公开招标是指采购人依法通过发布招标公告,邀请所有潜在的不特定的供应商参加投标,采购人通过事先确定的标准,从所有投标供应商中择优评选出中标供应商,并与之签订政府采购合同的一种采购方式。

公开招标是政府采购的主要采购方式。货物服务采购项目达到公开招标数额标准的,必须采用公开招标的方式,其具体数额标准,属于中央预算的政府采购项目,由国务院规定;属于地方预算的政府采购项目,由省、自治区、直辖市人民政府规定;因特殊情况需要采用公开招标以外的采购方式的,应当在采购活动开始前获得设区的市、自治州以上人民政府采购监督管理部门的批准。根据《政府采购法》第二十八条规定,采购人不得将应当以公开招标方式采购的货物或者服务化整为零或者以其他任何方式规避公开招标采购。

2.邀请招标

邀请招标也称选择性招标,是指采购人依法从符合相应资格条件的供应商中邀请3家及以上供应商,并以投标邀请书的方式,邀请供应商参加投标竞争,从中选定中标供应商的一种采购方式。

符合下列情形之一的货物或者服务,可以采用邀请招标方式采购:
(1)具有特殊性,只能从有限范围的供应商处采购的;
(2)采用公开招标方式的费用占政府采购项目总价值的比例过大的。

3. 竞争性谈判

竞争性谈判方式,是指采购人就有关采购事项,与不少于3家供应商进行谈判,最后按照预先规定的成交标准,确定中标供应商的一种采购方式。

符合下列情形之一的货物或者服务,可以依法采用竞争性谈判方式采购:
(1)招标后没有供应商投标或者没有合格标的或者重新招标未能成立的;
(2)技术复杂或者性质特殊,不能确定详细规格或者具体要求的;
(3)采用招标所需时间不能满足用户紧急需要的;
(4)不能事先计算出价格总额的。

4. 单一来源采购

单一来源采购也称直接采购,是指采购人向唯一供应商进行采购的方式。符合下列情形之一的货物或者服务,可以依法采用单一来源方式采购:
(1)只能从唯一供应商处采购的;
(2)发生了不可预见的紧急情况不能从其他供应商处采购的;
(3)必须保证原有采购项目一致性或者服务配套的要求,需要继续从原供应商处添购,且添购资金总额不超过原合同采购金额10%的。

5. 询价

询价是指采购人向3家以上供应商发出询价单并让其报价,采购人对一次性报出的价格进行比较,最后根据符合采购需求、质量和服务相等且报价最低的原则,确定成交供应商的一种采购方式。根据《政府采购法》第三十二条规定,采购的货物规格、标准统一、现货货源充足且价格变化幅度小的政府采购项目,可以依法采用询价方式采购。

八、政府采购的监督检查

各级人民政府其他有关部门依法履行与政府采购活动有关的监督管理职责。

1. 政府采购监督管理部门的监督

根据《政府采购法》规定,各级人民政府财政部门是负责政府采购监督管理的部门,依法履行对政府采购活动的监督检查职责。监督检查的主要内容:有关政府采购的法律、行政法规和规章的执行情况;采购范围、采购方式和采购程序的执行情况;政府采购人员的职业素质和专业技能。

2. 集中采购机构的内部监督

(1)建立健全内部监督管理制度。

集中采购机构应当建立健全内部监督管理制度。采购活动的决策和执行程序应当明确,并相互监督、相互制约。经办采购的人员与负责采购合同审核、验收人员的职责权限应当明确,并相互分离。

(2)提高采购人员的职业素质和专业技能。

集中采购机构的采购人员应当具有相关职业素质和专业技能,符合政府采购监督管理部门规定的专业岗位任职要求。

3. 采购人的内部监督

(1)政府采购项目的采购标准应当公开。采用本法规定的采购方式的,采购人在采购活动完成后,应当将采购结果予以公布。

(2)采购人选择采购方式和采购程序应当符合法定要求。采购人必须按照《政府采购法》规定的采购方式和采购程序进行采购。任何单位和个人不得违反法律规定,要求采购人或者采购工作人员向其指定的供应商进行采购。

4. 政府其他有关部门的监督

依照法律、行政法规的规定对政府采购负有行政监督职责的政府有关部门,应当按照其职责分工,加强对政府采购活动的监督。

(1)审计机关的监督。审计机关应当对政府采购进行审计监督。政府采购监督管理部门、政府采购各当事人有关政府采购活动,应当接受审计机关的审计监督。

(2)监察机关的监督。监察机关应当加强对参与政府采购活动的国家机关、国家公务员和国家行政机关任命的其他人员实施监察。

5. 政府采购活动的社会监督

任何单位和个人对政府采购活动中的违法行为,有权控告和检举,有关部门、机关应当依照各自职责及时处理。

第三节 国库集中收付制度

一、国库集中收付制度的概念

国库集中收付制度也称国库单一账户制度,是指由财政部门代表政府设置国库单一账户体系,所有的财政性资金均纳入国库单一账户体系收缴、支付和管理的制度。国库集中收付制度,包括国库集中支付制度和收入收缴管理制度。

二、国库单一账户体系

(一)国库单一账户体系的概念

国库单一账户体系是指以财政国库存款账户为核心的各类财政性资金账户的集合,所有财政性资金的收入、支付、存储及资金清算活动均在该账户体系中进行。

(二)国库单一账户体系的构成

国库单一账户体系包括:国库单一账户、财政部门零余额账户、预算单位零余额账户、预算外资金财政专户和特设专户。

1. 国库单一账户

财政部门在中国人民银行开设的国库存款账户也称国库单一账户,用于记录、核算和反映纳入预算管理的财政收入和支出活动,并用于与财政部门在商业银行开设的零余额账户进行清算,实现资金收缴入库和资金支付。

2. 财政部门零余额账户

财政部门在商业银行开设的零余额账户,用于财政直接支付和与国库单一账户支出清算。财政部门零余额账户在国库会计中使用,行政单位和事业单位会计中不设置和使用该账户。

3. 预算单位零余额账户

预算单位零余额账户,财政部门在商业银行为预算单位开设的账户,在支出管理中,用于财政授权支付和与国库单一账户清算。该账户可以办理转账、提取现金等结算业务,可以向本单位按账户管理规定保留的相应账户划拨工会经费、住房公积金及提租补贴,以及经财政部门批准的特殊款项,不得违反规定向本单位其他账户和上级主管单位所述下级单位账户划拨资金。预算单位零余额账户在行政单位和事业单位会计中使用。

4. 预算外资金财政专户

预算外资金财政专户,财政部门在商业银行开设的账户。用于记录、核算和反映预算外资金的收入和支出活动,并用于预算外资金日常收支清算。预算外资金财政专户在财政部门设立和使用。

5. 特设专户

特设专户,经国务院和省级人民政府批准或授权财政部门批准为预算单位在商业银行开设的账户。用于记录、核算和反映预算单位的特殊专项支出活动,并与国库单一账户清算。预算单位不得将特设专户的资金转入本单位的其他账户,也不得将其他账户资金转入本账户核算。

三、财政收入收缴方式和程序

(一)财政收入收缴方式

财政收入的收缴分为直接缴库和集中汇缴两种方式。

1. 直接缴库

直接缴库是指由缴款单位或缴款人按有关法律法规规定,直接将应缴收入缴入国库单一账户或预算外资金财政专户的方式。

2. 集中汇缴

集中汇缴是指由征收机关(有关法定单位)按有关法律法规规定,将所收的应缴收入汇总缴入国库单一账户或预算外资金财政专户的方式。

(二)财政收入收缴程序

收缴程序包括直接缴库程序和集中汇缴程序。

1. 直接缴库程序

直接缴库的税收收入由纳税人或税务代理人提出纳税申报,经征收机关审核无误后,由纳税人通过开户银行将税款缴入国库单一账户。直接缴库的其他收入,比照上述程序缴入国库单一账户或预算外资金财政专户。

2. 集中汇缴程序

小额零散税收和法律另有规定的应缴收入,由征收机关于收缴收入的当日汇总缴入国库单一账户。非税收入中的现金缴款,比照本程序缴入国库单一账户或预算外资金财政专户。

四、财政支出支付方式和程序

(一)支付方式

按支付管理实际需要,将财政支出的支付分为财政直接支付和财政授权支付两种方式。

1. 财政直接支付

财政直接支付是指由财政部门开具支付令,通过国库单一账户体系,直接将财政资金支付到商品和劳务的供应商或用款单位账户。实行财政直接支付的支出包括工资支出、工程购买支出以及物品和服务采购支出等。

2.财政授权支付

财政授权支付是指预算单位根据财政授权,自行开具支付令,通过国库单一账户体系将资金支付到收款人账户。实行财政授权支付的支出包括未实行财政直接支付的购买支出和零星支出。

(二)支付程序

1.财政直接支付程序

预算单位实行财政直接支付的财政性资金包括工资支出、工程采购支出、物品和服务采购支出。其支付程序如下:

(1)预算单位申请。财政直接支付的申请由一级预算单位汇总,填写"财政直接支付汇总申请书",报财政部门国库支付执行机构。

(2)财政部门国库支付执行机构开具支付令。财政部门国库支付执行机构对一级预算单位提出的支付申请审核无误后,开具"财政直接支付汇总清算额度通知单"和"财政直接支付凭证",经财政部门国库管理机构加盖印章签发后,分别送中国人民银行和代理银行。

(3)代理银行划拨资金。代理银行根据"财政直接支付凭证"及时将资金直接支付给收款人或用款单位。

(4)资金清算。代理银行依据财政部门国库支付执行机构的支付指令,将当日实际支付的资金,按一级预算单位分预算科目汇总,将实际支付清单与国库单一账户进行资金清算。

2.财政授权支付程序

财政授权支付程序适用于未纳入工资支出、工程采购支出、物品、服务采购支出管理的购买支出和零星支出,包括单件物品或单项服务购买额不足10万元人民币的购买支出;年度财政投资不足50万元人民币的工程采购支出;特别紧急的支出和经财政部门批准的其他支出。其支付程序如下:

(1)预算单位申请月度用款限额。预算单位按照批复的部门预算和资金使用计划,申请授权支付的月度用款限额,由一级预算单位汇总后报财政部门国库支付执行机构。

(2)通知支付银行。财政部门根据批准的一级预算单位用款计划中月度授权支付额度,每月25日前以"财政授权支付汇总清算额度通知单""财政授权支付额度通知单"的形式分别通知中国人民银行和代理银行。

(3)代理银行办理支付。代理银行在收到财政部门下达的"财政授权支付额度通知单"后,向相关预算单位发出"财政授权支付额度到账通知书"。基层预算单位凭据"财政授权支付额度到账通知书"所确定的额度支用资金。

(4)代理银行办理资金清算。代理银行凭据"财政授权支付额度通知单"受理预算单位财政授权支付业务,控制预算单位的支付金额,并与国库单一账户进行资金清算。

(5)预算单位使用资金。预算单位支用授权额度时,填制财政部门统一制定的"财政授权支付凭证"送代理银行,代理银行根据"财政授权支付凭证"通过预算单位零余额账户办理资金支付。

本章知识框架

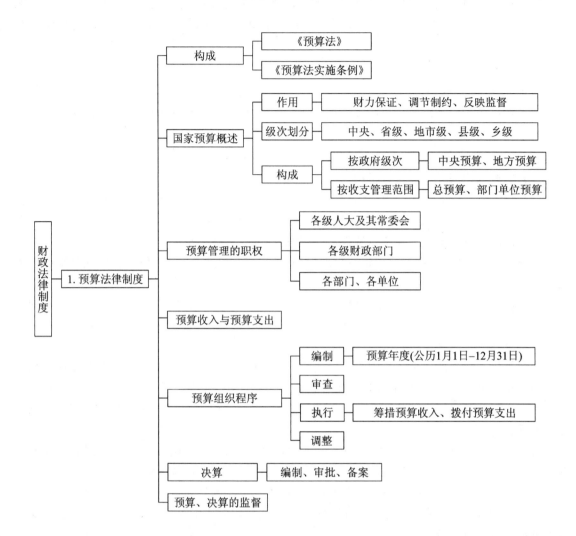

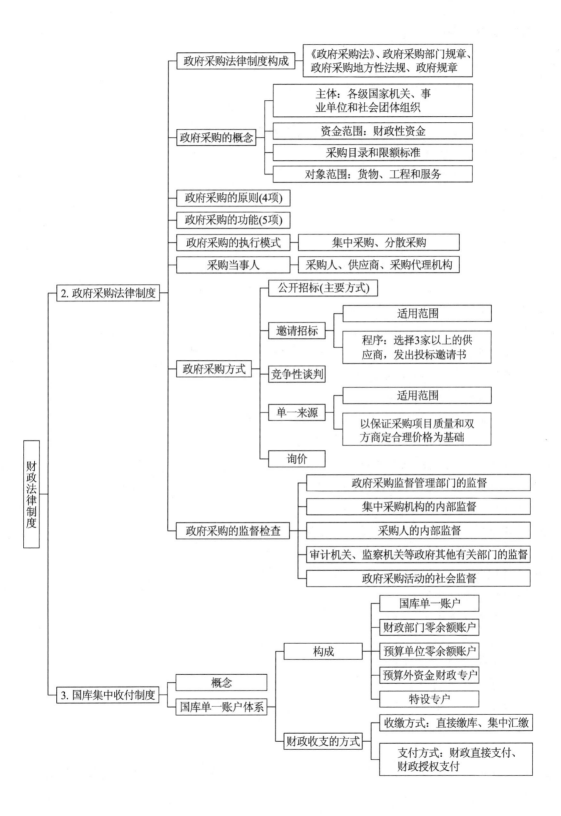

本章练习

一、单项选择题

1. 在财政法律体系中处于核心地位的是( )。
   A. 金融法律制度　　　　　　B. 预算法律制度
   C. 税收法律制度　　　　　　D. 政府采购法律制度

2. 我国国家预算的基本职能中,不包括( )。
   A. 调控职能　　　　　　　　B. 分配职能
   C. 支付职能　　　　　　　　D. 监督职能

3. 下列关于预算体系组成的表述,错误的是( )。
   A. 地方预算由省、自治区、直辖市预算组成
   B. 部门单位预算是指部门、单位的收支预算
   C. 总预算包括本级预算和本级政府行政隶属的下一级政府的总预算
   D. 预算组成不受限制,可随意编制

4. 据我国《预算法》的规定,不属于全国人民代表大会的预算职权的是( )。
   A. 审查中央和地方预算草案及中央和地方预算执行情况的报告
   B. 批准中央预算和中央预算执行情况的报告
   C. 监督中央和地方预算的执行
   D. 改变或者撤销全国人民代表大会常务委员会关于预算、决算的不适当的决议

5. 根据我国《预算法》的规定,不属于国务院财政部门的预算职权的是( )。
   A. 具体编制中央预算、决算草案
   B. 具体组织中央和地方预算的执行
   C. 审查和批准中央预算的调整方案
   D. 具体编制中央预算的调整方案

6. 下列不属于我国《预算法》规定的预算收入形式的是( )。
   A. 规费收入
   B. 征收排污费专项收入
   C. 各非公有制企业之间的股权转让所得
   D. 国有资产的有偿转让收益

7. 下列各项中,不属于政府采购人的权利是( )。
   A. 要求采购代理机构遵守委托协议约定的权利
   B. 有权按照国家有关规定收取中介服务费的权利
   C. 依法确定中标供应商的权利
   D. 自行选择采购代理机构的权利

8. 将有关采购的法律、政策、程序等所有相关信息都对社会公开,这体现了政府采购的( )原则。
   A. 公正　　　　　　　　　　B. 公平竞争
   C. 诚实守信　　　　　　　　D. 公开透明

9. 邀请招标方式中受邀参与投标的供应商数量不得少于( )家。
   A. 1　　　　　　B. 2　　　　　　C. 3　　　　　　D. 4
10. 下列账户中,用于财政直接支付与国库单一账户支出清算的是( )。
   A. 国库单一账户　　　　　　B. 预算单位零余额账户
   C. 预算外资金财政专户　　　D. 财政部门零余额账户

二、多项选择题

1. 下列关于预算的审批,说法正确的有( )。
   A. 中央预算由全国人民代表大会审查和批准
   B. 地方各级政府预算由本级人民代表大会审查和批准
   C. 中央预算和地方各级政府预算均由全国人民代表大会审查和批准
   D. 各级政府预算经批准即可,无须向有关部门备案

2. 预算单位适用财政直接支付的财政性资金包括( )。
   A. 工资　　　　　　　　　　B. 工程采购支出
   C. 物品采购支出　　　　　　D. 服务采购支出

3. 财政收入的收缴具体包括( )。
   A. 直接缴库　　　　　　　　B. 集中汇缴
   C. 分期缴库　　　　　　　　D. 分次预缴

4. 国库单一账户体系的构成包括( )。
   A. 国库单一账户　　　　　　B. 财政部门零余额账户
   C. 预算单位零余额账户　　　D. 预算外资金财政专户

5. 政府采购监督检查的主要内容是( )。
   A. 有关政府采购的法律、行政法规和规章的执行情况
   B. 采购程序的执行情况
   C. 政府采购人员的职业素质和专业技能
   D. 集中采购机构的有关情况

6. 根据政府采购法律制度的规定,下列情形中,采购人可以采用单一来源方式采购的有( )。
   A. 只能从唯一供应商处采购的
   B. 发生了不可预见的紧急情况不能从其他供应商处采购的
   C. 采用招标方式所需时间不能满足用户紧急需要的
   D. 不能事先计算出价格总额的

7. 供应商参加政府采购活动应当具备的条件包括( )。
   A. 具有独立承担民事责任的能力
   B. 具有良好商业信誉和健全的财务会计制度
   C. 有依法缴纳税收和社会保障资金的良好记录
   D. 参加政府采购活动前5年内,在经营活动中没有重大违法记录

8. 政府采购的执行模式应当包括( )。
   A. 自行采购　　　　　　　　B. 集中采购
   C. 供应商采购　　　　　　　D. 分散采购

9. 政府采购的作用包括(　　)。
   A. 提高采购资金的使用效益　　B. 节约财政支出
   C. 优化产业结构　　D. 推进反腐倡廉

三、判断题

1. 国务院财政部门编制中央决算草案,报国务院审定后,由国务院提请全国政协常委会审查和批准。(　　)

2. 我国国家预算体系中不包括县市级以下的预算。(　　)

3. 政府采购的对象包括货物、工程两项。(　　)

4. 凡采购未纳入集中采购目录的政府采购项目,可以自行采购,也可以委托集中采购机构在委托的范围内代理采购。(　　)

5. 政府采购目录和采购限额标准由县级以上人民政府确定并公布。(　　)

6. 由政府设立的职能部门统一为其他政府机构提供采购服务的采购组织形式是集中采购模式。(　　)

7. 某科研单位通过政府采购方式向某公司购买化学实验室的专用设备,价值为12万元。几年后,该实验室拟继续通过政府采购方式添置一台与专用设备配套的分析仪器,价值为1万元。该科研单位可以不采用公开招标方式,只向原供应商采购所需的分析仪器。(　　)

8. "财政零余额账户"该账户经过批准可以提取现金。(　　)

9. 集中汇缴是指由缴款单位或缴款人按有关法律法规规定,将应缴收入汇总后缴入国库单一账户或预算外资金财政专户。(　　)

10. 国库单一账户在国库会计中使用,行政单位和事业单位会计中不设置和使用该账户。(　　)

参考答案及解析

一、单项选择题

1.【正确答案】 B

【答案解析】 本题考核预算法律制度的地位。预算法律制度在财政法律体系中处于核心地位。

2.【正确答案】 C

【答案解析】 本题考核国家预算的职能。作为财政分配和宏观调控的主要手段,国家预算具有分配、调控和监督职能。

3.【正确答案】 D

【答案解析】 本题考核预算体系组成。我国的预算组成并非没有限制的,中央预算由中央各部门(含直属单位)的预算组成,地方预算由各省、自治区、直辖市预算组成。

4.【正确答案】 C

【答案解析】 本题考核全国人民代表大会的预算职权。选项C是全国人民代表大会常务委员会的预算职权之一。

5.【正确答案】 C

【答案解析】 本题考核国务院财政部门的预算职权。选项C是全国人民代表大会常务委员会的预算职权之一。

6.【正确答案】 C

【答案解析】 本题考核预算收入的形式。我国《预算法》规定的预算收入形式包括:(1)税收收入,它是国家预算收入的主要来源;(2)行政事业性收费收入;(3)依照规定应上缴的国有资产收益,例如依法应当上缴的国有资产投资产生的股息收入、国有资产的有偿转让和出让的收益等;(4)转移性收入;(5)其他收入,包括规费收入、罚没收入等。

7.【正确答案】 B

8.【正确答案】 D

9.【正确答案】 C

10.【正确答案】 D

【答案解析】 财政部门按资金使用性质在商业银行开设的零余额账户,用于财政直接支付和与国库单一账户支出清算。

二、多项选择题

1.【正确答案】 AB

【答案解析】 本题考核预算的审批。根据规定,地方各级政府预算由本级人民代表大会审查和批准,各级政府预算批准后,必须依法向相应的国家机关备案。

2.【正确答案】 ABCD

【答案解析】 本题考核财政直接支付的范围。预算单位实行财政直接支付的财政性资金包括工资、工程采购支出、物品和服务采购支出。

3.【正确答案】 AB

【答案解析】 本题考核财政收入收缴方式。财政收入的收缴分为直接缴库和集中汇缴两种方式。

4.【正确答案】 ABCD

【答案解析】 本题考核国库单一账户体系的构成。国库单一账户体系的构成包括国库单一账户、财政部门零余额账户、预算单位零余额账户、预算外资金财政专户、特设专户。

5.【正确答案】 ABCD

【答案解析】 本题考核政府采购监督检查的相关规定。选项内容都属于政府采购监督检查的主要内容。

6.【正确答案】 AB

【答案解析】 本题考核政府采购的单一来源方式。符合下列情形之一的货物或者服务,可以采用单一来源方式采购:(1)只能从唯一供应商处采购的;(2)发生了不可预见的紧急情况不能从其他供应商处采购的;(3)必须保证原有采购项目一致性或者服务配套的要求,需要继续从原供应商处添购,且添购资金总额不超过原合同采购金额10%的。选项C、D适用竞争性谈判方式。

7.【正确答案】 ABC

【答案解析】 本题考核供应商参加政府采购活动应当具备的条件。供应商参加政府采购活动前3年内,在经营活动中没有重大违法记录。

8.【正确答案】 BD

【答案解析】 本题考核政府采购的执行模式。政府采购的执行模式包括集中采购和分散采购两种。

9.【正确答案】 ABD

【答案解析】 本题考核政府采购的作用。政府采购的作用包括：节约财政支出、提高采购资金的使用效益；强化宏观调控；活跃市场经济；推进反腐倡廉；保护民族产业。

三、判断题

1.【正确答案】 错

【答案解析】 本题考核决算的相关规定。根据规定，国务院财政部门编制中央决算草案，报国务院审定后，由国务院提请全国"人大常委会"审查和批准。

2.【正确答案】 错

【答案解析】 本题考核国家预算的级次划分。我国实行"一级政府，一级预算"，一共分为五级。

3.【正确答案】 错

【答案解析】 本题考核政府采购的对象，包括货物、工程和服务。

4.【正确答案】 对

【答案解析】 本题考核分散采购。

5.【正确答案】 错

【答案解析】 政府采购目录和采购限额标准由省级以上人民政府确定并公布。

6.【正确答案】 对

【答案解析】 本题考核政府采购的执行模式。

7.【正确答案】 对

【答案解析】 本题考核政府采购的方式。采购人如果必须保证原有采购项目一致性或者服务配套的要求，需要继续从原供应商处添购，且添购资金总额不超过原合同采购金额10%的，可以向唯一供应商进行采购。

8.【正确答案】 错

【答案解析】 本题考核财政零余额账户。财政直接支付各单位的预算内资金就是通过"财政零余额账户"进行核算支付的，但该账户不得提取现金。

9.【正确答案】 错

【答案解析】 集中汇缴是指由征收机关按有关法律法规规定，将应缴收入汇总后缴入国库单一账户或预算外资金财政专户。

10.【正确答案】 对

第五章 会计职业道德

 学习目标与要求

(1) 了解会计职业道德的功能;
(2) 熟悉会计职业道德的含义;
(3) 掌握会计职业道德的主要内容;
(4) 了解加强会计职业道德教育的途径。

◆ **重点**
会计职业道德的主要内容。

◆ **难点**
理解会计职业道德与会计法律制度之间的关系。

◆ **导读**
本章学习起来较为容易,以第二节会计职业道德的主要内容为学习和考试的重点。本章常与第一章会计法律制度相结合,跨章节出综合性案例分析题,学习时应特别注意。

第一节 会计职业道德概述

一、职业道德

(一) 职业道德的概念

职业道德的概念有广义和狭义之分。广义的职业道德是指从业人员在职业活动中应该遵循的行为准则,涵盖了从业人员与服务对象、职业与职工、职业与职业之间的关系;狭义的职业道德是指在一定职业活动中应遵循的、体现一定职业特征的、调整一定职业关系的职业行为准则和规范。不同职业的人员在特定的职业活动中形成了特殊的职业关系,包括职业主体与职业服务对象之间的关系,职业团体之间的关系,同一职业团体内部人与人之间的关系,以及职业劳动者、职业团体与国家之间的关系等。为了协调这些复杂的、特殊的社会关系,除了需要政治的、行政的、法律的、经济的规范和手段之外,还需要一种适应职业生活特点的调节职业社会关系的规范和手段,由此形成了不同从业人员的道德规范,即职业道德。

(二) 职业道德的特征

职业道德是道德在职业活动中的具体体现,除了具有道德的一般特征之外,还具有以下特征:

1. 行业性

职业道德的内容与职业活动紧密相连,反映着特定职业活动对从业人员行为的道德要求。

所以,职业道德的行业性很强,不具有普遍的适用性。一定的职业道德规范只适用一定的职业活动领域;有些具体的行业道德规范,只适用本行业,其他行业不完全适用或完全不适用。

2. 实践性

由于职业活动都是具体的实践活动,因此根据职业实践经验概括出来的职业道德规范,具有较强的针对性、实践性,容易形成条文,它一般用行业公约、工作守则、行为须知、操作规程等具体的规章制度来教育、约束本行业的从业人员,并且公之于众,让行业内外人员(包括服务对象)检查和监督。

3. 继承性

由于职业道德是与职业活动紧密结合的,所以,即使在不同的社会经济发展阶段,同样一种职业因服务对象、服务手段、职业利益、职业责任和义务相对稳定,职业道德的核心内容就被继承和发扬。因此,职业道德具有较强的相对稳定性和历史继承性。例如,教师"诲人不倦"、医生"救死扶伤"、商人"买卖公平"等道德要求就在这些行业中世代相传,并且得到不断丰富和发展。

4. 多样性

职业道德与具体的职业相联系,而社会上的职业是复杂、多样的,因此有多少种职业就有多少种职业道德,即使在同一行业中也有不同的岗位,这些不同的岗位又会有更加具体的职业道德要求。随着生产力和社会的发展,新兴行业不断产生,与之相适应的职业道德层出不穷,职业道德就越来越多样、越来越丰富。

(三)职业道德的作用

1. 促进职业活动的有序进行

职业道德最主要的作用就是通过调节职业关系,维护正常的职业活动秩序。人们所从事的各种职业活动中涉及的各方都存在着责、权、利的矛盾和差异,职业道德作为职业行为的规范,用来协调职业关系中的各种矛盾和差异,确保职业活动的正常进行,促进职业的健康发展。

2. 对社会道德风尚产生积极的影响

职业道德是社会道德的一个重要组成部分,职业道德状况对社会道德风尚会产生极大的影响。在我们的现实生活中,如果人们都能自觉地遵守各自的职业道德规范,必将形成良好的社会道德风尚。

(四)职业道德的主要内容

职业道德主要内容包括以下几个方面:

1. 爱岗敬业

爱岗就是热爱自己的工作岗位,热爱本职工作。爱岗是对人们工作态度的一种普遍要求。热爱本职工作,就是从业人员以正确的态度对待职业劳动,努力培养对自己所从事工作的热爱。敬业就是以一种严肃的态度对待自己的工作,勤勤恳恳、兢兢业业,忠于职守,尽职尽责。

爱岗精神与敬业精神是相通的、相互联系的,爱岗是敬业的基础,敬业是爱岗的具体表现,不爱岗就很难做到敬业,不敬业也很难说是真正的爱岗。爱岗敬业是为人民服务和集体主义精神的具体体现,是社会主义职业道德一切基本规范的基础。

2. 诚实守信

诚实,就是忠诚老实、不讲假话。诚实的人能忠实于事物的本来面目,不歪曲、不篡改事实,同时也不隐瞒自己的真实思想,处事实在。守信,就是信守诺言、说话算数,讲信誉,重信用,履行自己应承担的义务。诚实和守信的意思是相通的、是互相联系的,诚实是守信的基础,守信是诚实的具体表现,不诚实很难做到守信,不守信也很难说是真正的诚实。

3. 办事公道

办事公道是指从业人员在办理事情、处理问题时,要站在公正的立场上,按照同一标准和同一原则办事的职业道德规范。人们生活在世界上,就要与人打交道、处理各种关系,这就存在办事是否公道的问题。例如,一个服务员接待顾客不以貌取人,对不同国籍、不同肤色、不同民族的宾客能一视同仁,同样热情服务,这就是办事公道。

4. 服务群众

服务群众就是为人民群众服务,时时刻刻为群众着想,急群众所急,忧群众所忧,乐群众所乐。服务群众包括两个方面:服务群众是对各级领导及各级领导机关、各级公务员的一种要求;服务群众是对所有从业人员的要求。

5. 奉献社会

奉献社会,就是全心全意为社会做贡献。一个人不论从事什么行业的工作,不论在什么岗位,都可以做到奉献社会。奉献社会是一种人生境界,是一种融在一生事业中的高尚人格。

二、会计职业道德

(一)会计职业道德的概念

会计职业道德是指在会计职业活动中应当遵循的、体现会计职业特征的、调整会计职业关系的职业行为准则和规范。其含义包括以下几个方面:

1. 会计职业道德是调整会计职业活动中各种利益关系的手段

在我国社会主义市场经济建设中,当各经济主体的利益与国家利益、社会公众利益发生冲突的时候,会计职业道德不允许通过损害国家和社会公众利益而获取违法利益,但允许个人和各经济主体获取合法的自身利益。会计职业道德可以配合国家法律制度,调整职业活动中的经济利益关系,维护正常的经济秩序。

2. 会计职业道德具有相对稳定性

会计是一种专业技术性很强的职业。在会计对单位经济事项进行确认、计量、记录和报告中,会计标准的设计、会计政策的制定、会计方法的选择都必须遵循其内在的客观经济规律和要求。由于人们面对的是共同的客观经济规律,因此,会计职业道德在社会经济关系的不断变迁中,始终保持自己的相对稳定性。

3. 会计职业道德具有广泛的社会性

会计职业道德的社会性是由会计职业活动所生成的产品决定的,特别是在所有权和经营权分离的情况下,会计不仅要为政府机构、企业管理层、金融机构等提供符合质量要求的会计信息,而且要为投资者、债权人及社会公众服务,因其服务对象涉及面广,提供的会计信息是公共产品,所以会计职业道德的优劣将影响国家和社会公众利益。可见,会计信息质量直接影响着社会经济的发展和社会经济秩序的健康运行,会计职业道德必然受社会关注,具有广泛的社会性。

(二)会计职业道德的特征

会计作为社会经济活动中的一种特殊职业,其职业道德除了具有职业道德的一般特征外,与其他职业道德相比还具有如下特征:

1. 具有一定的强制性

法律是具有强制性的,它要求人们"必须这样或那样做",而道德一般不具有强制性,它要求人们"应该这样或那样做"。但在我国,会计职业道德和其他职业道德不一样,许多内容都直接纳入了会计法律制度,如我国的《会计法》《会计基础工作规范》等都规定了会计职业道德的内容和要求。会计职业道德的这种独特的强制性,是由会计工作在市场经济活动中的特殊地位所决定的。当然,会计职业道德也存在许多非强制性内容,如会计职业道德中的提高技能、强化服务、参与管理、奉献社会等内容虽然是非强制性要求,但直接影响专业胜任能力、会计信息质量和会计职业的声誉,也要求会计人员遵守。

2. 较多关注公众利益

会计职业的一个显著特征是与社会公众利益密切联系。在会计工作中,会计确认、计量、记录和报告的程序、标准和方法,在选择和运用上发生任何变化,都会对与经济主体有关的各方经济利益产生直接影响。由于会计人员自身的经济利益往往与其所处的经济主体的利益一致,当经济主体利益与国家利益和社会公众利益出现矛盾时,会计人员的利益指向如果偏向经济主体,那么国家和社会公众的利益就会受损,便产生了会计职业道德危机。因此,会计职业的特殊性,对会计职业道德提出了更高的要求,要求会计人员客观公正,在会计职业活动中,发生道德冲突时要坚持准则,把社会公众利益放在第一位。

(三)会计职业道德的功能

1. 指导功能

在社会经济生活中,会计职业道德扮演着指导会计行为方向的"向导"角色,指导会计人员树立正确的职业观念,遵循职业道德要求,从而达到规范会计行为的目的。

2. 评价功能

会计职业道德评价功能,是对会计人员的行为根据一定的道德标准进行评价。通过赞扬、褒奖或批评、谴责,激励人们弃恶扬善,以调整人与人之间以及个人与社会之间的关系。

3. 教化功能

会计职业道德的教化功能,是对会计人员的思想、感情和行为有着潜移默化的塑造作用。通过传播会计职业道德观念、树立会计职业道德榜样、塑造理想人格等手段,形成会计职业道德风尚,来深刻影响会计人员的会计职业道德观念和会计行为,培养会计人员的会计职业道德习惯和道德品质,启迪会计人员的会计职业道德觉悟,培养会计人员践行会计职业道德的自觉性和主动性。

(四)会计职业道德的作用

会计职业道德的作用,主要体现在以下几个方面:

1. 会计职业道德是规范会计行为的基础

动机是行为的先导,有什么样的动机就有什么样的行为。会计职业道德对会计的行为动机提出了相应的要求,如诚实守信、客观公正等,引导、规劝、约束会计人员树立正确的职业观念,建立良好的职业品行,从而达到规范会计行为的目的。

2. 会计职业道德是实现会计目标的重要保证

从会计职业关系角度讲,会计目标就是为会计职业关系中的各个服务对象提供真实、可靠的会计信息。由于会计职业活动既是技术性的处理过程,又涉及对多种经济利益关系的调整。会计目标能否顺利实现,既取决于会计人员专业技能水平,也取决于会计人员能否严格遵守职业行为准则。如果会计人员故意或非故意地提供了不真实、不可靠的会计信息,就会导致服务对象的决策失误,甚至导致社会经济秩序混乱。因此,依靠会计职业道德约束会计人员的职业行为,是实现会计目标的重要保证。

3.会计职业道德是对会计法律制度的重要补充

在现实生活中,会计人员的很多行为很难由法律作出规定,例如,会计法律只能对会计人员不得违法的行为作出规定,不宜对他们如何爱岗敬业、诚实守信、提高技能等提出具体要求。但是,如果会计人员缺乏爱岗敬业的热情和态度,缺乏诚实守信的做人准则,没有必要的职业技能,则很难保证会计信息达到真实、完整的法定要求。显然,会计职业道德是其他会计法律制度所不能替代的,会计职业道德是对会计法律制度的重要补充。

4.会计职业道德是提高会计人员职业素质的内在要求

随着社会的进步和发展,对会计从业者的素质要求越来越高。一个高素质的会计从业者应当做到爱岗敬业,提高专业胜任能力。这不仅是会计职业道德的主要内容,而且是会计从业者遵循会计职业道德的可靠保证。倡导会计职业道德,加强会计从业继续教育,并结合会计职业活动引导会计从业者进一步加强自我修养,提高专业胜任能力,有利于促进会计从业者整体素质的不断提高。

三、会计职业道德与会计法律制度

会计职业道德与会计法律制度都属于会计人员行为规范的范畴,两者既有联系,又有区别。

(一)会计职业道德与会计法律制度的联系

会计职业道德与会计法律制度有着共同的目标、相同的调整对象,承担着同样的职责,两者联系密切。

1.作用上相互补充、相互协调

在规范会计行为中,我们不可能完全依赖会计法律制度的强制功能而排斥会计职业道德的教化功能,会计行为不可能都由会计法律制度进行规范,不需要或不宜由会计法律制度进行规范的行为,可通过会计职业道德来规范。同时,那些基本的会计行为必须运用会计法律制度强制规定。

2.内容上相互借鉴、相互重叠

会计法律制度中含有会计职业道德的内容,同时会计职业道德中也包含会计法律制度的某些条款。

3.地位上相互转化、相互吸收

最初的会计职业道德就是对会计职业行为约定俗成的基本要求,后来制定的会计法律制度吸收了这些基本要求,便形成了会计法律制度。

4.实施过程中相互作用、相互促进

会计职业道德是会计法律制度实施的重要的社会和思想基础,会计法律制度是促进会计职业道德形成的制度保障。

(二)会计职业道德与会计法律制度的区别

会计职业道德与会计法律制度的主要区别表现在以下四个方面:

1.性质不同

会计法律制度是由国家立法部门制定,通过国家机器强制执行,具有很强的他律性。

会计职业道德很多来自职业习惯和约定俗成,依靠会计人员的自觉性,自愿地执行,并依靠社会舆论和从业人员的良心来实现,具有很强的自律性。

2.作用范围不同

会计法律制度侧重于调整会计人员的外在行为和结果的合法化,具有较强的客观性;会计职业道德不仅要求调整会计人员的外在行为,还要调整会计人员内在的精神世界,具有较强的主观性。会计人员某些错误的行为,只要它还不到触犯会计法律的程度,法律可以不予追究、制裁,但从会计职业道德方面来说,却要受到社会舆论的批评、谴责。可以这样说,受到会计职业道德谴责的,不一定受到会计法律的制裁;而受到会计法律制裁的,一般都会受到会计职业道德的谴责(某些过失犯罪除外)。

3.表现形式不同

会计法律制度是通过一定的程序由国家立法机关或行政管理部门制定和颁布的,其表现形式是具体的、正式成文的条款;而会计职业道德源自会计人员的职业生活和职业实践,日积月累、约定俗成。其表现形式既有明确成文的规定,也有不成文的只存在于会计人员内心的意识和信念。

4.实施保障机制不同

会计法律制度由国家强制力保障实施;会计职业道德既有国家法律的相应要求,又需要会计人员自觉地遵守。

5.评价标准不同

会计法律制度要求的是"必须",以会计人员享有的权利和义务为标准来判定其行为是否违法。会计职业道德要求的是"应该",以善恶为标准来判定会计人员的行为是否违背道德规范。

(三)会计行为的法治与德治

会计行为的法治与德治虽然具有一致性,但始终是两种不同的治理方式,二者不能混淆。从会计工作来看,法治侧重于规范会计行为,由国家强制力保证实施,执行的标准就是会计法律制度,规范明确,便于操作;而德治侧重于规范会计人员的内心世界,以达到对行为的规范,一般体现为社会舆论的谴责,执行的标准比较空泛,不便于操作。

市场经济是法治经济。会计法律制度对会计工作的有效开展起着引导、促进、保障和制约作用,调整会计工作中的各种关系,解决会计工作中的各种问题和维护正常的工作秩序。然而,法律实施的过程是一个机械的过程,再好的法律,也需要合适的人去正确地执行和使用,需要绝大多数社会成员的支持,如果一个会计工作者不具备相应的专业知识和职业道德水平,很难想象会计法律制度会得到有效实施。所以,在市场经济条件下,会计法治建设,必须以会计职业道德建设作为基础,既要加强会计法治建设,也要加强会计职业道德教育,要通过法律推动和影响道德的发展,通过道德推动法律的制定和完善,二者要相辅相成、协调发展。只有这样,会计法治建设才能推动社会经济稳定有序的发展和会计工作的不断进步。

第二节 会计职业道德的主要内容

会计职业道德是职业道德在会计职业中的具体体现,是指会计人员在职业活动中遵循的行为准则。《会计法》第三十九条规定:"会计人员应当遵守职业道德,提高业务素质"。会计职业道德作为公民道德体系的一个组成部分,涵盖了会计人员与会计主体、职业与职工、职业与职业之间的关系,其主要内容包括爱岗敬业、诚实守信、廉洁自律、客观公正、坚持准则、提高技能、参与管理、强化服务。

一、爱岗敬业

(一)爱岗敬业的含义

爱岗敬业指的是忠于职守的事业精神,是会计职业道德的基础。爱岗就是会计人员应该热爱自己的本职工作,安心于本职岗位,稳定、持久地在会计行业中耕耘,恪尽职守地做好本职工作。敬业就是会计人员应该充分认识本职工作在社会经济活动中的地位和作用,认识本职工作的社会意义和道德价值,具有会计职业的荣誉感和自豪感,在职业活动中具有高度的劳动热情和创造性,以强烈的事业心、责任感,从事会计工作。

爱岗和敬业互为前提,相互支持、相辅相成。爱岗是敬业的基石,敬业是爱岗的升华。如果会计人员对所从事的会计工作不热爱,工作中就难以做到兢兢业业,就不会主动刻苦钻研业务、更新专业知识、提高业务技能;就不会珍惜会计这份工作,努力维护会计职业的声誉和形象;就无法具备与其职务相适应的业务素质和能力,更谈不上坚持准则、客观公正、文明服务,维护国家和集体的利益,为国家和企业承担责任。反之,会计人员虽有热爱会计职业的一腔热情,但如果没有勤奋踏实的工作作风和忠于职守的实际行动,敬业也就成为一句空话。

(二)爱岗敬业的基本要求

1. 正确认识会计职业,树立职业荣誉感

热爱一项工作,首先就意味着对这项工作有一种职业的荣誉感,有自信心和自尊心;其次是对这项工作抱有浓厚的兴趣,把职业生活看成是一种乐趣,于是平凡的、甚至是琐碎的日常工作,就成为生活中不可缺少的部分,并且能在工作中感受到乐趣。会计人员只有正确地认识会计本质,明确会计在经济管理工作中的地位和重要性,树立职业荣誉感,才有可能爱岗敬业。这是做到爱岗敬业的前提,也是首要要求。

2. 热爱会计工作,敬重会计职业

我国各行各业职业道德标兵的先进事迹告诉我们,对自己的工作是否热爱,对自己的岗位是否敬重,是能否做好本职工作的关键。会计人员只要树立了"干一行爱一行"的观念,就会发现会计职业中的乐趣;只有树立"干一行爱一行"的观念,才会刻苦钻研会计业务技能,才会努力学习会计业务知识,才会发现在会计核算、企业理财领域有许多值得研究探索的东西。有了对本职工作的热爱,就会激发出一种敬业精神,自觉自愿地遵循职业道德的各种规范,不断改进自己的工作,在平凡的岗位上做出不平凡的业绩。

3. 安心工作,任劳任怨

安心工作就是以从事会计工作为乐,而不是"这山望着那山高"。只有安心本职工作,才能潜下心来勤学多思、勤学多练,才能做到敬业,成为真正的行家里手。任劳任怨是要求会计人员具有不怕吃苦的精神和不计较个人得失的思想境界。会计人员在处理会计事项的过程中,有时会遇到两难的情况,当集体利益与职工个人利益或国家利益与单位利益发生冲突时,会计人员如果维护了国家利益和集体利益,就可能不被职工理解,反之,则会出现道德危机。会计职业道德要求会计人员既任劳又任怨。

4.严肃认真,一丝不苟

从业人员对自己本职工作的热爱,必定会体现在对工作所必需的职业技能的态度上,体现在对自己工作成果的追求上,也就是对工作严肃认真、一丝不苟,对技术精益求精。会计工作是一项严肃细致的工作,没有严肃认真的工作态度和一丝不苟的工作作风,就容易出现偏差。会计人员要对损失浪费、违法乱纪的行为和不合法不合理的业务开支,严肃认真地对待,把好费用支出关。严肃认真、一丝不苟的职业作风贯穿于会计工作的始终,不仅要求数字计算准确、手续清楚完备,而且绝不能有"都是熟人不会错"的麻痹思想和"马马虎虎"的工作作风。

5.忠于职守,尽职尽责

忠于职守,不仅要求会计人员认真地遵守岗位规范,而且要求会计人员在各种复杂的情况下,能够抵制各种诱惑,忠实地履行岗位职责。尽职尽责具体表现为会计人员对自己应承担责任和义务所表现出的一种责任感和义务感,这种责任感和义务感包含两方面的内容:一是社会或他人对会计人员规定的责任;二是会计人员对社会或他人所负的道义责任。

在现代经济生活中,会计职业因其所处的环境具有特殊性,不同的岗位要求承担的责任和义务不尽相同。注册会计师接受单位委托对委托人进行审计、签证或咨询,维护委托人的权益,保守商业秘密,依法出具审计报告。单位内部会计人员不仅要尽职尽责地履行会计职能,客观真实地记录、反映、服务主体的经济活动状况,负责资金的有效运作,积极参与经营和决策,而且还应拒绝不当的开支,防止有人侵占单位资产,要保护财产的安全完整。在对单位(或雇主)的忠诚与国家及社会公众利益发生冲突时,会计人员应该忠实于国家、忠实于社会公众,承担起维护国家和社会公众利益的责任。单位会计人员应对外提供有关服务主体真实可靠的会计信息;注册会计师不仅要对委托人负责,更应对广大的信息使用者负责,对被审计单位的财务状况和经营成果做出客观、公允的审计报告。

二、诚实守信

(一)诚实守信的含义

诚实是指言行跟内心思想一致,不弄虚作假、不欺上瞒下,做老实人、说老实话、办老实事;守信就是遵守自己所做出的承诺,讲信用,重信用,信守诺言,保守秘密。诚实守信是做人的基本准则,是人们在古往今来的交往中产生的最根本的道德规范,也是会计职业道德的精髓。

(二)诚实守信的基本要求

1.做老实人,说老实话,办老实事,不搞虚假

做老实人,要求会计人员言行一致、表里如一、光明正大;说老实话,要求会计人员说话诚实、实事求是、如实反映;办老实事,要求会计人员工作踏踏实实、不弄虚作假、不欺上瞒下。

要求会计人员从实际对象出发,客观反映事物的本来面貌,不夸大,不缩小,不隐瞒,如实反映和披露单位经济业务事项。

2.保守秘密,不为利益所诱惑

保守秘密就是指会计人员在履行自己的职责时,应树立保密观念,做到保守商业秘密,对机密资料不外传、不外泄,守口如瓶。在市场经济中,秘密可以带来经济利益,严守单位的商业秘密是极其重要的。

会计人员因职业特点经常接触到单位和客户的一些秘密,如单位的财务状况、经营情况、成本资料及重要单据、经济合同等,这些秘密往往关系到单位的生死存亡。因而,会计人员应依法保守单位秘密,这是会计人员应尽的义务,也是诚实守信的具体体现。泄密,不仅是一种不道德的行为,也是违法行为,是会计职业的大忌。会计人员若没有得到法律规定或经单位规定程序批准,不能以任何借口或方式把单位商业秘密泄露出去。

会计人员要做到保密守信,就要注意不在工作岗位以外的场所谈论、评价企业的经营状况和财务数据,此外,在日常生活中会计人员也应保持必要的警惕,防止无意泄密。人们在日常交流中经常会对熟知的事情脱口而出,却没有想到后果,为了防止这种情况的发生,会计人员要了解自己所知的信息中,哪些是商业秘密,哪些是无关紧要的事项,以防止无意泄密的情况发生。同时,会计人员要抵制各种各样的利益诱惑,绝对不能用商业秘密来牟利。

3. 执业谨慎,信誉至上

执业谨慎,信誉至上,要求会计人员在工作中应保持谨慎态度,对客户和社会公众尽职尽责,树立"守信光荣,失信可耻"的观念,以维护职业信誉,这一要求对注册会计师尤为重要。注册会计师在选择客户时要谨慎,不要一味地追求营业收入,迎合客户的不正当要求,接受违背职业道德的附加条件;注意评估自身的业务能力,正确判断自身的知识、经验和专业能力能否胜任所承担的委托业务。

三、廉洁自律

(一)廉洁自律的含义

廉洁就是不贪污钱财,不收受贿赂,保持清白;自律是指自律主体按照一定的标准,自计职业道德的内在要求,这是会计工作的特点决定的。作为整天与钱财打交道的会计人员,必须两袖清风,不取不义之财。

廉洁是自律的基础,而自律是廉洁的保证,自律性不强就很难做到廉洁,不廉洁就谈不上自律。会计人员必须既廉洁又自律,二者不可偏废。廉洁自律是会计职业声誉的"试金石",是会计人员必备的行为品德,是会计职业道德的灵魂。

(二)廉洁自律的基本要求

1. 树立正确的人生观和价值观

廉洁自律,首先要求会计人员必须加强世界观的改造,树立正确的人生观和价值观。人生观是人们对人生的目的和意义的总的观点和看法;价值观是指人们对于价值的根本观点和看法,它是世界观的一个重要组成部分,包括对价值的本质、功能、创造、认识、实现等一系列问题的基本观点和看法。会计人员应树立科学的人生观和价值观,自觉抵制享乐主义、个人主义、拜金主义等错误的思想,这是在会计工作中做到廉洁自律的思想基础。

2. 公私分明,不贪不占

公私分明就是指严格划分公与私的界线,公是公,私是私。如果公私分明,就能够廉洁奉公、一尘不染,做到"常在河边走,就是不湿鞋";如果公私不分,就会出现以权谋私的腐败现象,甚至出现违法乱纪行为,廉洁自律的天敌就是"贪""欲"。在会计工作中,由于大量的钱财要经过会计人员之手,因此,很容易诱发会计人员的"贪""欲"。一些会计人员贪图金钱和物质上的享受,利用职务之便,自觉或不自觉地行"贪",有的被动受贿,有的主动索贿,有的贪污、挪用公款,有的监守自盗,有的集体贪污。究其根本原因是这些会计人员忽视了世界观的自我改造,放松了道德的自我修养,弱化了职业道德的自律。

3. 遵纪守法,一身正气

遵纪守法就是要求会计人员遵守国家的法律、法规和财经纪律,正确处理会计职业中权利与义务的关系,增强抵制行业不正之风的能力,勇于承担责任、履行义务。同时,要求会计人员不贪污、不损公肥私,正确使用权力,忠实履行义务,做到一身正气、两袖清风。

四、客观公正

(一)客观公正的含义

客观是指按事物的本来面目去反映,不掺杂个人的主观意愿,也不为他人意见所左右;公正就是平等、公平正直,没有偏失。客观公正是会计职业道德所追求的理想目标。

在会计职业活动中,由于涉及多方利益的协调处理,因此,公正就是要求会计人员不仅应当具备诚实的品质,而且应公正地开展会计核算和自我监督工作,即在履行会计职能时,摒弃单位、个人私利,公平公正、不偏不倚地对待相关利益各方。注册会计师在进行审计鉴证时,应以超然独立的姿态,进行公平公正的判断和评价,出具客观、适当的审计报告。

客观公正是会计工作的根本,也是维护国家和社会公众利益、维持经济持续健康发展的需要。客观是公正的基础,公正是客观的反映。要达到公正,仅仅做到客观是不够的,公正还包括在真实、可靠中做出公正的选择,这种选择尽管是建立在客观的基础上,还需要在主观上做出公平合理的判断。是否公平、合理,既取决于客观的选择标准,也取决于选择者的道德品质和职业态度。

诚实守信和客观公正存在意义的交叉,但是,诚实守信强调不弄虚作假,而客观公正侧重于在客观真实的基础上做出公平合理的判断。

(二)客观公正的基本要求

1. 依法办事

依法办事,认真遵守法律法规,是会计工作确保客观公正的前提。当会计人员有了端正的态度和专业知识技能之后,必须依据法律、法规和制度的规定进行会计业务处理,并对复杂疑难的经济业务,做出客观的会计职业判断。总之,只有熟练掌握并严格遵守会计法律法规,才能客观公正地处理会计业务。

2. 实事求是

社会经济是复杂多变的,会计法律制度不可能对所有的经济事项做出规范,那么会计人员对经济事项的职业判断,就可能出现偏差。因此,客观公正是会计人员追求的目标,通过不断提高专业技能,正确理解、把握并严格执行会计准则、制度,不断消除非客观、非公正因素的影响,做到最大限度的客观公正。在实际生活中,要做到客观公正,最根本的是要有实事求是的科学态度。没有实事求是的严谨态度,主观地、片面地看问题,就无法根据客观情况来公正地处理问题,即使主观上想"客观公正",客观也无从实现。

客观公正应贯穿于会计活动的整个过程:一是在处理会计业务的过程中或进行职业判断时,应保持客观公正的态度,实事求是、不偏不倚;二是会计人员对经济业务的处理结果要公正。例如,某人因公出差丢失了报销用的车票,在业务处理时,不能因为无报销凭证就不报销,也不能随意报销,应要求出差人员办理各种合法合理的证明手续后,才能报销,即最终结果是客观公正地进行会计处理;不报销或随意报销,都是不客观公正的。总之,会计核算过程的客观公正和最终结果的客观公正都是十分重要的,没有客观公正的会计核算过程作为保证,结果的客观公正就难以保证;没有客观公正的结果,业务操作过程的客观公正就没有意义。

3. 如实反映

如实反映是对实事求是的进一步补充说明。会计人员在实际工作中必须根据实际发生的经济业务事项,真实正确地记录,如实反映单位经济业务情况,才能实现会计核算、会计监督的有效性,才能保证会计资料的真实性,有利于在会计信息的使用中做出正确的经济决策。

五、坚持准则

(一)坚持准则的含义

坚持准则是指会计人员在处理业务的过程中,要严格按照会计法律制度办事,不为主观或他人意志左右。这里所说的"准则"不仅指会计准则,而且包括会计法律、法规,国家统一的会计制度以及与会计工作相关的法律制度。坚持准则是会计职业道德的核心。会计人员在进行核算和监督的过程中,只有坚持准则,才能以准则作为自己的行动指南,在发生道德冲突时,维护国家利益、社会公众利益和正常的经济秩序。

(二)坚持准则的基本要求

1. 熟悉准则

熟悉准则是指会计人员应了解和掌握《会计法》和国家统一的会计制度及与会计相关的法律制度,这是遵循准则、坚持准则的前提。只有熟悉准则,才能按准则办事,才能遵纪守法,才能保证会计信息的真实性、完整性。

2. 遵循准则

遵循准则即执行准则。准则是会计人员开展会计工作的外在标准和参照物,会计人员在会计核算和监督时要自觉地严格遵守各项准则,将单位具体的经济业务事项与准则相对照,先做出是否合法合规的判断,对不合法的经济业务不予受理。在实际工作中,由于经济的发展和社会环境的变化,会计业务日趋复杂,因而准则规范的内容也会不断变化和完善。这就要求会计人员不仅要经常学习、掌握准则的最新变化,了解本部门、本单位的实际情况,准确地理解和执行准则,还要在面对经济活动中出现的新情况、新问题以及准则未涉及的经济业务或事项时,运用所掌握的会计专业理论和技能,做出客观的职业判断,予以妥善处理。

3. 敢于同违法行为做斗争

市场经济是利益经济。在会计工作中,常常由于各种利益的交织,引起会计人员道德上的冲突。如果会计人员为了自己的个人利益不受影响,放弃原则,做"老好人",就会使会计工作严重偏离准则,会计信息的真实性、完整性就无法保证,作为会计人员,也应当承担相应责任。

为了切实维护会计人员的合法权益,《会计法》强化了单位负责人对单位会计工作的法律责任,赋予了会计人员相应的权利。会计人员应认真遵守国家统一的会计制度,依法履行会计监督职责,发生道德冲突时,应坚持准则,对法律负责,对国家和社会公众利益负责,敢于同违反会计法律法规和财务制度的行为做斗争,确保会计信息的真实性和完整性。

六、提高技能

(一)提高技能的含义

提高技能是指会计人员通过学习、培训和实践等途径,持续提高会计职业技能,以达到和维持足够的专业胜任能力。会计人员是会计工作的主体。会计工作质量的好坏,一方面受会计人员职业技能水平的影响,另一方面受会计人员道德品行的影响。会计人员的道德品行是会计职业道德的根本和核心,会计人员的职业技能水平是会计人员职业道德水平的保证。会计工作是一门专业性和技术性很强的工作,从业人员必须具备一定的会计专业知识和技能,才能胜任会计工作。作为一名会计工作者必须不断地提高其职业技能,这既是会计人员的义务,也是在职业活动中做到客观公正、坚持准则的基础,是参与管理的前提。

职业技能,也可称为职业能力,是人们进行职业活动,承担职业责任的能力和手段。就会计职业而言,职业技能包括会计理论水平、会计实务操作能力、职业判断能力、自动更新知识能力、提供会计信息能力、沟通交流能力以及职业经验等。提高技能就是指会计人员通过学习、培训和实践等途径,持续提高上述职业技能,以达到和维持足够的专业胜任能力。遵守会计职业道德客观上需要不断提高会计职业技能。

我国加入世界贸易组织以后,中国经济逐渐融入全球经济体系,要求会计准则、会计制度与国际会计惯例充分协调,会计人员需要不断地学习新的会计理论和新的准则制度,熟悉和掌握新的法律法规。会计人员只有不断地学习,才能保持持续的专业胜任能力、职业判断能力和交流沟通能力,不断提高会计职业技能,以适应我国深化会计改革和会计国际化的要求。

(二)提高技能的基本要求

1. 要有不断提高会计专业技能的意识和愿望

随着市场经济的发展、全球经济一体化以及科学技术的日新月异,会计在经济发展中的作用越来越明显,对会计的要求也越来越高,会计人才的竞争也越来越激烈。会计人员要想生存和发展,就必须具有不断提高会计职业技能的意识和愿望,才能不断进取,主动地求知、求学,刻苦钻研,使自身的职业技能不断提高,使自己的知识不断更新,从而掌握过硬的本领,在会计人才的竞争中立于不败之地。

2. 要有勤学苦练的精神和科学的学习方法

专业技能的提高和学习不可能是一劳永逸的事,必须持之以恒,不间断地学习、充实和提高,活到老、学到老。只有具备锲而不舍的勤学精神,同时掌握科学的学习方法,在学中思、在思中学,在实践中不断锤炼,才能不断地提高自己的业务水平、推动会计工作和会计职业的发展,以适应不断变化的新形势和新情况。谦虚好学、刻苦钻研、锲而不舍,是练就高超的专业技术和过硬本领的唯一途径,也是衡量会计人员职业道德水平高低的重要标志之一。

七、参与管理

(一)参与管理的含义

参与管理简单地讲就是参加管理活动,为管理者当参谋,为管理活动服务。会计管理是企业管理的重要组成部分,在企业管理中发挥着十分重要的作用。但会计工作的性质决定了会计在企业管理活动中,更多的是从事间接管理活动。参与管理就是要求会计人员积极主动地向单位领导反映本单位的财务、经营状况及存在的问题,主动提出合理化建议,积极参与市场调研和预测,参与决策方案的制定和选择,参与决策的执行、检查和监督,为领导的经营管理和决策活动当好助手和参谋。如果没有会计人员的积极参与,企业的经营管理就可能出现问题,决策就可能出现失误。会计人员特别是会计部门的负责人,必须强化自己参与管理、当好参谋的角色意识和责任意识。

(二)参与管理的基本要求

1.努力钻研业务,熟悉财经法规和相关制度,提高业务技能,为参与管理打下坚实的基础

会计人员只有努力钻研业务,不断提高业务技能,深刻领会财经法规和相关制度,才能有效地参与管理,为改善经营管理和提高经济效益服务。钻研业务、提高技能,首先要求会计人员要有扎实的基本功,掌握会计的基本理论、基本方法和基本技能,做好会计核算的各项基础性工作,确保会计信息真实、完整;其次,要充分利用所掌握的大量会计信息,运用各种管理分析方法,对单位的经营管理活动进行分析、预测,找出经营管理中的问题和薄弱环节,提出改进意见和措施,把管理结合在日常工作之中,从而使会计的事后反映变为事前的预测和事中的控制,真正发挥当家理财的作用,成为决策层的参谋助手。

2.熟悉服务对象的经营活动和业务流程,使参与管理的决策更具针对性和有效性

会计人员应当了解本单位的整体情况,特别是要熟悉本单位的生产经营、业务流程和管理情况,掌握单位的生产经营能力、技术设备条件、产品市场及资源状况等情况。只有这样,才能充分利用会计工作的优势,更好地满足经营管理的需要,才能在参与管理的过程中有针对性地拟订可行性方案,从而提高经营决策的合理性和科学性,更有效地服务于单位的总体发展目标。

八、强化服务

(一)强化服务的含义

强化服务就是要求会计人员具有文明的服务态度、强烈的服务意识和优良的服务质量。服务态度是服务者的行为表现,"文明服务,以礼待人",不仅仅是对服务行业提出的道德要求,更是对所有职业活动提出的道德要求。在我们的社会生活中,各岗位上的就业者都处于服务他人和接受他人服务的地位,在服务他人的过程中,人们承担对他人的责任和义务的同时,也接受着他人的服务。会计工作虽不能说是"窗口"行业,但其工作涉及面广,又往往需要服务对象和其他部门的协作及配合,而且会计工作的政策性又很强,在工作交往和处理业务过程中,容易同其他部门及服务对象发生利益冲突或意见分歧,因此会计人员待人处世的态度直接关系到工作能否顺利开展和工作的成效。这就要求会计人员不仅要有热情、耐心、诚恳的工作态度,待人平等礼貌,而且遇到问题要以商量的口吻,充分尊重服务对象和其他部门的意见,做到大事讲原则、小事讲风格、沟通讲策略、用语讲准确、建议看场合。

强化服务的结果就是奉献社会。任何职业的利益、职业劳动者个人的利益都必须服从社会利益、国家利益。如果说爱岗敬业是会计职业道德的出发点,那么,强化服务、奉献社会就是会计职业道德的归宿点。

(二)强化服务的基本要求

1. 强化服务意识

会计人员要树立强烈的服务意识,为管理者服务、为所有者服务、为社会公众服务、为人民服务。不论服务对象的地位高低,都要摆正自己的工作位置,管钱管账是自己的工作职责,参与管理是自己的义务。只有树立了强烈的服务意识,才能做好会计工作、履行会计职能,为单位和社会经济的发展做出应有的贡献。

2. 提高服务质量

强化服务的关键是提高服务质量。单位会计人员的服务质量表现在:是否真实地记录单位的经济活动,向有关方面提供可靠的会计信息;是否积极主动地向单位领导反映经营活动情况和存在的问题,提出合理化建议,协助领导决策,参与经营管理活动。注册会计师的服务质量表现在:是否以客观、公正的态度正确评价委托单位的财务状况、经营成果,出具恰当的审计报告,为社会公众及信息使用者服务。需要注意的是,在会计工作中提供上乘的服务质量,并非无原则地满足服务主体的需要,而是在坚持原则、坚持准则的基础上尽量满足用户或服务主体的需要。

第三节 会计职业道德教育

一、会计职业道德教育的含义

会计职业道德教育是根据会计工作特点,有目的、有组织、有计划地对会计人员施加系统的会计职业道德影响,促使会计人员形成会计职业道德品质、履行会计职业道德义务的活动。

二、会计职业道德教育的形式

会计职业道德教育的形式有接受教育和自我修养两种。

1. 接受教育(外在教育)

接受教育是通过学校或培训单位对会计人员进行以职业责任、职业义务为核心内容的正面灌输,以规范其职业行为,维护国家和社会公共利益的教育。接受教育具有导向作用。

2. 自我教育(内在教育)

自我教育是通过自我学习提升自身道德修养的行为活动,是内在教育。把外在的会计职业道德的内容要求,逐步转变为会计人员内在的会计职业道德认知、会计职业道德情感、会计职业道德意志和会计职业道德信念,要通过内在的自我教育实现。

三、会计职业道德教育的内容

1. 会计职业道德观念教育

会计职业道德观念教育就是在社会上广泛宣传会计职业道德基本常识,使广大会计人员懂得什么是会计职业道德,了解会计职业道德对社会经济秩序、会计信息质量的影响,以及违反会计职业道德将受到的惩戒和处罚。利用广播、电视、报纸、杂志等媒介,表彰坚持原则、德才兼备的会计人员,鞭笞违法乱纪的会计行为,形成"遵守会计职业道德光荣,违反会计职业道德可耻"的社会氛围,树立会计职业道德观念。

2. 会计职业道德规范教育

会计职业道德规范教育是指对会计人员开展以会计职业道德为内容的教育。会计职业道德的主要内容包括爱岗敬业、诚实守信、廉洁自律、客观公正、坚持准则、提高技能、参与管理和强化服务等,这是会计职业道德规范教育的核心内容,应贯穿于会计职业道德规范教育的始终。

3. 会计职业道德警示教育

会计职业道德警示教育是指通过开展对违反会计职业道德行为和违法会计行为典型案例的讨论和剖析,给会计人员以启发和警示,从而提高会计人员的法律意识,提高会计人员辨别是非的能力。

4. 其他与会计职业道德相关的教育

与会计职业道德相关的其他教育主要有形势教育、品德教育、法制教育等。

形势教育的重点是贯彻"以德治国"重要思想和"诚信为本,操守为重,坚持准则,不做假账"的指示精神,全面系统地加强会计职业道德培训,提高广大会计人员的政治水平和思想道德意识。

品德教育的重点是引导会计人员自觉地用会计职业道德规范约束自身的行为,提高职业道德自律能力,最终形成良好的、稳定的道德品行。

法制教育的重点是引导会计人员了解并熟悉不同历史时期的会计法律法规政策,学会运用法律手段处理会计事务。

四、会计职业道德教育的途径

1. 岗前职业道德教育

岗前职业道德教育是指对将要从事会计职业的人员进行的道德教育,包括会计专业学历教育及获取会计职业资格中涉及的职业道德教育。教育的侧重点应放在职业观念、职业情感及职业规范等方面。

(1) 会计专业学历教育中的职业道德教育。《公民道德建设实施纲要》中指出:"学校是进行系统道德教育的重要阵地。各级各类学校必须认真贯彻党的教育方针,全面推进素质教育",在我国,高等院校是培养各类专门人才的基地,其会计类专业学生是会计队伍的预备人员,他们当中大部分将加入会计队伍,从事会计工作。在会计专业学历教育的阶段是他们的会计职业情感、道德观念和是非善恶判断标准初步形成的时期,所以会计专业类大专院校是会计职业道德教育的重要阵地,是会计人员岗前道德教育的主要场所,在会计职业道德教育中具有基础性地位。据统计,我国每年有10万左右的毕业生进入会计队伍。为保证进入会计队伍的"新鲜血液"具有良好的职业道德观念,会计职业道德教育必须从会计专业学历教育抓起。

(2) 获取会计职业资格中涉及的职业道德教育。根据现行会计人员管理制度的规定,会计职业道德教育是会计从业人员岗前教育的必要内容,使会计人员逐渐认知并熟悉会计职业道德规范,形成良好的道德品质,以指引和约束自身的行为。

2. 岗位职业道德继续教育

继续教育是指会计从业人员在完成某一阶段专业学习后,重新接受一定形式的、有组织的、知识更新的教育和培训活动。会计人员继续教育是强化会计职业道德教育的有效形式,会计职业道德教育应贯穿于整个会计人员继续教育的始终。在职业道德的继续教育中应体现社会经济的发展变化对道德的要求,也就是说在不同的阶段,道德教育的内容和侧重点应有所不同。就现阶段而言,会计人员继续教育中的会计职业道德教育目标是适应新的市场经济形势的发展变化,在不断更新、补充、拓展会计人员业务能力的同时,使其政治素质、职业道德水平不断提高。

第四节 会计职业道德建设的组织与实施

会计职业道德建设是一项复杂的系统工程,要实现会计职业道德的建设,关键在于加强和改善会计职业道德建设的组织和领导,并得到切实贯彻和实施。

一、财政部门的组织推动

经济越发展,会计越重要。会计信息是否真实、完整,直接影响投资人、经营者和社会公众的利益,进而影响整个社会经济秩序。因此,市场经济越发展,对会计工作的职业道德水平要求越高。各级财政部门要充分认识新形势下加强会计职业道德建设的重要意义,正确认识法治与德治的辩证关系,认识会计职业道德建设的意义及其紧迫性、艰巨性、长期性,把会计职业道德建设作为新时期会计管理工作的一项重要内容,列入财政部门管理会计工作的重要议事日程,做到常抓不懈。

1. 采用多种形式开展会计职业道德宣传教育

各级财政部门应有计划、有步骤地开展会计职业道德的宣传教育工作,要结合本地区的实际情况,制订切实可行的宣传教育方案。采取灵活多样的宣传形式,充分利用广播、电视、网络、报纸、杂志等媒体,广泛宣传遵守会计职业道德的先进典范,弘扬正气,树立诚实守信等会计新风尚,在全社会营造会计职业道德建设的良好氛围。通过举办会计职业道德演讲、有奖知识竞赛、征文、论坛、专题研讨会等活动,引导广大会计人员积极参与会计职业道德教育活动。

2. 会计职业道德建设与从业资格管理相结合

各级财政部门应当根据会计法律制度,将会计职业道德建设与会计人员管理相结合的机制,逐步完善会计人员的资格准入、考核、奖惩、培训、退出等制度,从业资格管理与会计职业道德检查结合起来,有利于强化对会计人员的行为约束,引导会计人员遵守会计职业道德。

3. 会计职业道德建设与会计专业技术资格考评、聘用相结合

根据财政部、人事部联合印发的《会计专业技术资格考试暂行规定》及其实施办法规定,报考初级资格、中级资格的会计人员,应坚持原则,具备良好的职业道德品质。会计专业技术资格考试管理机构在组织报名时,应对参加报名的会计人员职业道德情况进行检查,对有不遵循会计职业道德记录的,应取消其报名资格。

目前,高级会计师资格实行高级会计师资格考试与评审相结合的方式,因此有必要在考试和评审两方面对会计职业道德进行检查、考核。一是在考试方面,考虑到会计职业道德对高级会计师的重要性,有必要增设会计职业道德的内容,从理论上加深其对会计职业道德的理解和认识;二是在评审方面要对申报人的会计职业道德情况严格审查。同时规定一些关于职业道德规范的否决条款,比如申报人曾因违法犯罪行为而受过刑事处罚,不能参加高级会计师资格的评审。将会计职业道德建设与会计专业技术资格的考评、聘用联系起来,必将使广大会计人员像重视自己的专业技术职称一样重视自己的职业道德形象,在日常的学习工作中不断提高自身的职业道德

修养。

4.会计职业道德建设与会计法制建设相结合

各级财政部门要把会计职业道德建设与会计法制建设紧密结合起来,在认真宣传贯彻《会计法》和国家统一的会计制度的同时,加大执法力度,严厉打击违法会计行为,维护国家和社会公众利益,维护正常的经济秩序,为会计职业道德建设提供强有力的法律支持和政策保障。

5.会计职业道德建设与会计人员表彰制度相结合

我国会计人员表彰制度已实现制度化。《会计法》第六条规定:"对认真执行本法,忠于职守,坚持原则,做出显著成绩的会计人员,给予精神的或者物质的奖励。"1988年6月,财政部印发《颁发会计人员荣誉证书试行规定》,为在全民所有制企业、事业单位、国家机关、军队、社会团体、县以上集体所有制企业、事业单位以及中外合资、合作和外资经营企业从事财务会计工作满30年的会计人员颁发"会计人员荣誉证书"。对先进个人授予"全国先进会计工作者"荣誉称号,颁发奖章和证书。这些表彰活动,调动了广大会计人员的工作积极性和开拓创新精神,增强了会计人员的职业荣誉感,树立了可信、可学的楷模,推动了会计职业道德的建设。

二、会计职业组织的行业自律

对会计职业道德的建设,除了依靠政府外,行业自律也是一种重要手段。会计行业自律是一个群体概念,是会计职业组织对整个会计行业的会计行为进行自我约束、自我控制的过程。会计职业组织起着联系会员与政府的桥梁作用。应充分发挥会计职业组织的作用,改革和完善会计职业组织自律机制,有效发挥自律机制在会计职业道德建设中的促进作用。

近年来,我国通过会计职业组织强化自律管理和行业惩戒也已取得了一定进展。中国注册会计师协会作为注册会计师行业自律组织,为提高我国注册会计师职业道德水平做出了积极努力,先后发布了《中国注册会计师职业道德基本守则》《中国注册会计师职业道德规范指导意见》以及《注册会计师、注册资产评估师行业诚信建设纲要》等,研究建立调查委员会、技术鉴定委员会、惩戒委员会等行业自律性决策组织,逐步使行业自律规范化和制度化,对促进注册会计师职业道德建设起到了相当大的推动作用。

三、企事业单位的内部监督

企事业单位应形成内部约束机制,防范舞弊和经营风险,支持并督促会计人员遵循会计职业道德,依法开展工作。

单位负责人必须重视和加强本单位会计人员的职业道德建设,在任用会计人员时,应当审查会计人员的职业记录和诚信档案,选择业务素质高、职业道德好、无不良记录的人员从事会计工作;在日常工作中,应注意开展对会计人员的道德和纪律教育,并加强检查,督促会计人员坚持原则、诚实守信;在制度建设上,要重视内部控制制度建设,完善内部约束机制,有效防范舞弊和经营风险。同时,单位负责人要做遵纪守法的表率,支持会计人员依法开展工作。

四、社会各界的监督与配合

加强会计职业道德建设,既是提高广大会计人员素质的一项基础性工作,又是一项复杂的社会系统工程,不仅是某一个单位、某一个部门的任务,也是各地区、各部门、各单位的共同责任。

正如《公民道德建设实施纲要》所指出的:"推进公民道德建设,需要社会各方面的共同努力。各级宣传、教育、文化、科技、组织人事、纪检监察等党政部门,工会、共青团、妇联等群众团体以及社会各界,都应当在党委的统一领导下,各尽其责,相互配合,把道德建设与业务工作紧密结合起来,纳入目标管理责任制,制定规划,完善措施,扎实推进。要充分发挥各民主党派和工商联在公民道德建设中的作用。"因此,加强会计职业道德建设,不仅各级党组织要管,各级机关、群众组织等也要管。只有重视和加强各级组织、广大群众和新闻媒体的监督作用,齐抓共管,形成合力,才能有效地搞好会计职业道德建设,更好地提高广大会计人员的思想道德素质。

会计职业道德的建设是一项复杂的系统工程,需要政府部门及社会各界积极参与,各尽其责、相互配合、齐抓共管、形成合力。使外在的会计职业道德要求转化为会计人员内在的职业道德品质,自觉履行应尽的职业义务,保证会计信息的真实性和完整性。

第五节 会计职业道德的检查与奖惩

一、会计职业道德检查与奖惩的意义

为了充分发挥会计职业道德的作用,健全会计职业道德体系,应在建立会计职业道德规范和加强会计职业道德教育的基础上,强化对会计人员职业道德规范遵守情况的检查,并根据检查的结果进行相应的表彰和惩罚。对符合会计职业道德的行为予以奖励,对违反会计职业道德的行为进行惩罚,以起到抑恶扬善的作用。会计职业道德检查与奖惩的意义主要有:

1. 促使会计人员遵守会计职业道德规范的作用

会计职业道德的养成是内因和外因交互作用的结果,会计人员的自觉追求和刻苦修养是基础性的,但外部的监督检查和奖惩也是重要的促进力量。这种外部的促进力量对于会计职业道德修养的初期、对自觉性较差的会计人员具有更加重要的作用。

2. 裁决与教育作用

会计职业道德提出了一系列要求,但是,将这些外在要求转化为会计人员的内在要求和自觉行动,则需要一个艰苦的过程。通过监督检查,可以及时将会计人员的会计行为与会计职业道德的要求进行对照,对符合会计职业道德的行为予以肯定和奖励,对违反会计职业道德的行为进行否定和惩罚,这个过程本身就是对会计人员的职业道德教育。所以,宣传灌输是教育,检查和奖惩也是教育,而且后者往往比前者更重要。

3. 有利于形成抑恶扬善的社会环境

会计职业道德的养成需要适宜的社会环境,我们有时也称之为社会文化。社会环境的形成需要长时间的点滴积累,需要全社会的共同努力,所以,社会环境是一个更为宏观的概念。但反过来讲,社会环境对处于其中的个体具有潜移默化的影响,所以,在一个诚信有德的环境中,无道德的人可能会逐渐转化为有道德的人,而在一个失信无德的环境中,有道德的人也可能会蜕变为无道德的人。在良好社会环境形成的过程中,政府机关具有重要的导向作用,只有通过检查和奖惩机制才能把会计职业道德教育落到实处,从而形成抑恶扬善的社会环境。

二、会计职业道德检查与奖惩的机制

（一）财政部门的监督检查

财政部门应利用行政管理上的优势，对会计职业道德建设实施必要的行政监督检查。检查的主要途径为：将会计执法检查、会计从业资格证书注册登记管理、会计专业技术资格考评和聘用与会计职业道德检查相结合。

1. 会计执法检查与会计职业道德检查相结合

财政部门作为《会计法》的执法主体，可以依法对社会各单位遵守会计法律制度的情况及会计信息的质量进行检查。通过检查，一方面督促各单位严格执行会计法律法规，另一方面也是对各单位会计人员遵守会计职业道德情况的检验。对检查中发现的违反《会计法》的行为，会计人员不仅要承担《会计法》规定的法律责任，受到行政处罚或刑事处罚，同时还必须接受相应的道德制裁。

2. 会计专业技术资格考评、聘用与会计职业道德检查相结合

会计专业技术资格考试管理机构在组织报名时，应对参加报名的会计人员的职业道德情况进行检查，对有不遵循会计职业道德记录的，应取消其报名资格。目前，高级会计师资格采取考试和评审相结合的方式，会计职业道德不仅是考试的重要内容，也是一项重要的评审标准。各单位在聘用会计人员时，除考查其专业胜任能力外，更应将是否遵守职业道德作为一项重要的考核内容。

《会计基础工作规范》第二十四条规定："财政部门、业务主管部门和各单位应当定期检查会计人员遵守职业道德的情况，并作为会计人员晋升、晋级、聘任专业职务、表彰奖励的重要考核依据。会计人员违反职业道德的，由所在单位进行处理。"因此，将会计专业技术资格考评、聘用与会计职业道德检查结合起来，有利于强化对会计人员行为的约束，强制引导会计人员遵守会计职业道德。

（二）会计职业组织的自律管理与约束

目前，我国的会计职业组织主要有中国注册会计师协会和中国总会计师协会。

当然，由于我国会计职业组织建立较晚，自律性监管还比较薄弱，在注册会计师职业道德规范的实施与惩戒过程中仍存在不少问题。因此，会计职业组织应从行业整体利益和社会责任出发，切实改进管理和服务，把会计职业道德建设好。

（三）奖励机制的建立

对自觉遵守会计职业道德的优秀会计工作者进行表彰、宣传，可以使受奖者得到遵守道德规范的回报和社会的肯定，从而促使其强化道德行为。同时，还可以树立本行业的楷模、榜样，使会计职业道德原则和规范具体化、人格化，使广大会计工作者从这些富于感染力、可行性的道德榜样中获得启示、获得动力，在潜移默化中逐渐提高自身的职业道德素质。奖励是积极的，是对一个人的肯定，它利用人的上进心，调动人的荣誉感，使其遵纪守法、尽职尽责，发挥内在的潜能，它带给人的是满足、自尊、自豪感；而惩罚则是消极的，它利用人的恐惧心理，使人循规蹈矩，过分的惩罚会使人产生挫败感，损伤自尊心和自信心。实践中的大量事实表明，奖励和惩罚相结合的方法优于只奖不罚或只罚不奖，奖罚结合可以带来双重的激励效果。因此，在对违反会计职业道德的行为进行惩戒的同时，还应对自觉遵守会计职业道德的先进人物进行表彰。

本章知识框架

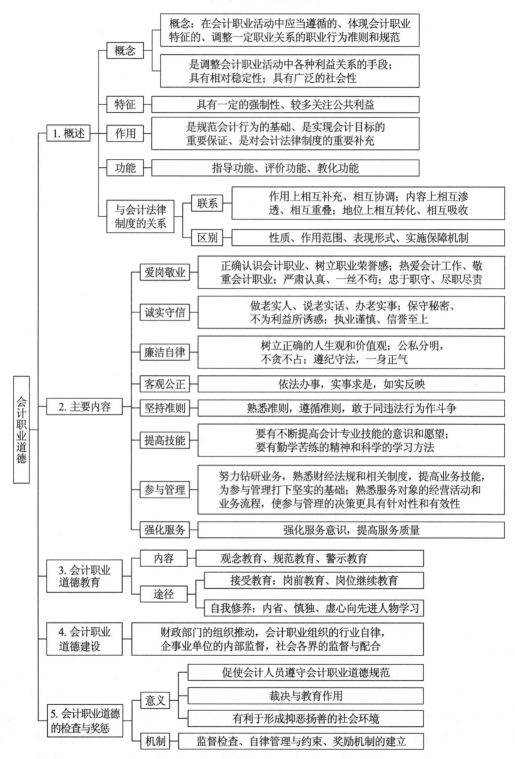

本章练习

一、单项选择题

1. 下列关于会计职业道德的表述中,正确的是( )。
   A. 会计职业道德就是会计人员在社会交往中和公共生活中应当遵循的行为准则
   B. 会计职业道德与会计法律制度两者在性质、表现形式上都一样
   C. 会计职业道德与会计法律制度之间既有密切的联系,又有一定的区别
   D. 会计职业道德在时间和空间上,对会计人员的影响没有会计法律制度的影响广泛、持久

2. 会计人员王某对待工作不够积极,遭到上级的批评,王某不但不改还认为上级小题大做:"会计工作就是记账而已,没有什么大作为,不必太认真。"王某的行为违背了( )会计职业道德。
   A. 诚实守信   B. 参与管理
   C. 爱岗敬业   D. 提高技能

3. "做老实人,说老实话,办老实事",这句话体现的会计职业道德的内容是( )。
   A. 参与管理   B. 诚实守信
   C. 爱岗敬业   D. 提高技能

4. "强化服务"的关键是( )。
   A. 端正服务态度   B. 强化服务意识
   C. 提高服务质量   D. 很好的服务效果

5. 下列会计职业道德规范中,要求会计人员熟悉国家法律、法规和国家统一的会计制度,始终按照法律、法规和国家统一的会计制度的要求进行会计核算,实施会计监督的是( )。
   A. 廉洁自律   B. 坚持准则
   C. 客观公正   D. 提高技能

6. 下列会计人员的行为不符合"廉洁自律"会计职业道德要求的是( )。
   A. 拒收贿赂   B. 拒绝吃请
   C. 拒收回扣   D. 私收购物卡

7. 会计职业道德的精髓是( )。
   A. 廉洁自律   B. 诚实守信
   C. 客观公正   D. 提高技能

8. 下列各项中,( )不属于会计职业道德教育的途径。
   A. 会计专业学历教育   B. 会计人员继续教育
   C. 岗位职业道德继续教育   D. 会计专业技术资格考试

9. 下列各项关于会计职业道德和会计法律制度两者区别的论述中,正确的是( )。
   A. 会计法律制度具有很强的他律性,会计职业道德具有很强的自律性
   B. 会计法律制度调整会计人员的外在行为,会计职业道德只调整会计人员的内在精神世界
   C. 会计法律制度有成文规定,会计职业道德无具体的表现形式
   D. 违反会计法律制度可能会受到法律制裁,违反会计职业道德只会受到道德谴责

10. 会计职业道德检查与奖惩的意义不包括( )。
    A. 促使会计人员遵守会计职业道德规范
    B. 有利于形成良好的社会氛围
    C. 裁决与教育作用

D. 有利于形成抑恶扬善的社会环境

二、多项选择题

1. 与其他行业的职业道德相比,会计职业道德具有的独特特征包括( )。
   A. 行业性
   B. 继承性
   C. 较多关注社会公众利益
   D. 具有一定的强制性

2. 张某为某单位会计人员,平时工作努力、钻研业务,主动学习专业基础知识,同时在控制单位成本方面提出合理建议,张某遵循了( )会计职业道德要求。
   A. 爱岗敬业
   B. 参与管理
   C. 客观公正
   D. 提高技能

3. 下列各项中,体现会计职业道德"客观公正"要求的有( )。
   A. 依法办事
   B. 保持独立性
   C. 实事求是
   D. 不偏不倚

4. 《会计基础工作规范》规定:"( )应当定期检查会计人员遵守职业道德的情况,并作为会计人员晋升、晋级、聘任专业职务和表彰奖励的重要考核依据。"
   A. 财政部门
   B. 业务主管部门
   C. 各单位
   D. 各级政府

5. 职业道德具有职业性、继承性和( )。
   A. 强制性
   B. 统一性
   C. 实践性
   D. 多样性

6. 下列各项中,能体现"提高技能"这一会计职业道德要求的有( )。
   A. 安心工作,任劳任怨
   B. 勤学苦练,刻苦钻研
   C. 不断进取,精益求精
   D. 忠于职守,尽职尽责

7. "提高技能"既是会计职业道德的主要内容,也是会计人员胜任本职工作的重要条件。下列各项中,属于会计技能的有( )。
   A. 自动更新知识的能力
   B. 会计实务能力
   C. 职业判断能力
   D. 沟通交流的能力

8. 下列属于会计职业道德教育中接受教育的途径有( )。
   A. 会计专业学历教育中的职业道德教育
   B. 获取会计从业资格中的职业道德教育
   C. 通过自学会计财经法规实现职业道德教育
   D. 岗位职业道德继续教育

9. 可以对会计职业道德进行监督的部门和组织包括( )。
   A. 财政部门
   B. 报社媒体
   C. 中国注册会计师协会
   D. 全国人民代表大会

10. 下列属于会计职业道德修养的方法是( )。
    A. 慎独
    B. 内省
    C. 自警自励
    D. 互相学习

三、判断题

1. 会计职业道德与会计法律制度是一回事,会计人员遵纪守法就是遵守了会计职业道德。( )

2. 会计职业道德没有强制性。（　　）
3. 会计职业道德允许个人和各经济主体获取合法的自身利益,但反对损害国家和社会公众利益而获取违法利益。（　　）
4. 会计人员在工作中"懒""散""拖"的不良习惯和作风,是会计人员违背会计职业道德规范中诚实守信的具体体现。（　　）
5. "吃了人家的嘴软,拿了人家的手短"从反面说明了会计职业道德中客观公正的重要性。（　　）
6. 违反《会计法》的行为,同时也一定是违反了会计职业道德的行为。（　　）
7. 全面加强会计职业道德建设,提高会计人员道德素质,是一项重大而紧迫的任务。（　　）
8. 当单位利益与社会公众利益发生冲突时,会计人员应首先考虑单位利益,然后再考虑社会公众利益。（　　）
9. 奉献社会就是会计职业道德的归宿。（　　）
10. 在会计工作中一定要提供上乘的服务质量,不管服务主体提出什么样的要求,会计人员都要尽量满足服务主体的需要。（　　）

参考答案及解析

一、单项选择题

1.【正确答案】　C

【答案解析】　本题考核会计职业道德与会计法律制度的区别。会计职业道德与会计法律制度有着共同的目标、相同的调整对象,承担着同样的职责,两者联系密切,但也有区别,比如性质和作用范围有所不同。

2.【正确答案】　C

3.【正确答案】　B

【答案解析】　本题考核"诚实守信"的基本要求。诚实守信就是要求会计人员"做老实人,说老实话,办老实事"。

4.【正确答案】　C

5.【正确答案】　B

【答案解析】　本题考核会计职业道德的主要内容。坚持准则就是要求会计人员熟悉国家法律、法规和国家统一的会计制度,始终按照法律、法规和国家统一的会计制度的要求进行会计核算。这里的准则不仅是指会计准则,而且还包括会计法律、会计行政法规、国家统一的会计制度以及与会计工作相关的法律制度。

6.【正确答案】　D

7.【正确答案】　B

8.【正确答案】　C

【答案解析】　本题考核会计职业道德教育的途径。会计职业道德教育途径有:岗前职业道德教育,岗位职业道德继续教育。

9.【正确答案】　A

【答案解析】　本题考核会计职业道德与会计法律制度的区别。会计法律制度侧重于调整会计人员的外在行为和结果,具有较强的客观性;会计职业道德不仅强调会计人员的外在行为,还要调整会计人员的内在动机和内在精神世界;会计职业道德的表现形式既有明确的成文规定,也有不成文的约定;违反会计职业道德不仅可能受到道德谴责,还可能受到法律的制裁。

10.【正确答案】 B

二、多项选择题

1.【正确答案】 CD

2.【正确答案】 ABD

3.【正确答案】 ABCD

【答案解析】 本题考核"客观公正"的要求。

4.【正确答案】 ABC

【答案解析】 本题考核会计职业道德的检查与奖惩。根据规定,财政部门、业务主管部门和各单位应当定期检查会计人员遵守职业道德的情况,并作为会计人员晋升、晋级、聘任专业职务和表彰奖励的重要考核依据。

5.【正确答案】 CD

【答案解析】 本题考核职业道德的特征。职业道德具有职业性、继承性、实践性和多样性等特征。

6.【正确答案】 BC

【答案解析】 本题考核"提高技能"的基本要求。"忠于职守,尽职尽责"是爱岗敬业的基本要求。提高技能要求会计人员要有不断提高会计技能的意识和愿望,勤学苦练、刻苦钻研的精神和科学的学习方法。

7.【正确答案】 ABCD

【答案解析】 本题考核会计技能的内容。就会计职业而言,会计技能包括会计理论水平、会计实务能力、职业判断能力、自动更新知识的能力、提供会计信息的能力、沟通交流的能力以及职业经验等。

8.【正确答案】 ABD

9.【正确答案】 ABC

10.【正确答案】 ABC

三、判断题

1.【正确答案】 错

【答案解析】 会计职业道德与会计法律制度在性质、作用范围、表现形式、实施的保障机制等方面有很大区别。

2.【正确答案】 错

【答案解析】 会计职业道德有一定的强制性。

3.【正确答案】 对

【答案解析】 本题考核会计职业道德的特征。会计职业道德更多关注公众利益,会计职业道德允许个人和各经济主体获取合法的自身利益,但反对损害国家和社会公众利益而获取违法利益。

4.【正确答案】 错

【答案解析】 本题考核"爱岗敬业"的基本要求。会计人员在工作中"懒""散""拖"的不良习惯和作风,是会计人员违背会计职业道德中爱岗敬业的具体体现。

5.【正确答案】 错

【答案解析】 本题考核"廉洁自律"的基本要求。廉洁就是不贪污钱财、不收受贿赂,保持清白。自律是指自律主体按照一定的标准,自己约束自己、自己控制自己的言行和思想的过程,所以"吃了人家的嘴软,拿了人家的手短"应该体现了廉洁自律的重要性。

6.【正确答案】 对

【答案解析】 本题考核会计职业道德与会计法律制度的关系。会计法律制度是会计职业道德的最低要求,违反了会计法律制度就一定违反了会计职业道德。

7.【正确答案】 对

【答案解析】 本题考核会计职业道德的建设。

8.【正确答案】 错

【答案解析】 本题考核对会计人员的相关要求。当单位利益与社会公众利益发生冲突时,会计人员应首先考虑社会公众利益。

9.【正确答案】 对

【答案解析】 本题考核会计职业道德的归宿。爱岗敬业是会计职业道德的出发点,奉献社会是会计职业道德的归宿。

10.【正确答案】 错

【答案解析】 本题考核"强化服务"的相关内容,会计工作中提供上乘的服务质量,并非无原则地满足服务主体的需要,而是在坚持原则、坚持准则的基础上尽量满足用户或服务主体的需要。

参 考 文 献

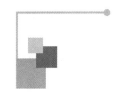

[1] 王巧霞.财经法规与会计职业道德[M].北京:中国原子能出版社,2014.
[2] 东奥会计在线.财经法规与会计职业道德[M].北京:北京大学出版社,2016.
[3] 全国会计从业资格考试命题研究组.财经法规与会计职业道德[M].上海:立信会计出版社,2015.
[4] 会计专业精品教材编委会.财经法规与会计职业道德[M].上海:立信会计出版社,2017.